Culinária de Todas as Cores

200 Receitas
de Pratos com Arroz

Culinária de Todas as Cores

200 Receitas
de Pratos com Arroz

Laurence e Gilles Laurendon

PubliFolha

Publicado originalmente na Inglaterra em 2011,
sob o título *Hamlyn All Colour 200 Risottos and rice dishes*,
pela Hamlyn, uma divisão da Octopus Publishing Group Ltd
Endeavour House, 189 Shaftesbury Avenue, Londres, WC2H 8JY

Copyright © 2010 Hachette Livre (Marabout)
Copyright © 2011 Octopus Publishing Group LTD
Copyright © 2013 Publifolha – Divisão de Publicações
da Empresa Folha da Manhã S.A.

Todos os direitos reservados. Nenhuma parte desta obra pode ser
reproduzida, arquivada ou transmitida de nenhuma forma ou por
nenhum meio sem a permissão expressa e por escrito da Empresa
Folha da Manhã S.A., por sua divisão de publicações Publifolha.

Proibida a comercialização fora do território brasileiro.

COORDENAÇÃO DO PROJETO: PUBLIFOLHA
Editora assistente: Mariana Zanini
Produtora gráfica: Samantha R. Monteiro

PRODUÇÃO EDITORIAL: AA STUDIO
Coordenação: Ana Luisa Astiz
Assistência: Juliana Caldas
Tradução: Marilu Reis e Adriana Talocchi Caballero Barbosa
Preparação: Sonia de Castilho
Revisão: Adriana Bairrada
Editoração eletrônica: Paula Astiz Design
Consultoria: Tarcila Campos

Dados Internacionais de Catalogação na Publicação (CIP)
(Câmara Brasileira do Livro, SP, Brasil)

Laurendon, Laurence

 Culinária de todas as cores : 200 receitas de pratos com arroz / Laurence Laurendon, Gilles Laurendon ; [Marilu Reis e Adriana Talocchi Caballero Barbosa]. — São Paulo : Publifolha, 2013.

 Título original: All colour cookbook : 200 risottos and rice dishes
 ISBN 978-85-7914-484-4

 1. Arroz (Culinária) 2. Culinária (Receitas) 3. Risotos (Culinária) I. Laurendon, Gilles. II. Título.

13-09956   CDD-641.6

Índices para catálogo sistemático:
1. Receitas : Culinária 641.6

Este livro segue as regras do Acordo Ortográfico da Língua
Portuguesa (1990), em vigor desde 1º de janeiro de 2009.

Impresso na C&C Offset Printing Co., Ltd.

PUBLIFOLHA

Divisão de Publicações do Grupo Folha
Al. Barão de Limeira, 401, 6º andar
CEP 01202-900, São Paulo, SP
Tel.: (11) 3224-2186/2187/2197
www.publifolha.com.br

NOTA DO EDITOR

Apesar de todos os cuidados tomados na elaboração das receitas deste livro, a editora original não se responsabiliza por erros ou omissões decorrentes da preparação dos pratos.

Pessoas com restrições alimentares, grávidas e lactantes devem consultar um médico especialista sobre os ingredientes de cada receita antes de prepará-la.

As fotos deste livro podem conter acompanhamentos ou ingredientes meramente ilustrativos.

Observações, exceto se orientado de outra forma:
• Use sempre ingredientes frescos
• O forno deve ser preaquecido na temperatura indicada na receita

Equivalência de medidas:
• 1 colher (chá) = 5 ml
• 1 colher (sopa) = 15 ml
• 1 xícara = 250 ml

sumário

introdução	6
1, 2, 3… está pronto!	34
saladas	66
aperitivos	94
para fazer no wok	116
risotos	144
paellas	182
sobremesas	204
índice	236
créditos	240

introdução

introdução

O arroz é um dos cereais mais consumidos no mundo. É a base da dieta de muitas populações e um item importante na culinária asiática, especialmente na chinesa e na indiana. Na Europa, é cultivado na planície do Pó, na Itália; na região de Camargue, na França; na península Ibérica; na Grécia e até na Rússia. No Brasil, a produção está concentrada no Rio Grande do Sul e em Santa Catarina.

o arroz é simples e saboroso

É surpreendente o que podemos fazer com esse cereal único. É o principal ingrediente de pratos singulares, como a paella espanhola e o risoto italiano. Você pode usá-lo de muitas maneiras na alimentação da família. Sirva arroz branco para acompanhar pratos de peixe ou carne, como salada para uma refeição leve ou em forma de sushi para um jantar a dois. Também é um ingrediente excelente nos pratos doces: não há nada mais reconfortante do que um arroz-doce, simples e saboroso.

o arroz é saudável

O arroz tem incontáveis qualidades nutricionais, porque contém vitaminas, minerais e fibras saudáveis.

Rico em amido, é uma fonte de energia que libera gradualmente carboidratos complexos no organismo. Também contém outros nutrientes importantes, como vitaminas do complexo B, magnésio, proteína vegetal, ferro e cálcio.

Nutricionistas recomendam o consumo de arroz, que, além de tudo, tem poucas calorias.

arroz instantâneo

Uma boa opção para ter na despensa é o arroz de preparo rápido ou pré-cozido. Leva de 5 a 10 minutos para ficar pronto e é ideal para um dia muito corrido. É perfeito para micro-ondas e também pode ser preparado no fogão ou no forno.

que tipo de arroz escolher?

O arroz branco costuma ser mais aceito do que o integral – a maioria das pessoas prefere seu sabor e sua cor. Porém, é completamente desprovido de germe e de farelo e os processos de extração da casca e de polimento retiram a maior parte dos nutrientes originais.

O arroz integral é uma escolha nutricional mais recomendada, pois conserva o invólucro externo, rico em vitaminas e minerais. Quanto mais escuro for o grão, mais completo, nutritivo e saboroso será o prato.

O arroz de grão longo, como o basmati e o tailandês ou o do Suriname, não gruda durante o cozimento. Geralmente, é usado em saladas ou como acompanhamento. O de grão curto, como o arbório, é próprio para risotos.

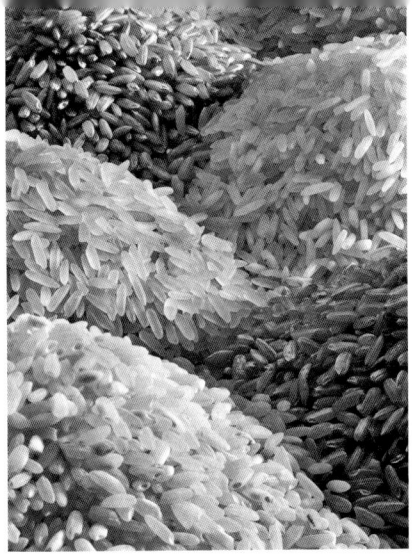

tipos de arroz

Amarelo, branco, negro, integral, japonês – não é necessário se limitar ao arroz de grão longo. É grande a variedade de cores, sabores e formatos. Este livro apresenta alguns dos tipos mais populares, todos fáceis de encontrar em supermercados ou lojas especializadas. Existe também uma série de produtos feitos com arroz, como o macarrão, as bolachas e as panquecas delicadas que entram no preparo de rolinhos primavera, além do arroz cremoso, característico do Oriente Médio, ou a pasta de arroz moti usada no Japão no preparo de doces incríveis. A escolha é sua!

arroz à créole

Esse é o modo mais popular de preparo do arroz em quase todo o mundo. Também é o mais simples e adequado a boa parte das variedades desse cereal.

a quantidade de água

Existem duas maneiras de preparar o arroz com água. Coloque o cereal em uma panela grande com água fervente, igual ao macarrão (o arroz deve ficar sempre solto na água), deixe levantar fervura novamente, cozinhe sem tampar durante o tempo necessário e escorra. Ou então adicione uma porção de arroz com uma vez e meia a quantidade de líquido quente. Espere cozinhar, tampado, até todo o líquido ser absorvido.

o tempero da água do cozimento

Dependendo da receita, você pode usar:

- caldo de galinha, legumes ou carne

- especiarias: canela, pimenta-malagueta, gengibre, noz-moscada, cravo

- raspas de frutas cítricas (laranja, limão--siciliano)

- ervas aromáticas: tomilho, louro, alecrim, cebolinha, salsinha, coentro, capim-cidreira.

passo a passo do arroz à créole

4 porções
300 ml de **água** ou **caldo**
180 g de **arroz**
sal e **pimenta-do-reino** moída na hora

Ferva a água ou o caldo em uma panela grande. Tempere com sal e pimenta-do-reino, acrescente o arroz e tampe.

Deixe ferver novamente, abaixe o fogo e cozinhe por 12-15 minutos.

Escorra o arroz. Deixe descansar e mantenha aquecido, ou sirva imediatamente.

arroz no vapor

Esse método de cozimento deixa o arroz leve e muito macio. Primeiro, o grão precisa ficar de molho em água fria por 1 hora. Depois, é colocado na vaporeira, em banho-maria. Cozinhe por cerca de 25 minutos.

que tipo de arroz é apropriado para o cozimento a vapor?

O cozimento a vapor é particularmente recomendado para o arroz japonês, mas os tipos de grão longo ou curto também podem ser preparados por esse método, desde que fiquem de molho na água por pelo menos 1 hora.

molho

Quanto mais tempo o arroz ficar de molho na água, menor o tempo de cozimento.

panela de arroz

Você também pode usar a panela de arroz, um equipamento especialmente projetado para cozinhar a vapor. Proporciona um cozimento perfeito, com grãos bem soltinhos.

aromatize o arroz

Para dar um aroma delicado ao arroz cozido no vapor, acrescente ervas aromáticas durante o cozimento. Experimente manjerona, hortelã, verbena, alecrim e raspas de limão-siciliano ou laranja, ou use sua criatividade.

passo a passo do arroz no vapor

4 porções
180 g de **arroz**

Coloque o arroz em uma tigela grande, cubra com água fria e deixe de molho por pelo menos 1 hora, se possível durante a noite.

Escorra o arroz e coloque no compartimento superior de uma vaporeira de bambu ou de inox, embrulhado com um pano limpo.

Despeje água no compartimento inferior e espere ferver. Cubra com o compartimento onde vai o arroz, tampe bem e cozinhe por cerca de 25 minutos.

arroz pilaf*

cozimento por absorção

Aqueça um pouco de manteiga ou azeite em uma panela. Acrescente o arroz e mexa bem, até envolver todos os grãos na gordura. Adicione o líquido (água ou caldo), tampe e cozinhe por 12-15 minutos.

Use uma porção e meia de água para cada porção de arroz.

Esse método é adequado para quase todos os tipos de arroz, especialmente os de grão longo.

manteiga ou azeite?

Você pode usar um pouco de manteiga ou azeite para refogar os grãos. A manteiga proporciona uma textura cremosa e o azeite ajuda no cozimento em altas temperaturas, portanto, a mistura de ambos é perfeita para obter um arroz firme e cremoso.

especiarias

Tempere o caldo de cozimento com 1 colher (chá) de cúrcuma em pó e 1 colher (chá) de gengibre moído. As especiarias conferem um aroma delicioso ao prato.

dica rápida

Aqueça o azeite ligeiramente, acrescente duas boas pitadas de curry em pó e uma cebola picada. Misture bem e adicione 300 g de filé de frango em cubos. Cozinhe e sirva com o arroz pilaf.

* No Brasil, chama-se arroz branco. Esse é o método de cozimento mais utilizado por aqui.

passo a passo do arroz pilaf

4 porções
1 colher (sopa) de **azeite**
180 g de **arroz**
300 ml de **água** ou **caldo**
sal e **pimenta-do-reino** moída na hora

Aqueça o azeite em uma panela. Acrescente o arroz e mexa, até envolver bem os grãos.

Despeje a água ou o caldo sobre o arroz e acrescente o tempero. Deixe ferver, tampe e cozinhe lentamente, por 12-15 minutos.

Solte os grãos com uma espátula e sirva.

risoto

Essa é uma variação deliciosa do cozimento por absorção. Porém, requer um pouco mais de tempo e é necessário mexer constantemente. Comece com o método básico: aqueça um pouco de azeite em uma panela, acrescente o arroz e misture até envolver todos os grãos na gordura. Adicione uma concha de caldo quente por vez: primeiro coloque uma quantidade pequena e deixe que os grãos absorvam o líquido.

Junte outra concha de caldo e misture até que seja absorvido, antes de acrescentar mais uma. Continue até o arroz absorver todo o caldo.

Esse método de cozimento exige atenção e paciência.

ouvidos atentos

Um bom risoto é preparado "de ouvido". Você precisa escutar o arroz para decidir a hora certa de acrescentar o caldo. O risoto deve cozinhar lentamente, sem borbulhar. O queijo parmesão é adicionado no final do cozimento e proporciona uma textura cremosa ao prato.

'mantecare!'

Quando terminar o cozimento do arroz, acrescente a manteiga e o parmesão, deixe descansar por 1 ou 2 minutos e incorpore rapidamente (*mantecare*), usando uma colher de pau. A arte de fazer um bom risoto se resume a esse simples gesto.

arbório ou carnaroli?

Para fazer risoto, dê preferência ao arbório superfino ou ao arroz carnaroli.

para o caldo

As opções são muitas. Dependendo da receita, você pode usar um caldo de legumes ou de galinha. Para uma refeição mais festiva, um caldo de peixe ou, talvez, de vitela.

passo a passo do risoto

4 porções
2 colheres (sopa) de **azeite**
200 g de **arroz de grão curto**
1 litro de **caldo** quente
20 g de **manteiga** cortada em cubos
parmesão ralado na hora

Aqueça o azeite em uma panela. Refogue o arroz por alguns minutos e misture para garantir que todos os grãos fiquem cobertos pelo azeite.

Acrescente uma concha de caldo, mexa até os grãos absorverem o líquido e adicione outra concha de caldo. Continue até usar todo o caldo.

Desligue o fogo, acrescente a manteiga e o parmesão ralado e deixe descansar por 1-2 minutos.

arroz para sushi

4 porções
Preparo: **10 minutos**,
  mais **45 minutos**
  para descansar
Cozimento: **12 minutos**

200 g de **arroz para sushi**
250 ml de **água**
80 ml de **vinagre de arroz japonês**
2 colheres (sopa) de **açúcar**
½ colher (chá) de **sal**

Coloque o arroz em uma panela, cubra com água fria e misture com a mão. Escorra e repita a operação duas ou três vezes, até a água sair limpa.

Deixe o arroz escorrer em uma peneira fina por pelo menos 30 minutos.

Transfira o arroz e a água para uma panela pequena.

Espere ferver, abaixe o fogo, tampe e cozinhe por cerca de 10 minutos. Tire a panela do fogo e deixe descansar, tampada, por 15 minutos.

Misture em uma tigela o vinagre de arroz, o açúcar e o sal.

Espalhe o arroz sobre um prato raso grande, regue com a mistura de vinagre e mexa bem. Se necessário, prepare um pouco mais de mistura de vinagre e adicione ao arroz. Tampe com um pano umedecido e deixe esfriar.

Agora você pode preparar uma das quatro receitas apresentadas nas pp. 104-11.

arroz gourmet rápido

Essas são algumas maneiras simples de enriquecer o arroz cozido ou temperar a água do cozimento. Ficam muito saborosas!

arroz com iogurte e hortelã

1 pote de **iogurte** cremoso
algumas folhas de **hortelã** picadas finamente
sal e **pimenta-do-reino** moída na hora
arroz cozido

Junte o iogurte e a hortelã em uma tigela.

Tempere com sal e pimenta-do-reino.

Disponha o arroz quente em tigelas pequenas, regue com o iogurte temperado e sirva imediatamente.

arroz com molho roquefort

100 g de **roquefort** amassado
100 ml de **creme de leite** fresco
2 colheres (sopa) de **vinho branco**
pimenta-do-reino moída na hora
arroz cozido

Derreta o roquefort com o creme de leite e o vinho branco por 5 minutos, em fogo baixo.

Bata por 3 segundos no processador, adicione a pimenta-do-reino e sirva com arroz cozido.

arroz com lascas de parmesão

lascas de **parmesão**
arroz cozido
pimenta-do-reino moída na hora

Raspe lascas de parmesão com uma faca.

Espalhe o parmesão sobre o arroz, tempere com bastante pimenta-do-reino e sirva imediatamente.

arroz com curry

1 colher (sopa) de **curry em pó** suave
arroz
sal

Dissolva o curry na água salgada, deixe levantar fervura e acrescente o arroz.

Cozinhe lentamente, tampado, por cerca de 15 minutos.

arroz com shoyu

arroz cozido
shoyu

Disponha o arroz quente em tigelas pequenas. Acrescente algumas gotas de shoyu e sirva imediatamente.

arroz com leite de coco

arroz
leite de coco
raspas de 1 **limão-
-siciliano**
sal

Coloque o arroz e o leite de coco em uma panela, tempere com sal e aromatize com as raspas de limão--siciliano. Tampe e cozinhe por cerca de 15 minutos.

Deixe descansar por 5 minutos antes de servir.

Acompanha perfeitamente pratos indianos.

arroz com chutney

arroz cozido
1 colher (chá) de **chutney** de sua preferência

Distribua o arroz quente em tigelas pequenas. Adicione o chutney e sirva.

arroz com raspas de laranja

arroz
suco de **1 laranja**
raspas finas de **1 laranja**
uma pitada de **açúcar mascavo**
sal

Misture o arroz, o suco de laranja, a água salgada e cozinhe lentamente, com a panela tampada, por cerca de 15 minutos. Desligue o fogo e deixe descansar por 15 minutos. Espalhe por cima um pouco de raspas de laranja e açúcar mascavo e sirva quente.

1, 2, 3... está pronto!

pilaf picante de espinafre com hortelã

4 porções
Preparo: **10 minutos**
Cozimento: **25 minutos**

3 colheres (sopa) de **óleo vegetal**
180 g de **arroz basmati**
300 ml de **caldo de legumes** ou **de galinha**
1 colher (chá) de **cominho em pó**
200 g de **espinafre** picado
1 colher (chá) de **gengibre fresco** ralado
1 **cebola** picada
1 colher (chá) de **hortelã** picada
sal e **pimenta-do-reino** moída na hora

Prepare o arroz: aqueça 1 colher (sopa) de óleo em uma panela de fundo grosso e acrescente os grãos. Mexa bem para que o óleo os envolva, deixando-os translúcidos. Despeje o caldo quente. Tempere com sal e pimenta-do-reino, deixe ferver e tampe. Cozinhe em fogo baixo por 15 minutos.

Refogue o cominho em 1 colher (sopa) de óleo até dourar e acrescente o espinafre. Cozinhe em fogo médio, mexendo sempre, por 10 minutos.

Aqueça o restante do óleo em outra panela. Adicione o gengibre e a cebola. Em fogo médio-alto, doure os ingredientes mexendo sempre para evitar que grudem no fundo da panela.

Coloque o arroz na panela com o espinafre. Misture a hortelã e cozinhe por mais alguns minutos. Se necessário, adicione sal e pimenta-do-reino.

Sirva quente, acompanhado pela cebola frita com gengibre.

Variação: pilaf de espinafre com limão. Siga a receita acima sem a cebola e o gengibre. Torre 50 g de pinhole em uma panela pequena antiaderente. Adicione o pinhole torrado e 1 colher (sopa) de limão-siciliano em conserva picado ao pilaf. Sirva imediatamente.

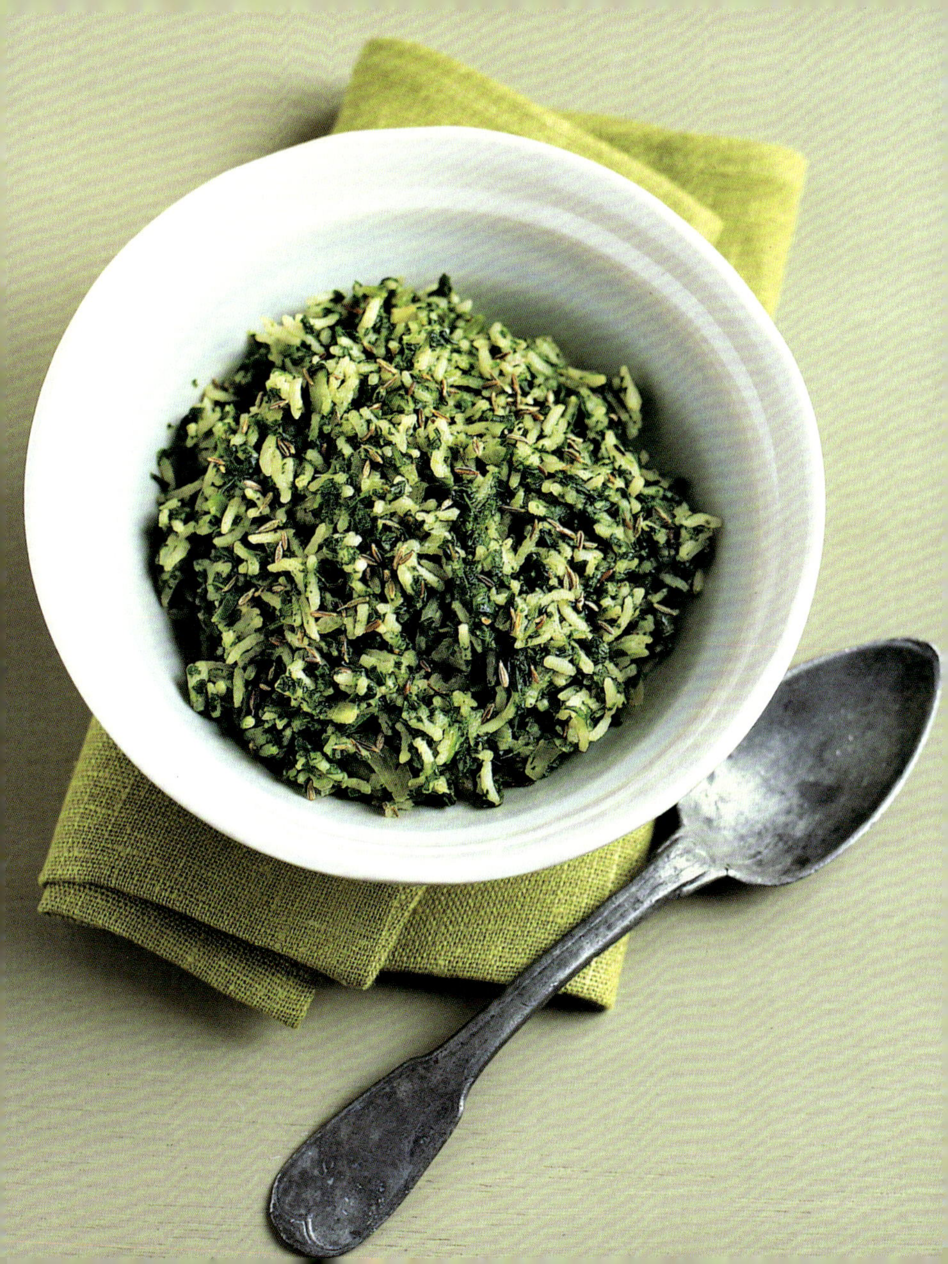

peixe-espada com anis-estrelado

4 porções
Preparo: **5 minutos**, mais
 5 minutos para descansar
Cozimento: **15 minutos**

180 g de **arroz de grão longo**
300 ml de **água** quente
2 **anises-estrelados**
duas pitadas de **pimenta vermelha em pó**
óleo vegetal
4 **filés de peixe-espada**
sal e **pimenta-do-reino** moída na hora

Lave e escorra o arroz. Em uma panela de fundo grosso, cubra o arroz com a água quente e acrescente o sal, o anis-estrelado e a pimenta vermelha. Deixe ferver e tampe. Cozinhe em fogo baixo por 15 minutos.

Desligue o fogo e mantenha a panela tampada por 5 minutos.

Unte os filés de peixe-espada com um pouco de óleo. Tempere com sal e pimenta-do-reino. Frite os filés por 3-4 minutos de cada lado em uma frigideira antiaderente.

Retire o anis-estrelado do arroz e solte os grãos com um garfo. Sirva imediatamente como acompanhamento para os filés de peixe-espada.

Variação: frango com anis-estrelado. Substitua o peixe-espada por 4 filés de peito de frango. Em uma panela antiaderente, frite os filés em 2 colheres (sopa) de azeite por cerca de 6 minutos de cada lado. Se preferir, corte o frango em cubinhos e salpique-o com uma pitada de coentro fresco picado.

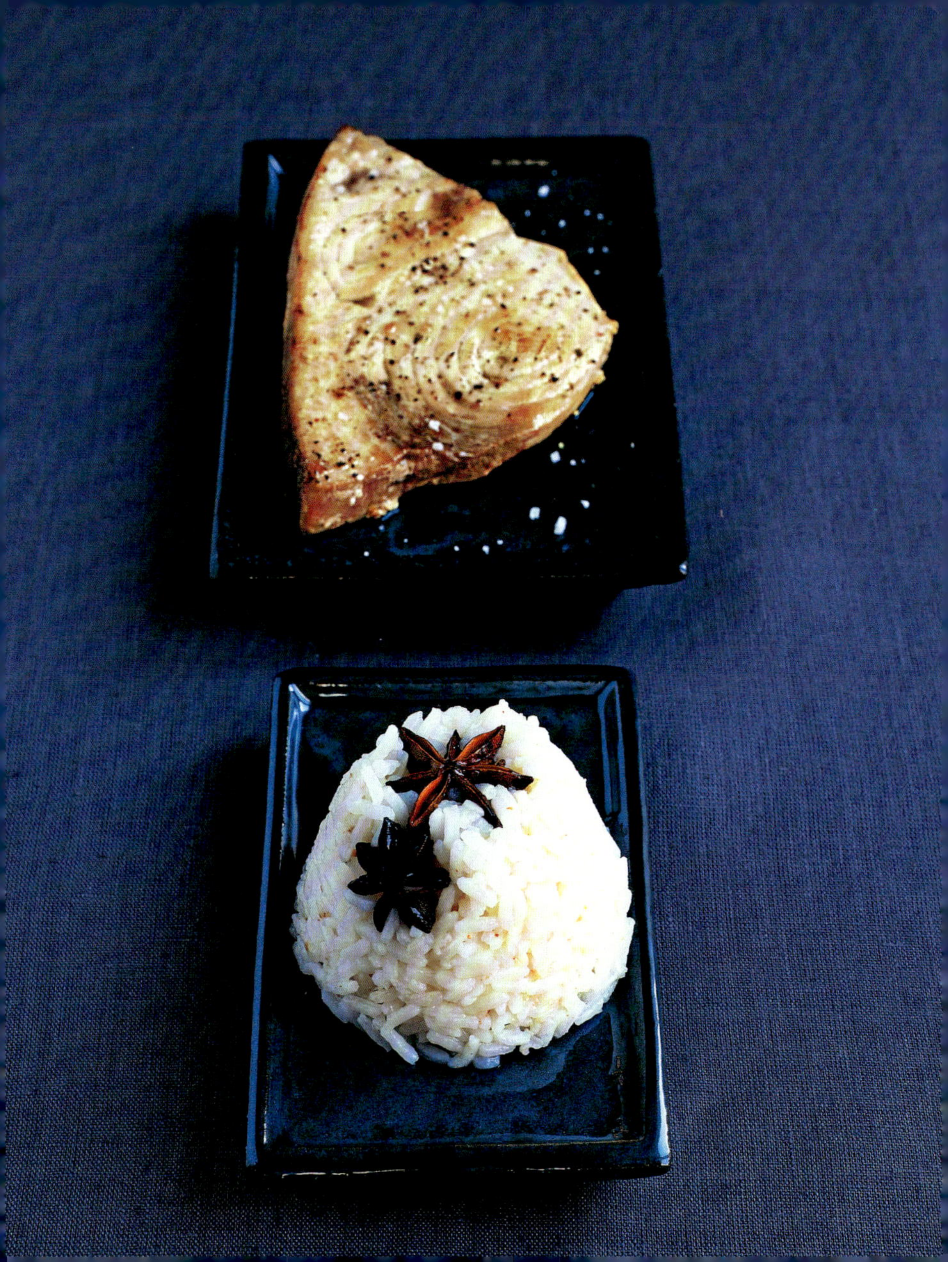

filé de linguado com grapefruit

4 porções
Preparo: **5 minutos**
Cozimento: **15 minutos**

suco de ½ **grapefruit**
1 colher (chá) de **gengibre fresco** ralado
2 colheres (sopa) de **mel**
300 ml de **água**
120 g de **arroz de grão longo**
8 **filés de linguado**
sal e **pimenta-do-reino** moída na hora

Aqueça o suco de grapefruit, o gengibre ralado e o mel. Quando começar a ferver, retire do fogo, tampe e reserve.

Ferva a água, adicione o sal e o arroz, tampe e abaixe o fogo. Cozinhe por cerca de 12 minutos. O arroz deve ficar cozido, mas ainda *al dente*.

Coloque o linguado na parte superior da panela a vapor, tendo antes aquecido um pouco de água na parte inferior. Cozinhe por cerca de 8 minutos.

Bata a mistura de suco de grapefruit com o gengibre e o mel e despeje sobre o peixe. Tempere com sal e pimenta-do-reino e sirva imediatamente com o arroz. O ideal é servir o peixe quente com o molho frio.

Variação: filé de linguado com tangerina. Substitua o suco de grapefruit por suco de tangerina ou laranja, seguindo os passos da receita acima. Um pouco antes de servir o peixe, adicione pedacinhos de tangerina ao molho e aqueça-o levemente.

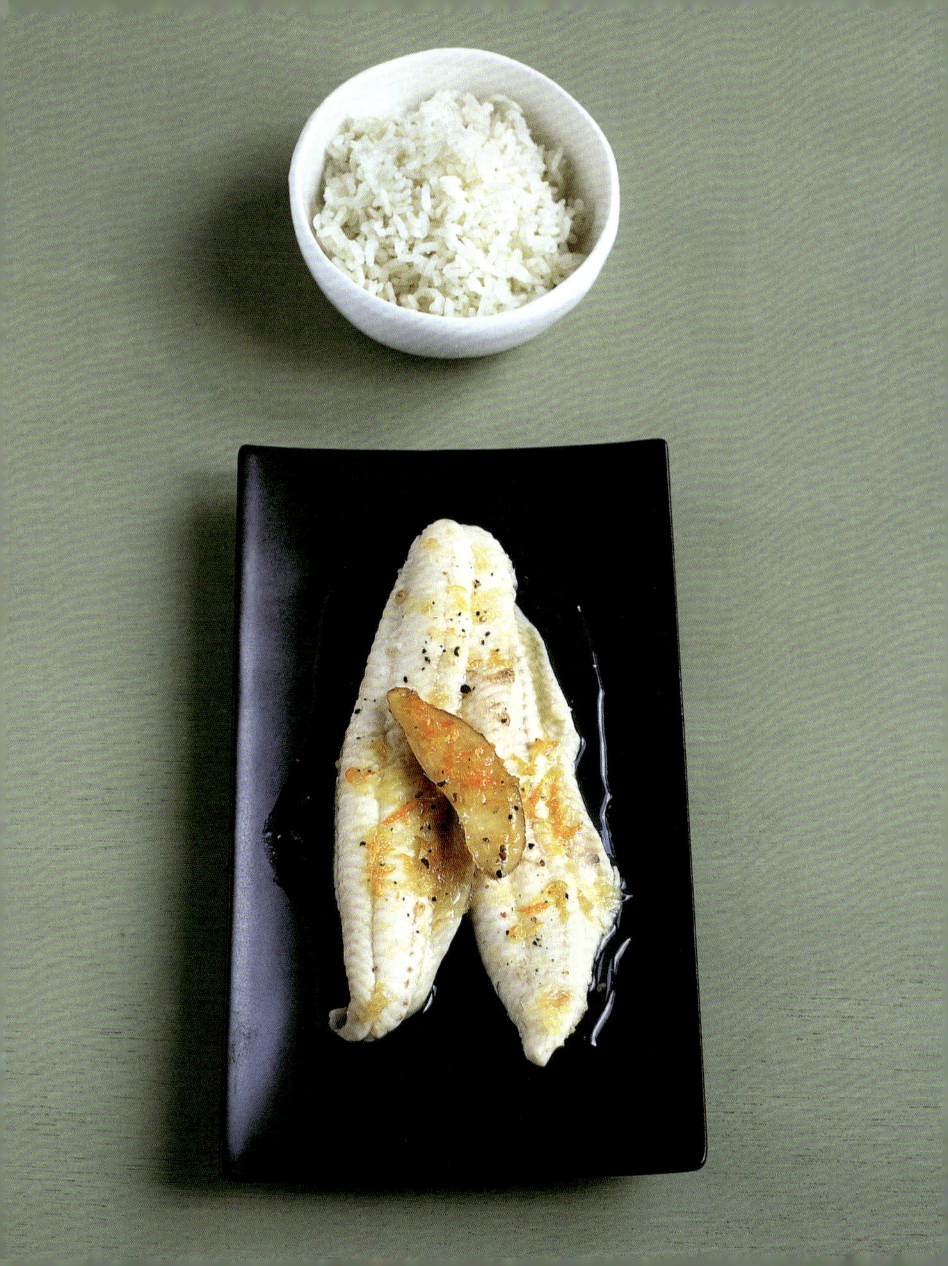

pilaf de legumes e ervas frescas

4 porções
Preparo: **10 minutos**, mais
  5 minutos para descansar
Cozimento: **20 minutos**

2 colheres (sopa) de **azeite** extravirgem
1 **alho-poró** fatiado
1 **abobrinha** picada
2 dentes de **alho** amassados
raspas e suco de 1 **limão-siciliano**
300 g de **arroz de grão longo**
600 ml de **caldo de legumes** quente
150 g de **vagem** picada
150 g de **ervilha** fresca ou congelada
4 colheres (sopa) de **ervas frescas** picadas (hortelã, salsinha e cebolinha)
50 g de **amêndoa** torrada em lâminas
sal e **pimenta-do-reino** moída na hora

Aqueça o azeite em uma frigideira grande e acrescente o alho-poró, a abobrinha, o alho e as raspas de limão. Tempere com sal e pimenta-do-reino. Refogue em fogo médio-baixo por 5 minutos.

Acrescente o arroz, misture bem e despeje o caldo quente. Quando começar a ferver, abaixe o fogo, tampe e cozinhe em fogo baixo por 10 minutos.

Adicione a vagem e a ervilha, tampe e cozinhe em fogo baixo por mais 5 minutos.

Retire a panela do fogo e reserve por 5 minutos. Misture o suco de limão e as ervas e salpique a amêndoa.

Variação: pilaf de frutas e legumes. Aqueça 2 colheres (sopa) de azeite extravirgem em uma frigideira grande e acrescente 1 cebola, 1 colher (chá) de coentro moído e 2 colheres (chá) de tomilho picado. Refogue em fogo médio-baixo por 5 minutos. Misture o arroz e 375 g de abóbora picada. Despeje o caldo quente e abaixe o fogo quando começar a ferver. Tampe e cozinhe em fogo baixo por 10 minutos. Adicione a ervilha e 75 g de uva-passa, tampe e deixe cozinhar por mais 5 minutos. Tire a panela do fogo e reserve por 5 minutos. Acrescente 2 colheres (sopa) de coentro fresco, o suco de limão e a amêndoa.

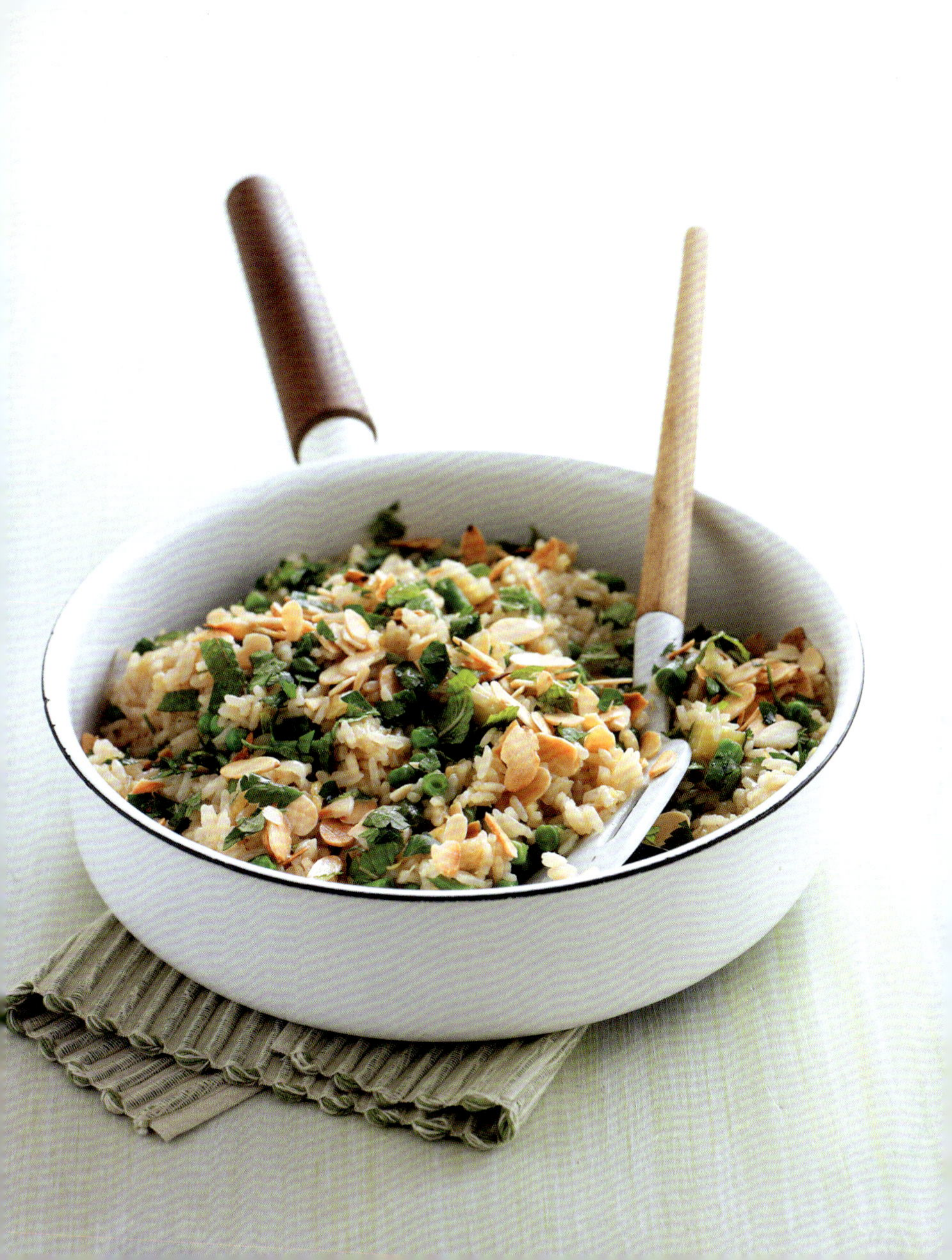

pilaf com amêndoa e pinhole

4 porções
Preparo: **5 minutos**
Cozimento: **20 minutos**

1 colher (sopa) de **óleo vegetal**
180 g de **arroz de grão longo**
300 ml de **água** quente
100 g de **pinhole**
100 g de **amêndoa**
sal e **pimenta-do-reino** moída na hora

Aqueça o óleo em uma panela e adicione o arroz. Mexa bem para que o óleo envolva os grãos.

Despeje a água quente sobre o arroz, tempere com sal e pimenta-do-reino e deixe ferver. Tampe e cozinhe em fogo baixo por 15 minutos.

Doure os pinholes em uma panela antiaderente. Adicione a amêndoa.

Sirva o arroz com o pinhole e a amêndoa.

Variação: pilaf com carne e legumes crocantes.
Corte 400 g de carne bovina em tiras finas e frite em uma panela ou wok com 1 colher (sopa) de óleo de gergelim. Cozinhe 400 g de legumes (vagem, ervilha-torta, ervilha e minicenoura) cortados em tiras na diagonal. Acrescente 2 colheres (sopa) de uva-passa branca. Sirva quente com o pilaf com amêndoa e pinhole.

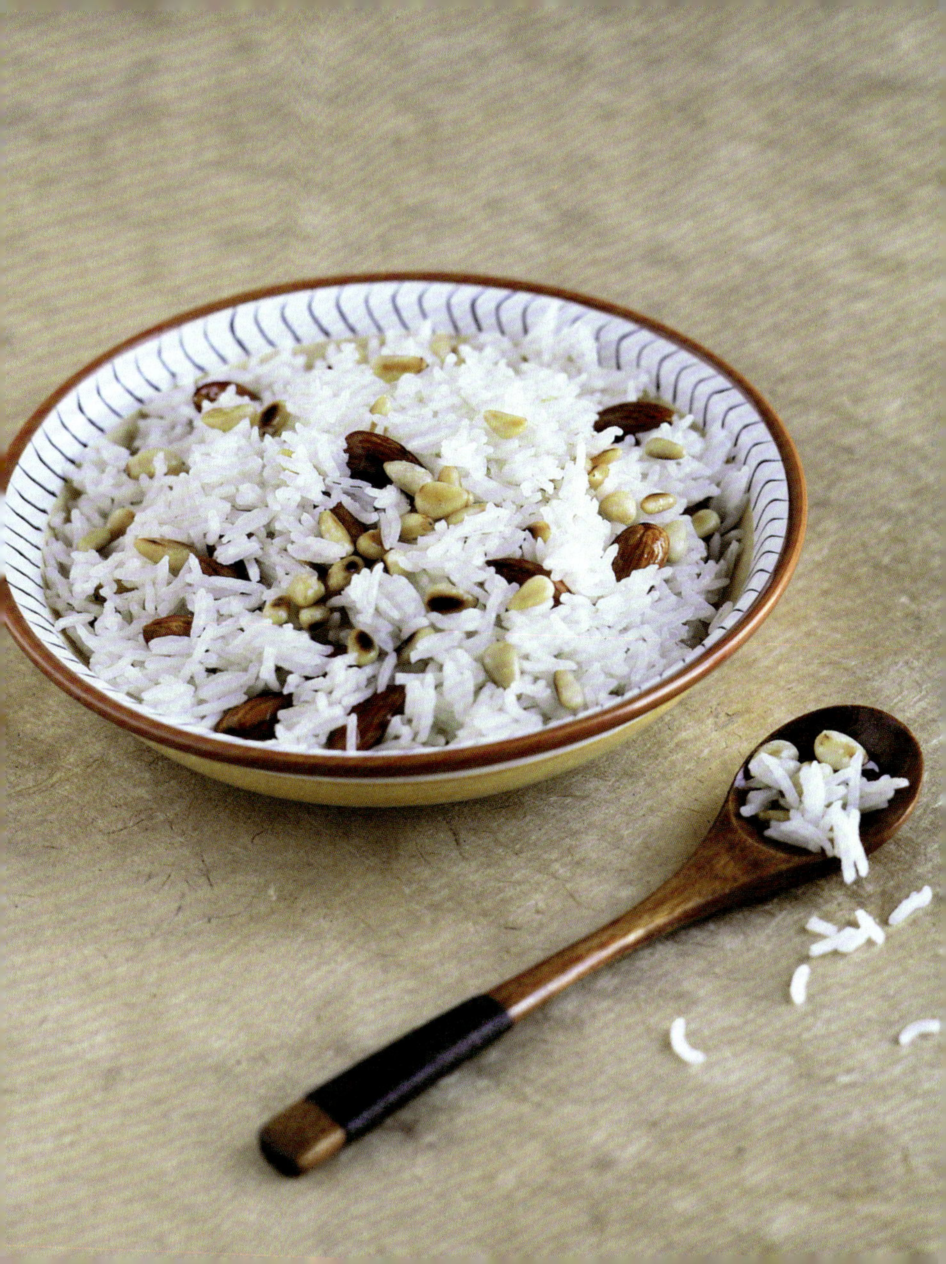

arroz com coco e limão

4 porções
Preparo: **5 minutos**
Cozimento: **15 minutos**

180 g de **arroz basmati**
300 ml de **água** quente
4 colheres (sopa) de suco de **limão-siciliano**
1 **canela em pau**
uma pitada de **açúcar**
óleo vegetal para untar
40 g de **coco ralado**

Lave o arroz em água corrente várias vezes. Em uma panela, cubra o arroz com a água quente e acrescente o suco de limão, a canela e o açúcar. Aqueça até ferver, tampe e cozinhe por 15 minutos.

Aqueça um pouco de óleo em uma panela antiaderente. Frite o coco ralado até dourar, mexendo sempre.

Acrescente o coco ralado frito ao arroz e sirva em seguida.

Acompanhamento: bolinho de bacalhau no vapor.
Misture 200 g de bacalhau com um maço de coentro picado finamente, 50 ml de leite e 1 colher (sopa) de farinha de milho. Acrescente 50 g de farinha de rosca temperada. Faça bolinhas com as mãos e cozinhe no vapor por 8 minutos.

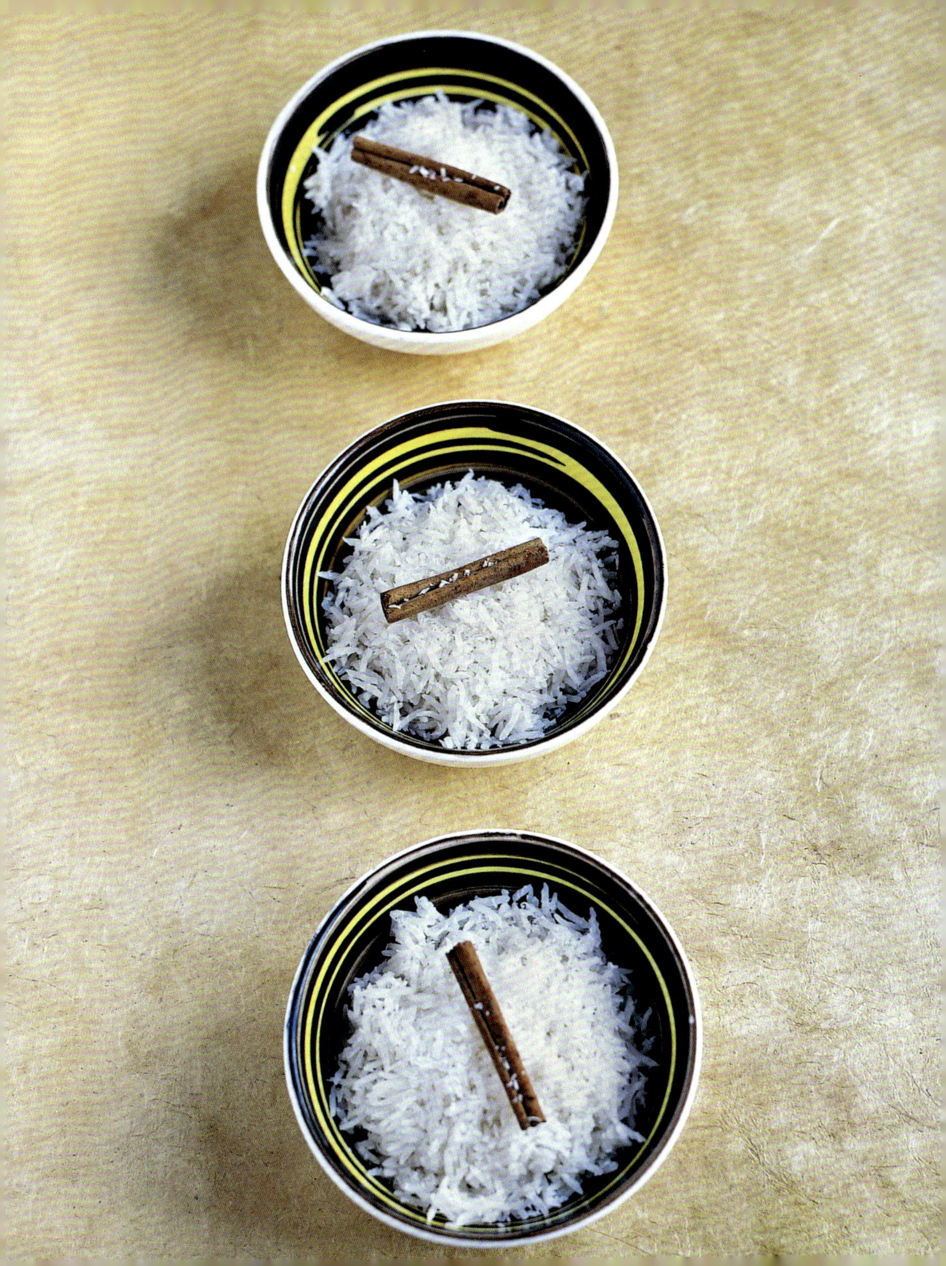

pilaf com cogumelo chanterelle

4 porções
Preparo: **15 minutos**
Cozimento: **20 minutos**

250 g de **cogumelo chanterelle**
2 **echalotas** picadas finamente
1 colher (sopa) de **óleo vegetal**
180 g de **arroz de grão longo**
300 ml de **caldo de galinha**
manteiga
2 colheres (sopa) de **salsinha** picada
sal e **pimenta-do-reino** moída na hora

Lave o cogumelo cuidadosamente em água fria corrente, escorra e seque com um pano limpo.

Doure as echalotas em 1 colher (sopa) de óleo.

Acrescente o arroz. Misture até os grãos ficarem cobertos pelo óleo.

Despeje o caldo de galinha sobre o arroz, deixe ferver e tampe. Cozinhe em fogo baixo por 15 minutos.

Derrreta um pouco de manteiga em uma panela antiaderente e salteie o cogumelo por alguns minutos. Tempere com sal e pimenta-do-reino e adicione a salsinha picada. Sirva o arroz com o cogumelo salteado.

Variação: pilaf com cogumelo portobello e estragão. Limpe 250 g de cogumelo portobello com uma escova ou papel-toalha seco. Corte ou rasgue em pedaços e salteie em manteiga como na receita acima. Adicione 375 g de peito de frango cozido e desfiado. Mantenha por mais alguns minutos para aquecer o frango. Tempere com sal e pimenta-do-reino e acrescente 1 colher (sopa) de estragão picado.

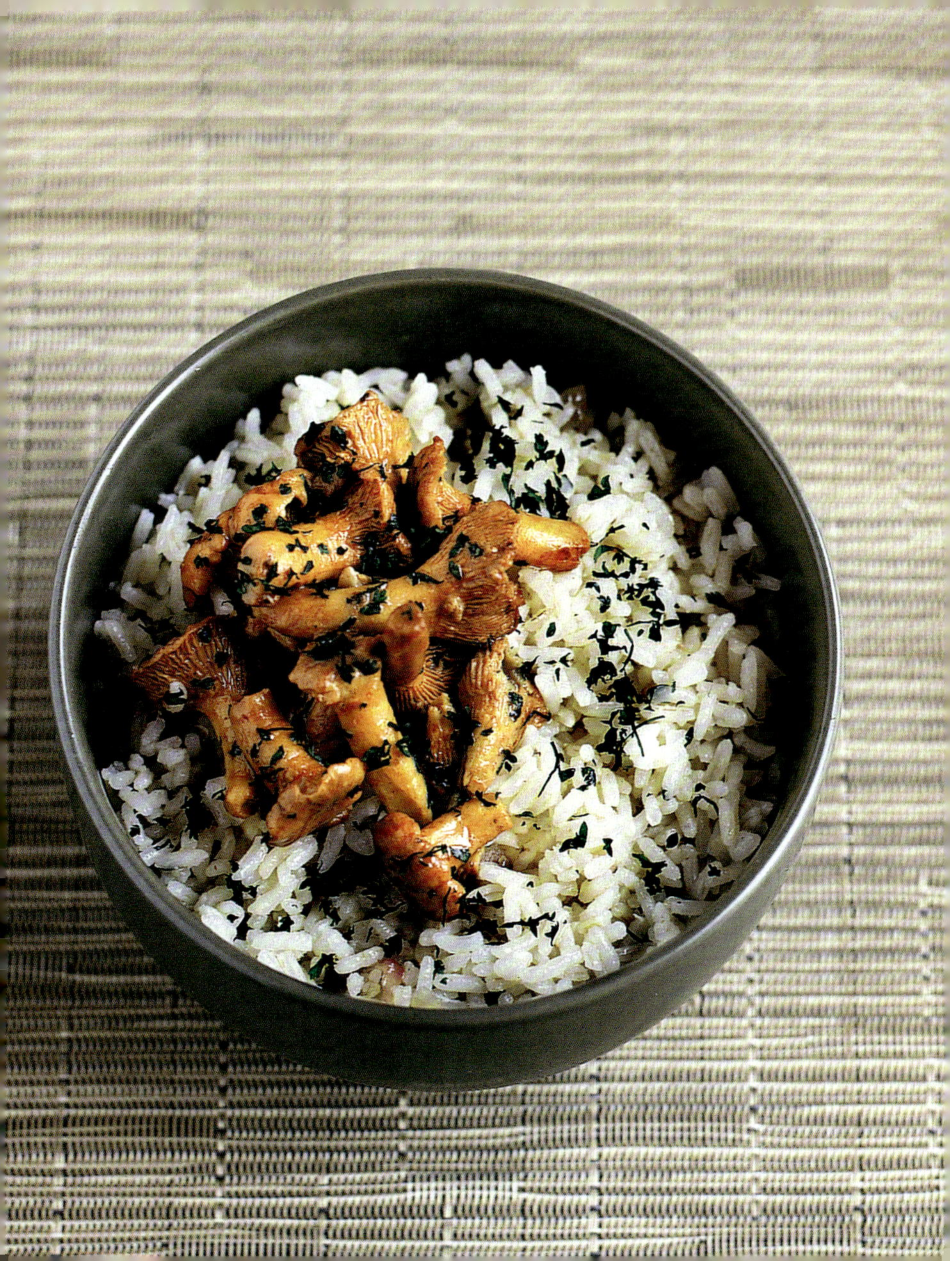

arroz persa crocante

4-6 porções
Preparo: **15 minutos**,
  mais **3 horas** para demolhar
Cozimento: **45 minutos**

500 g de **arroz basmati**
60 g de **manteiga**
uma pitada de **açafrão**
sal

* Advieh
  (mistura de especiarias persa)

30 g de cominho em grãos
15 g de kümmel
15 g de grãos de cardamomo
15 g de pimenta-do-reino preta em grãos
10 g de cravo-da-índia
70 g de canela em pau
70 g de coentro em grãos
45 g de cúrcuma em pó

Toste todas as especiarias (menos a cúrcuma) levemente na frigideira sobre fogo médio. Moa-as em um moedor de café ou amasse no pilão. Junte a cúrcuma e misture bem. Passe por peneira e guarde em vidro seco com tampa.

Lave o arroz em água corrente várias vezes e deixe de molho em uma vasilha com água por 3 horas.

Ferva água com sal em uma panela grande e acrescente o arroz escorrido. Cozinhe por 5 minutos ou até os grãos ficarem macios por fora e firmes por dentro. Escorra.

Derreta a manteiga em uma panela de fundo grosso e misture o arroz. Tampe e cozinhe em fogo médio por 15 minutos. Abaixe o fogo e continue cozinhando em fogo bem baixo por mais 20 minutos.

Dissolva uma pitada de açafrão em 2 colheres (sopa) de água quente. Retire cerca de 1 xícara (chá) de arroz da panela e borrife a água misturada com açafrão.

Transfira o restante do arroz para uma travessa grande e coloque por cima os grãos com açafrão, formando um montinho.

Raspe o arroz que ficou grudado no fundo da panela e sirva à parte.

Variação: arroz crocante aromático. Cozinhe o arroz conforme a receita acima. Separe uma pequena porção e borrife a água de açafrão. Derreta metade da manteiga em uma panela e misture o arroz com açafrão. Meça 2 colheres (chá) de advieh*. Disponha o restante do arroz na panela, em camadas, salpicando cada uma com um pouco de advieh. Misture 125 ml de água com o restante da manteiga derretida e despeje sobre o arroz. Tampe bem a panela e cozinhe conforme indicado. Sirva com 1 colher (sopa) de pistache torrado e 1 colher (sopa) de semente de romã.

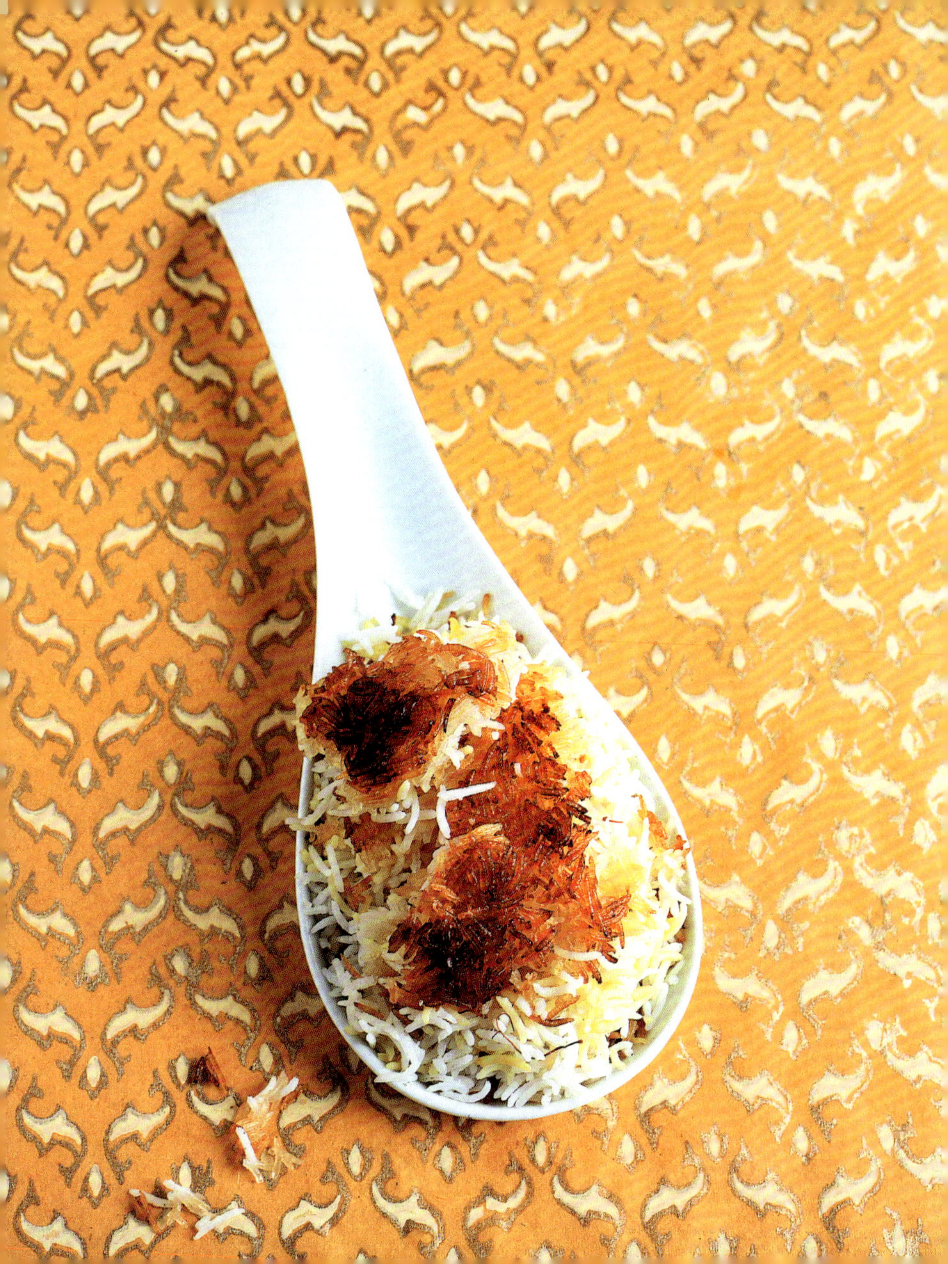

picadinho de carne e arroz acebolado

4 porções
Preparo: **15 minutos**
Cozimento: **10 minutos**

400 g de **filé-mignon** ou alcatra
2 colheres (sopa) de **shoyu**
1 colher (sopa) de **óleo vegetal**
4 **cebolas** picadas
400 g de **arroz de grão longo** cozido
uma pitada de **páprica**
sal e **pimenta-do-reino** moída na hora

Corte a carne em cubos. Misture o shoyu.

Frite a carne em uma panela antiaderente. Tempere com sal e pimenta-do-reino e reserve em local aquecido.

Doure a cebola picada, acrescente o arroz cozido, salpique a páprica e refogue por alguns minutos, mexendo sempre.

Sirva quente com o picadinho de carne.

Variação: picadinho de peru e arroz com castanha.
Substitua a carne por 400 g de peito de peru cortado em cubos. Siga a receita acima, acrescentando um pouco de castanha de caju moída ao fritar o peru.

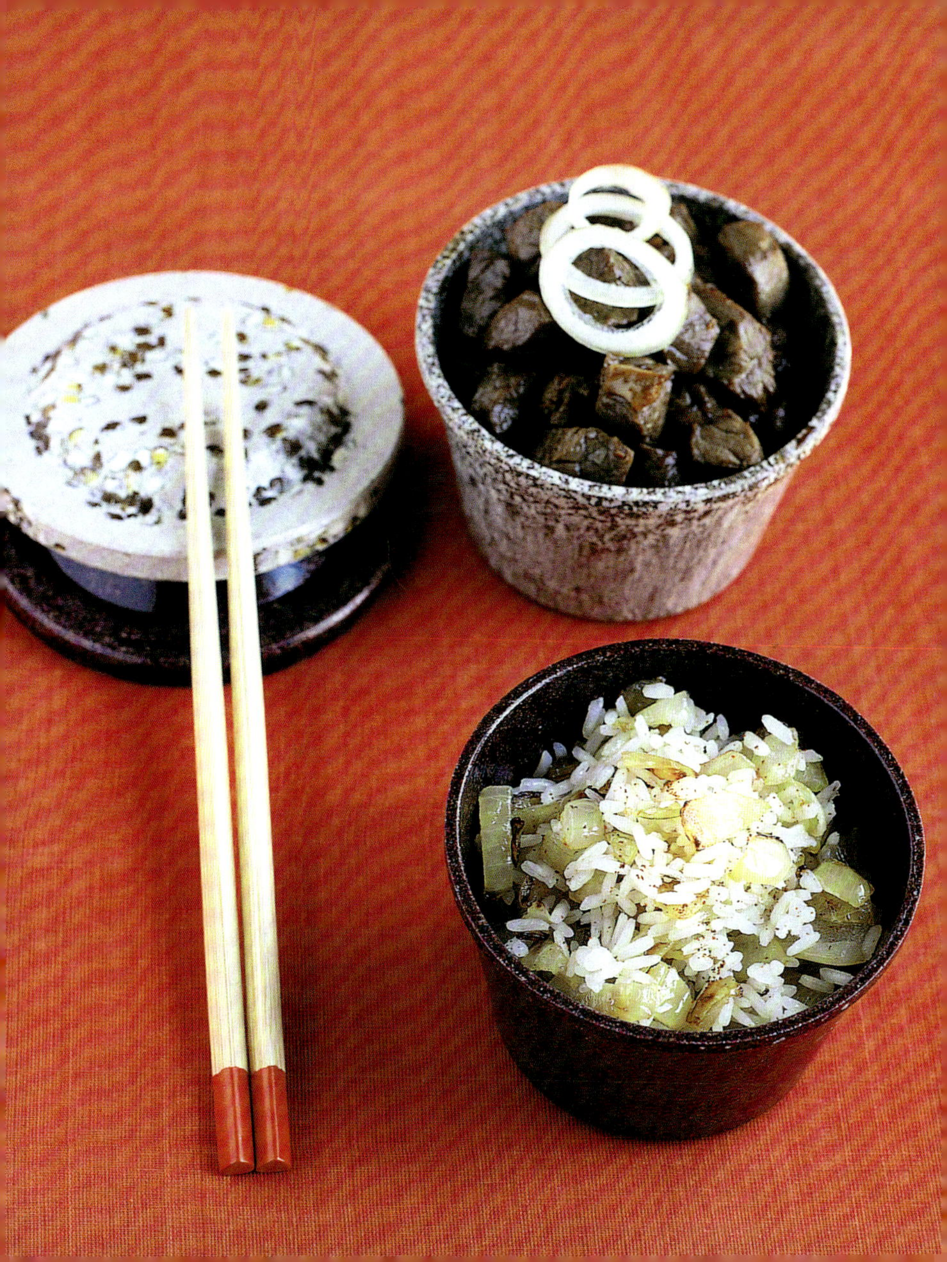

frango salteado com gergelim

4 porções
Preparo: **5 minutos**
Cozimento: **20 minutos**

2 colheres (sopa) de **óleo vegetal**
180 g de **arroz de grão longo**
300 ml de **água**
500 g de **filé de peito de frango**
4-5 colheres (sopa) de **semente de gergelim**
um punhado de **cebolinha** em fatias bem finas
sal e **pimenta-do-reino** moída na hora

Aqueça 1 colher (sopa) do óleo em uma panela de fundo grosso e refogue o arroz, até cobrir bem os grãos com o óleo. Acrescente a água, tempere com sal e pimenta-do-reino e deixe ferver. Tampe a panela e cozinhe em fogo baixo por cerca de 15 minutos.

Pique o filé de frango em pedaços uniformes e acrescente sal e pimenta-do-reino a gosto. Misture o gergelim.

Frite o frango com o restante do óleo em uma panela antiaderente por 4-5 minutos, mexendo com frequência para dourar de todos os lados por igual. Adicione a cebolinha.

Sirva o arroz como acompanhamento para o frango com gergelim.

Variação: dim sum de camarão e bacalhau.
Substitua o frango por 150 g de camarão limpo (cru) e 350 g de bacalhau. Frite o camarão e o bacalhau em 1 colher (sopa) de óleo, sem deixar cozinhar demais. Bata no processador e faça bolinhas. Enrole em massa para rolinho primavera (harumaki) molhada em água morna. Frite por 5-6 minutos, escorra e sirva quente com o arroz.

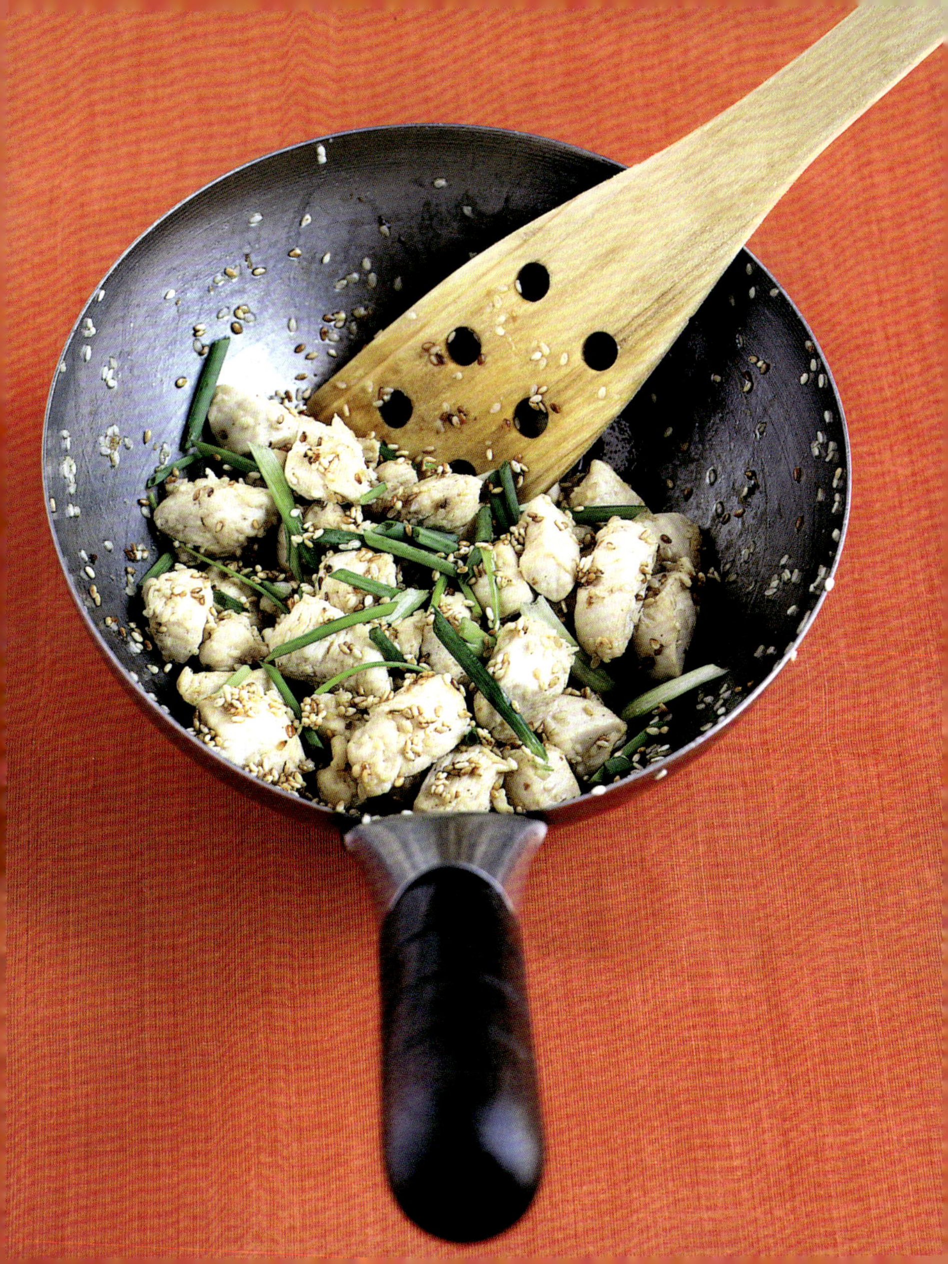

arroz com vinho tinto e carne salteada

4 porções
Preparo: **15 minutos**
Cozimento: **20 minutos**

100 ml de **vinho tinto**
200 ml de **caldo de galinha**
2 **echalotas** picadas
1 colher (sopa) de **óleo vegetal**
180 g de **arroz de grão longo**
2 ramos de **tomilho**
600 g de **filé-mignon**
4 colheres (sopa) de **salsinha**
sal e **pimenta-do-reino** moída na hora

Aqueça o vinho e o caldo de galinha.

Refogue a echalota no óleo, em uma panela que possa ir ao forno, até começar a dourar, mexendo com frequência.

Acrescente o arroz e mexa bem para espalhar o óleo pelos grãos. Despeje o vinho com o caldo de galinha. Tempere com sal e pimenta-do-reino, acrescente o tomilho e espere ferver. Tampe e leve ao forno, preaquecido a 180ºC, por 15 minutos.

Corte a carne em tiras de 5 cm. Aqueça uma panela antiaderente e salteie rapidamente o filé em tiras. Tempere com sal e pimenta-do-reino, retire do fogo e salpique a salsinha picada.

Sirva o arroz acompanhado da carne salteada.

Variação: carne marinada com laranja e cravo-da-índia. Deixe as tiras de filé marinando por 3 horas em 500 ml de vinho tinto misturado com raspas de 1 laranja, 2 cravos-da-índia e 5 grãos de pimenta-do-reino. Salteie e sirva com arroz à créole (p. 12). Decore com 2 ramos de tomilho.

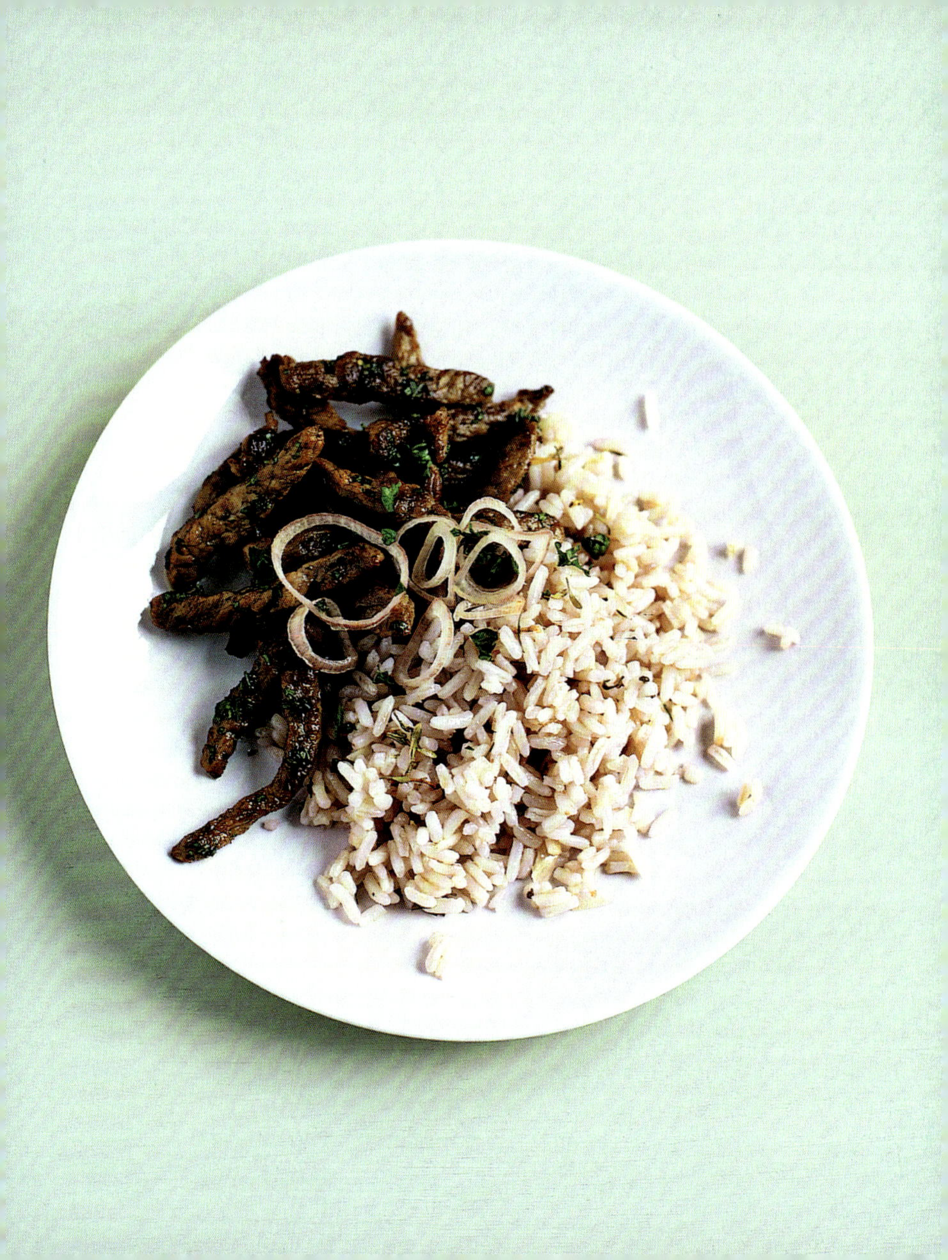

kebab de legumes com pilaf

4 porções
Preparo: **20 minutos**, mais
  20 minutos para marinar e
  10 minutos para descansar
Cozimento: **15 minutos**

1 colher (sopa) de **alecrim**
5 colheres (sopa) de **azeite** extravirgem
2 **abobrinhas**
1 **pimentão vermelho** grande sem sementes, cortado em pedaços grandes
16 **champignons** limpos
8 **tomates-cereja**
iogurte natural, para servir

Para o pilaf
250 g de **arroz basmati**
1 **cebola** bem picada
2 dentes de **alho** picados
6 bagas de **cardamomo** moídas
100 g de **cranberry** desidratado
50 g de **pistache** torrado e picado
2 colheres (sopa) de **coentro fresco** picado
sal e **pimenta-do-reino** moída na hora

Deixe oito espetinhos de madeira para churrasco de molho em água fria por 30 minutos.

Misture o alecrim com 2 colheres (sopa) de azeite, sal e pimenta-do-reino. Adicione a abobrinha, o pimentão, o champignon e o tomate. Tampe e deixe marinar por 20 minutos.

Prepare o pilaf. Lave o arroz em água fria, escorra e transfira para uma panela. Acrescente água com um pouco de sal até 5 cm acima do arroz. Espere ferver e cozinhe por 10 minutos. Escorra bem.

Refogue com o restante do azeite em outra panela a cebola, o alho e o cardamomo em fogo médio, mexendo com frequência, por 5 minutos, até dourar levemente. Misture o arroz, o cranberry, o pistache, o coentro, o sal e a pimenta-do-reino. Retire do fogo, tampe e reserve por 10 minutos.

Aqueça bem uma frigideira canelada. Coloque os legumes nos espetinhos de maneira alternada. Grelhe, virando com frequência, por 10 minutos até os legumes ficarem macios. Sirva com o arroz e o iogurte natural.

Variação: pilaf com especiarias. Cozinhe o arroz conforme a receita acima, acrescentando à água ¼ colher (chá) de açafrão. Refogue 1 cebola picada, 2 dentes de alho amassados, 1 pau de canela e 6 cravos-da-índia em 50 g de manteiga por 5 minutos. Adicione o arroz recém-cozido e misture levemente. Retire do fogo, tampe e reserve por 10 minutos. Tire a canela e o cravo antes de servir.

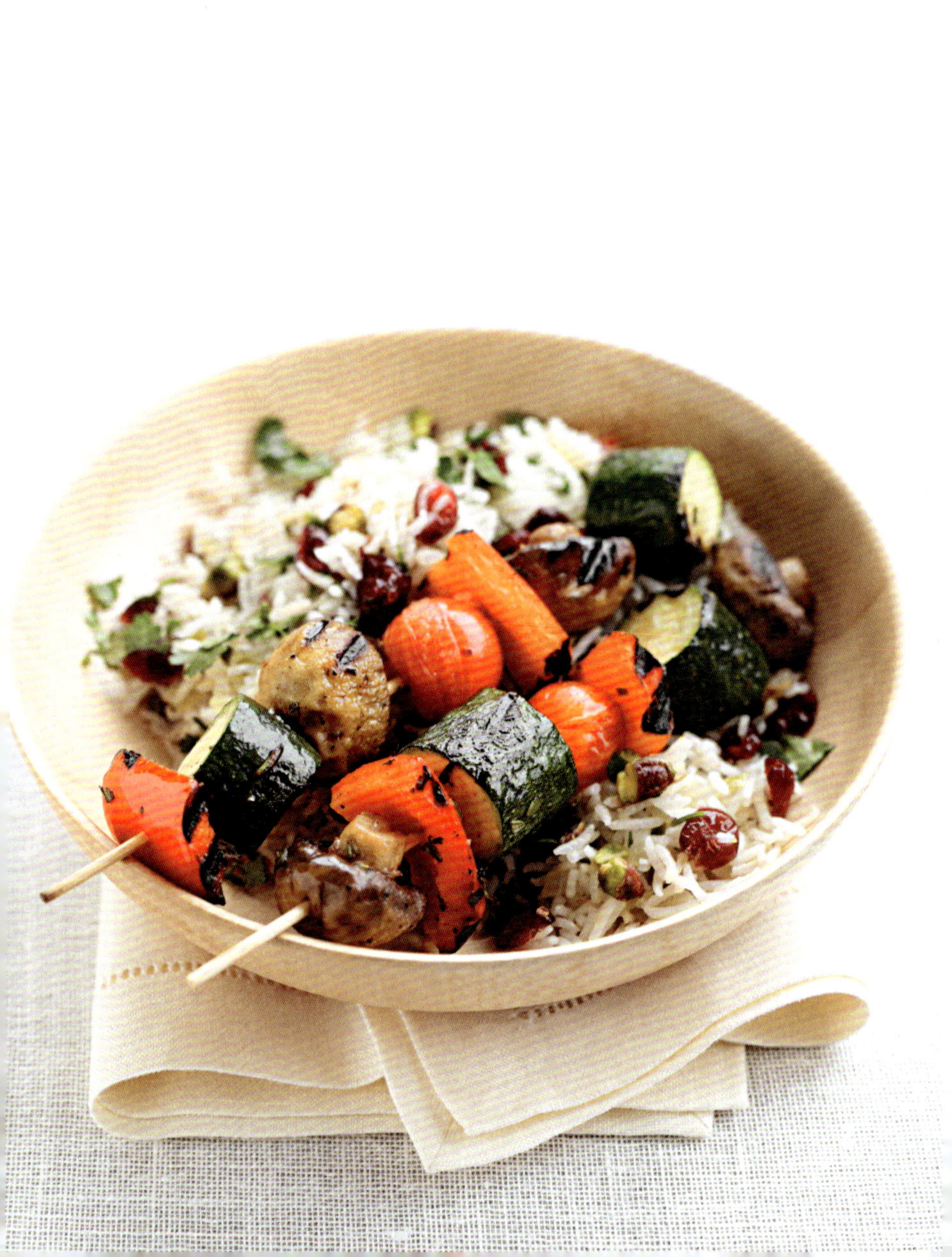

arroz com alho-poró, gengibre e cominho

4 porções
Preparo: **10 minutos**
Cozimento: **10 minutos**

1 colher (sopa) de **azeite**
1 colher (chá) de **gengibre fresco** ralado
1 colher (chá) de **cominho em pó**
2 **alhos-poró** grandes cortados em rodelas finas
400 g de **arroz de grão longo** cozido
sal e **pimenta-do-reino** moída na hora

Aqueça o azeite em uma panela antiaderente grande. Misture o gengibre ralado e o cominho. Adicione o alho-poró, tempere com sal e pimenta-do-reino e refogue por 10 minutos, mexendo de vez em quando. Se necessário, acrescente 1 ou 2 colheres (sopa) de água para evitar que os ingredientes grudem. Tempere a gosto.

Transfira o arroz cozido para a panela e solte os grãos com um garfo. Sirva quente.

Variação: arroz com alho-poró, erva-doce e limão.
Não utilize o cominho. Refogue 1 bulbo de erva-doce cortado em quatro e fatiado com o gengibre e o alho-poró. Misture as raspas de 1 limão com o sal e a pimenta-do-reino um pouco antes de juntar o arroz.

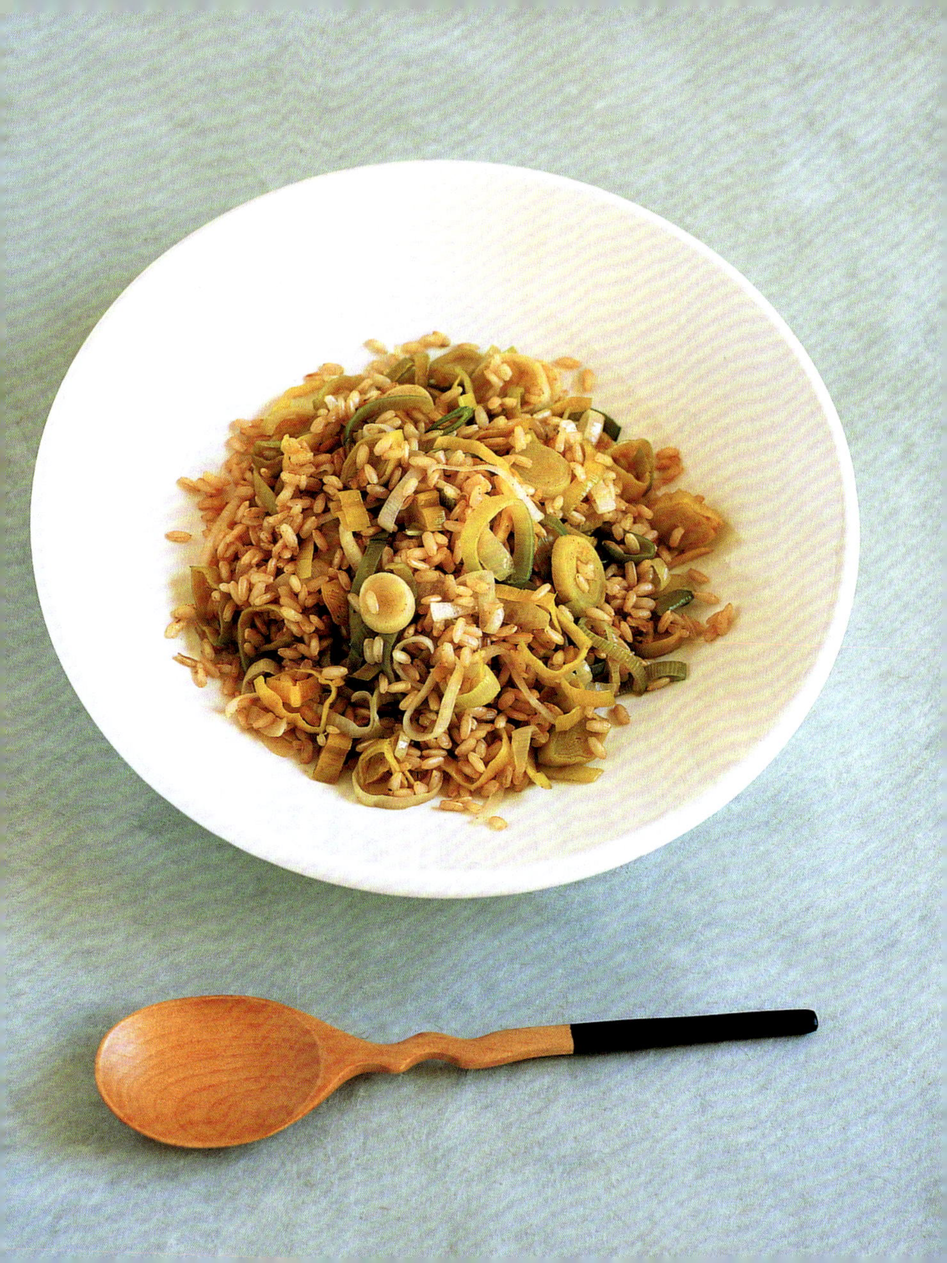

arroz com sálvia no vapor

4-6 porções
Preparo: **5 minutos**, mais
  1 hora para demolhar
Cozimento: **20 minutos**

200 g de **arroz de grão longo**
4 folhas de **sálvia**
sal e **pimenta-do-reino** moída na hora

Cubra o arroz com água fria em uma vasilha grande. Deixe de molho por pelo menos 1 hora e escorra.

Coloque água na parte inferior da panela a vapor, acrescente as folhas de sálvia e espere ferver. Distribua o arroz na parte de cima. Tampe e cozinhe por cerca de 20 minutos. Tempere com sal e pimenta-do-reino. Sirva quente.

Acompanhamento: cordeiro gratinado com sálvia.
Salteie 10 pedaços de pescoço de cordeiro em uma panela até começar a dourar. Reserve em uma fôrma ou tigela refratária. Refogue 1 cebola em rodelas e 6 cenouras pequenas cortadas em palitos por 3 minutos. Misture ao cordeiro e acrescente 3 nabos pequenos cortados em cubos, 4 folhas de sálvia e 2 dentes de alho. Cubra com um bom caldo de legumes, tempere a gosto e leve ao forno preaquecido a 180°C por aproximadamente 45 minutos. Sirva com o arroz com sálvia.

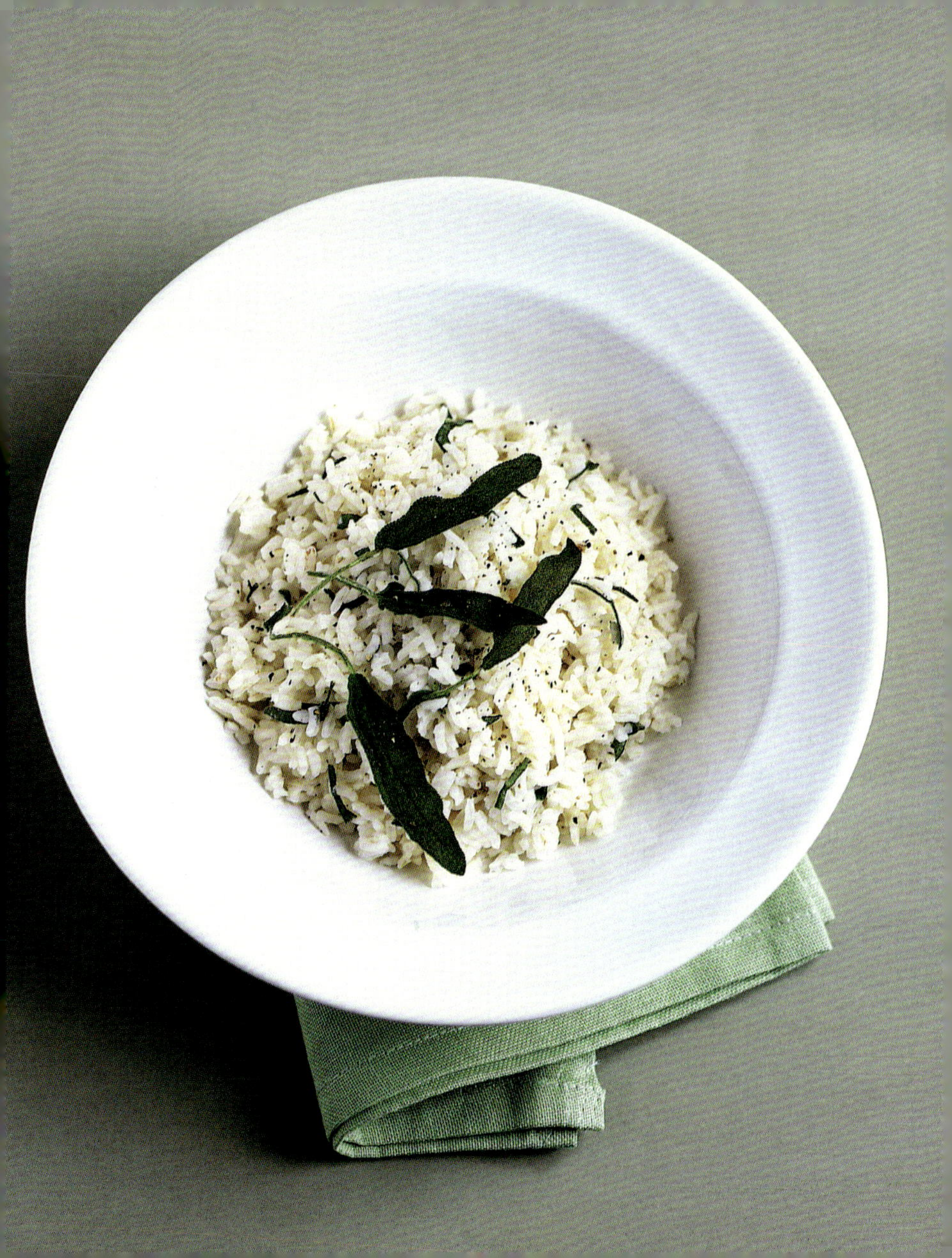

arroz com limão e ervas

4-6 porções
Preparo: **10 minutos**
Cozimento: **20 minutos**

1 colher (sopa) de **óleo vegetal**
180 g de **arroz de grão longo**
300 ml de **caldo de galinha**
4 colheres (sopa) de **salsinha** picada
4 colheres (sopa) de **manjericão** picado
raspas de 2 **limões-sicilianos orgânicos**
50 g de **parmesão** ralado na hora
sal e **pimenta-do-reino** moída na hora

Aqueça o óleo, coloque o arroz e mexa até os grãos ficarem translúcidos.

Despeje o caldo de galinha quente sobre o arroz. Acrescente a salsinha, o manjericão e as raspas de limão. Adicione sal e pimenta-do-reino e cozinhe com a panela tampada, em fogo baixo, por cerca de 15 minutos.

Sirva quente, com o parmesão ralado.

Acompanhamento: tamboril com limão e manjericão.
Corte 2 abobrinhas em tiras bem finas, no sentido do comprimento. Salpique algumas folhas de manjericão picadas e raspas de limão sobre 4-6 filés de tamboril e tempere a gosto. Enrole os filés com as tiras de abobrinha. Salpique sal e pimenta-do-reino. Frite o peixe em um pouco de azeite por 7-8 minutos, dos dois lados. Sirva com o arroz com limão e manjericão.

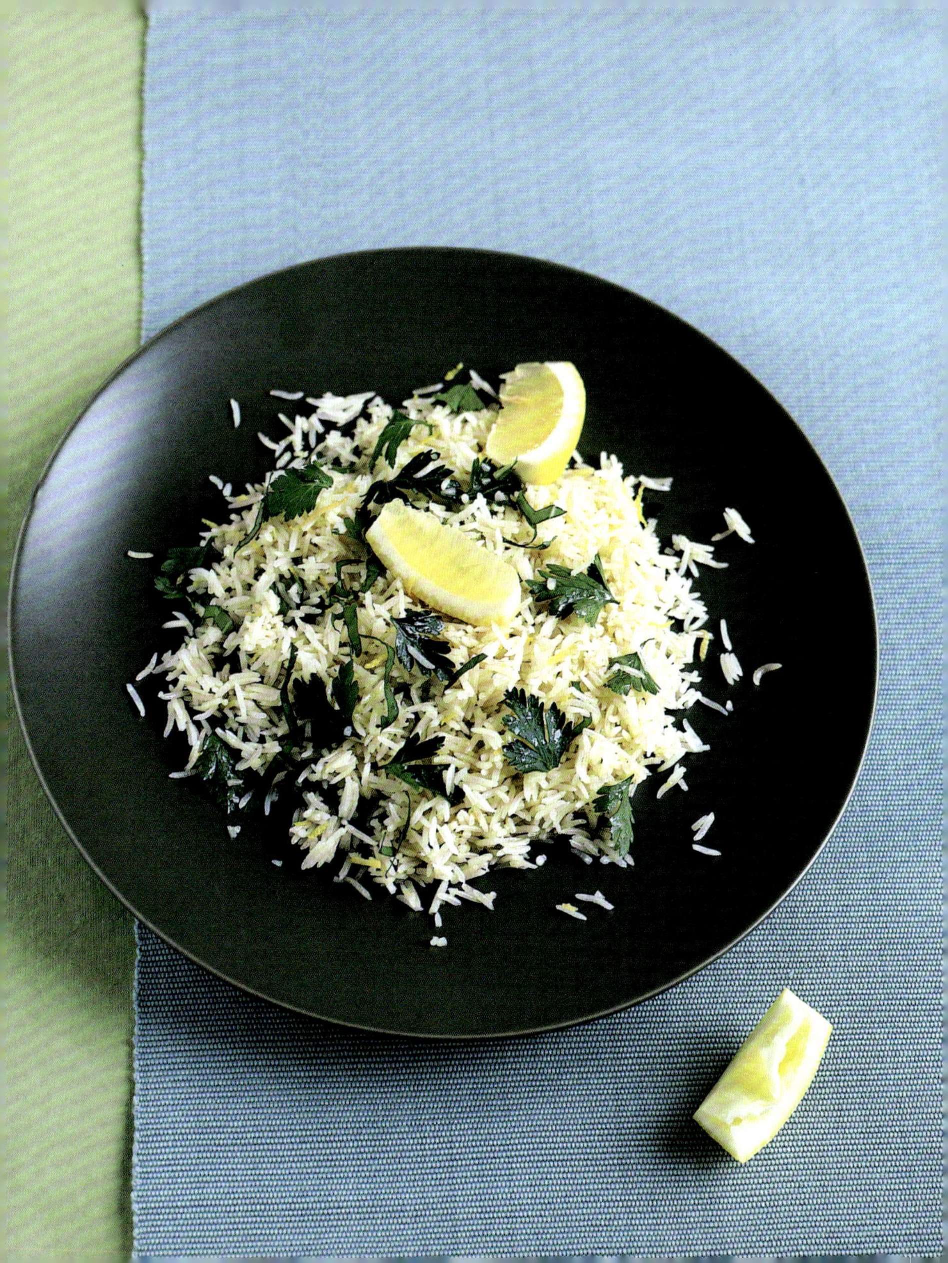

saladas

salada de queijo de cabra com nozes

4 porções
Preparo: **10 minutos**
Cozimento: **15 minutos**

120 g de **arroz de grão longo**
1 **queijo de cabra** levemente seco, descascado e fatiado
1 pé de **alface**
um punhado generoso de **nozes**
1 colher (sopa) de **cebolinha** picada

Para o molho
1 colher (sopa) de **vinagre**
1 colher (sopa) de **tapenade***
3 colheres (sopa) de **azeite**
raspas de 1 **limão-siciliano** orgânico
sal e **pimenta-do-reino** moída na hora

* A tapenade é uma pasta francesa à base de azeitona, que também leva alcaparra, anchova, azeite, alho e ervas.

Cozinhe o arroz à créole (p. 12) por 15 minutos em bastante água; o arroz deve ficar cozido, mas ainda *al dente*. Transfira para uma peneira e enxágue com água fria corrente para interromper o cozimento. Escorra bem e deixe esfriar.

Prepare o molho: junte o vinagre à tapenade, adicione um pouco de sal e bata. Acrescente aos poucos o azeite e em seguida as raspas de limão e um pouco de pimenta-do-reino.

Monte a salada em uma travessa grande: misture o arroz, o queijo de cabra, as folhas de alface, as nozes, a cebolinha e o molho. Tempere com sal e pimenta-do-reino.

Variação: salada de feta com azeitona. Substitua o queijo de cabra por 125 g de feta amassado. Acrescente algumas azeitonas pretas bem picadas (como kalamatas) e no lugar da cebolinha utilize orégano fresco picado.

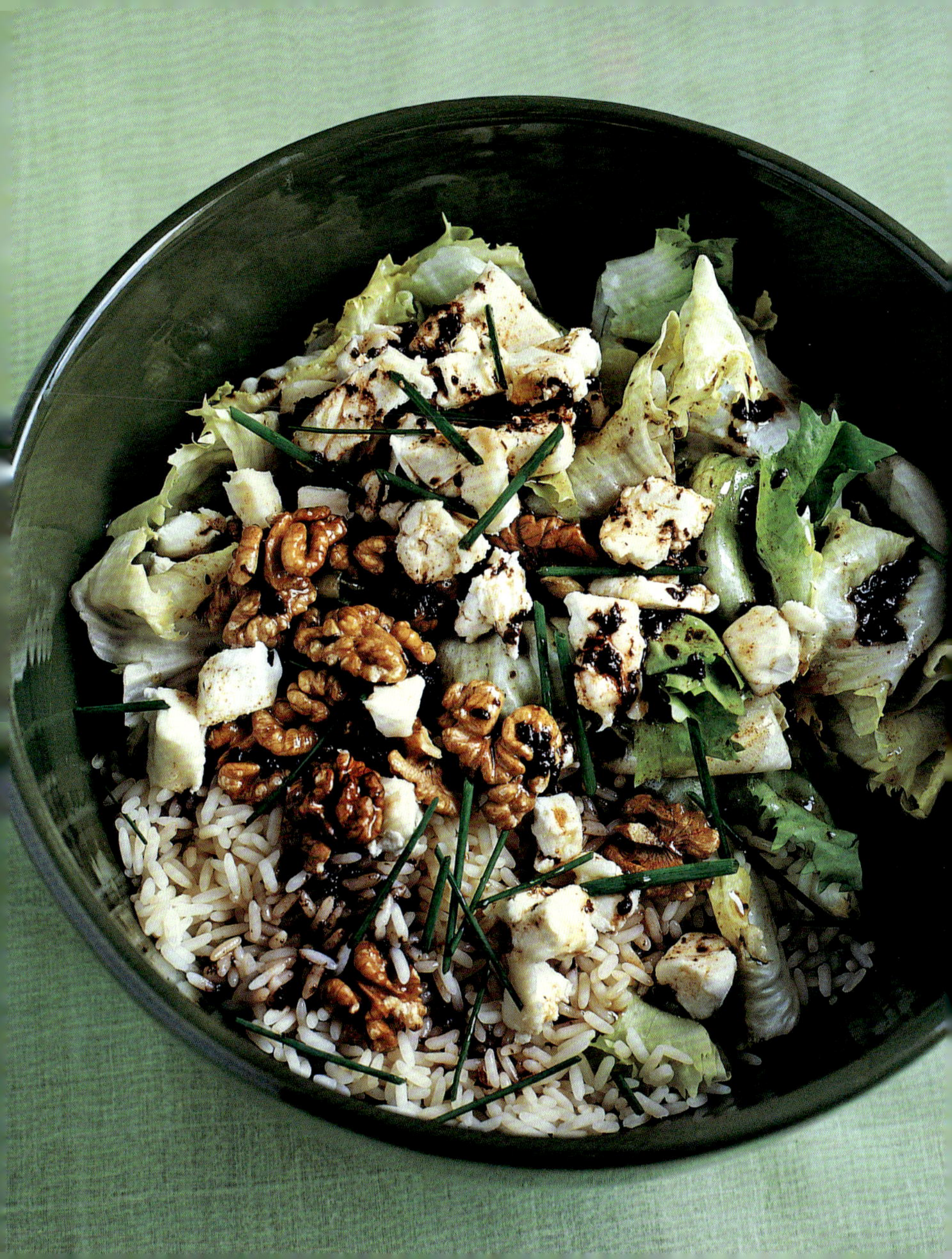

salada de folhas verdes com pinhole

4 porções
Preparo: **10 minutos**
Cozimento: **15 minutos**

120 g de **arroz de grão longo**
50 g de **folhas verdes** variadas
12 **tomates-cereja** pequenos
1 talo pequeno de **aipo** cortado em cubos
um pouco de **parmesão** ralado na hora
30 g de **pinhole**
5 folhas de **manjericão** picadas

Para o vinagrete
1 colher (sopa) de **vinagre**
3 colheres (sopa) de **azeite**
sal e **pimenta-do-reino** moída na hora

Cozinhe o arroz à créole (p. 12) por 15 minutos, mantendo uma textura *al dente*. Passe o arroz para uma peneira e enxágue em água fria corrente para interromper o processo de cozimento. Escorra bem e deixe esfriar.

Arrume o arroz e as folhas verdes em uma saladeira. Acrescente o tomate-cereja, o aipo, o parmesão e o pinhole.

Prepare o vinagrete: misture o vinagre com uma pitada de sal. Acrescente o azeite aos poucos, batendo sempre. Tempere a salada, salpique o manjericão e sirva imediatamente.

Acompanhamento: wrap de frango com gruyère.
Frite 2 filés de peito de frango e corte-os em cubos. Espalhe patê de azeitona sobre 4 wraps, acrescente o frango e enrole, dobrando as beiradas para fechar bem. Coloque-os em um recipiente refratário, salpique gruyère ralado e gratine por 5 minutos. Sirva com a salada de folhas verdes com pinhole.

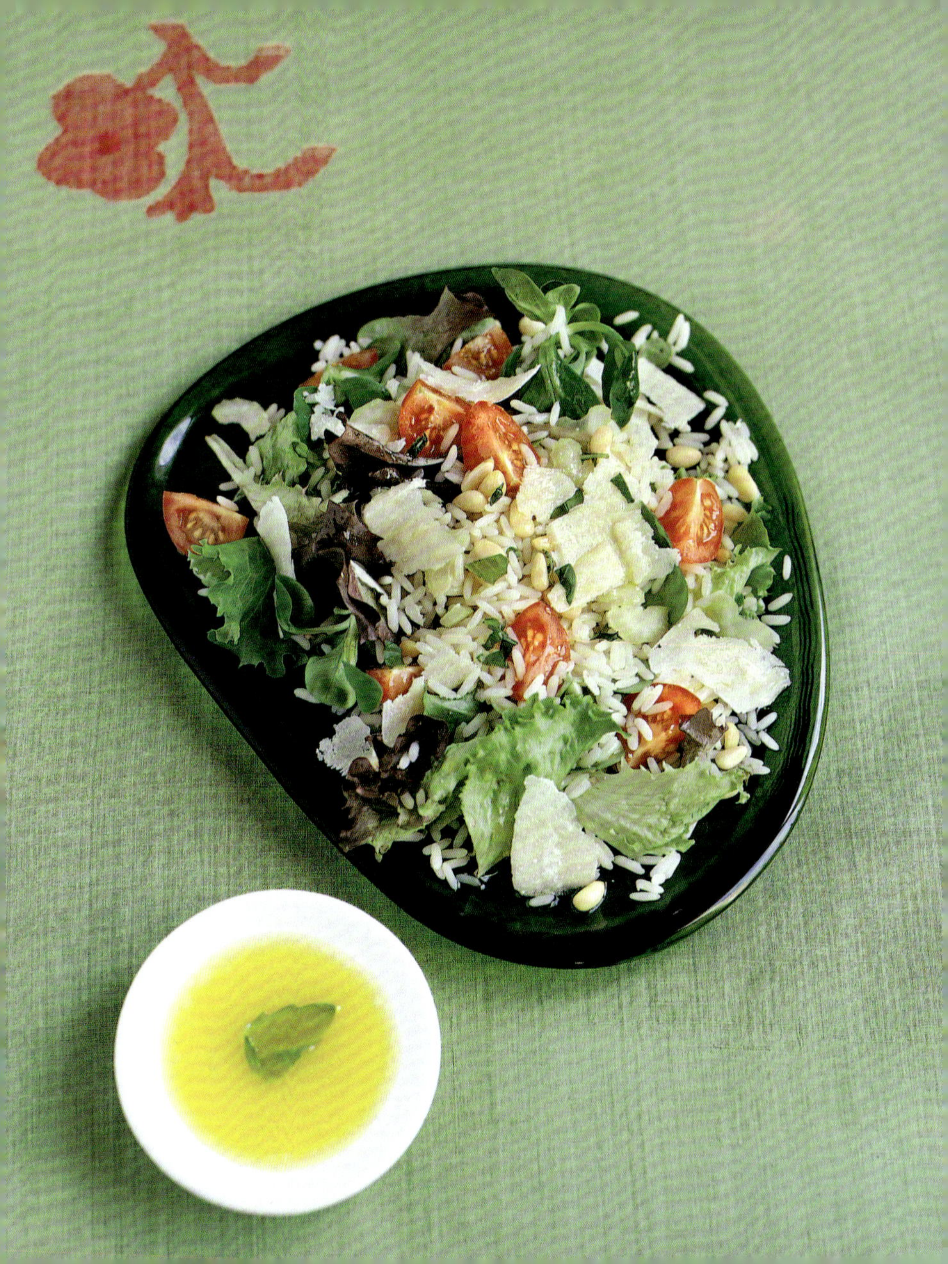

salada de sushi

2-3 porções
Preparo: **10 minutos**, mais
   45 minutos para descansar
Cozimento: **12 minutos**

250 g de **arroz para sushi**
6 colheres (sopa) de **vinagre de arroz**
2½ colheres (sopa) de **açúcar**
5 g de **gengibre em conserva** picado
½ colher (chá) de **wasabi**
½ **pepino**
1 **abacate** (cerca de 175 g) descascado e cortado em cubos
250 g de **salmão** sem pele cortado em cubos médios
8 **cebolinhas** picadas finamente
3 colheres (sopa) de **semente de gergelim**, para decorar

Cozinhe o arroz para sushi (p. 26) e reserve.

Misture o vinagre com o açúcar em uma panela pequena e aqueça levemente, mexendo até dissolver o açúcar. Desligue o fogo e adicione o gengibre e o wasabi. Deixe esfriar. Corte o pepino ao meio no sentido do comprimento e retire as sementes com uma colher de chá. Corte a polpa em fatias finas e misture ao vinagre resfriado.

Transfira o arroz cozido para um prato. Coe a mistura de vinagre sobre o arroz, reservando o pepino. Mexa e espere esfriar.

Coloque o arroz frio em uma saladeira grande e monte a salada com o pepino, o abacate, o salmão e a cebolinha. Salpique as sementes de gergelim e sirva.

Variação: salada de atum com arroz de sushi.
Misture 2 colheres (sopa) de shoyu com ¼ de colher (chá) de wasabi e pincele a mistura em 300 g de lombo de atum (corte mais alto que o filé). Espalhe as sementes de gergelim sobre o peixe até cobrir todos os lados. Frite o atum em 1 colher (sopa) de óleo vegetal por 1-2 minutos de cada lado. Retire do fogo e reserve. Prepare a salada conforme a receita acima, mas sem utilizar o salmão. Corte o atum em fatias finas e sirva com a salada.

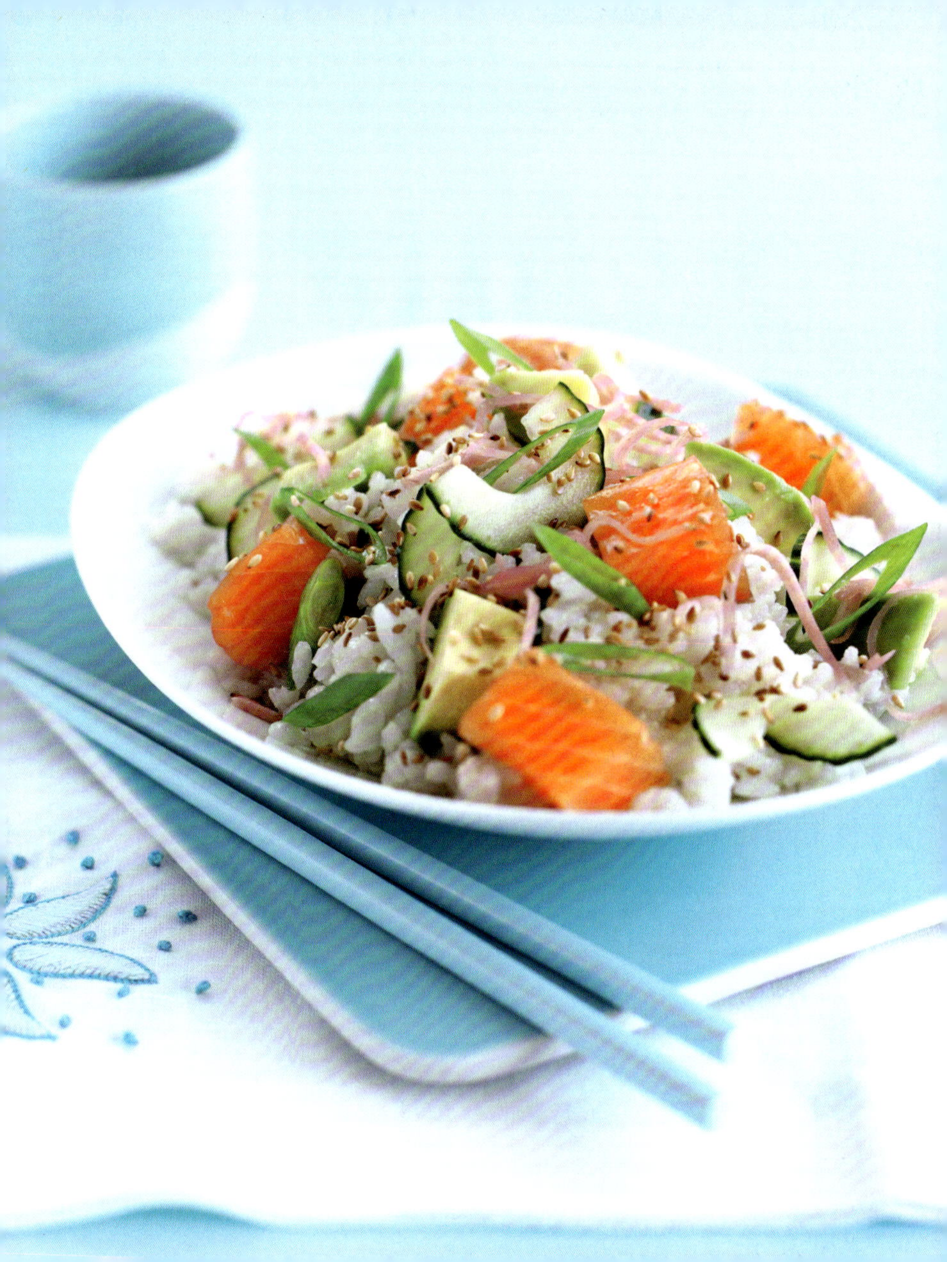

salada cremosa de endívia com azeitona

4 porções
Preparo: **10 minutos**
Cozimento: **15 minutos**

120 g de **arroz de grão longo**
3 **endívias** grandes
12 **azeitonas pretas**
raspas de 1 **laranja orgânica**
2 colheres (chá) de suco de **limão-siciliano**
3 colheres (sopa) de **iogurte natural**
sal e **pimenta-do-reino** moída na hora

Cozinhe o arroz à créole (p. 12), em bastante água fervente, por 15 minutos – deve ficar cozido, mas ainda *al dente*. Passe para uma peneira e enxágue em água fria corrente para interromper o processo de cozimento. Escorra bem e deixe esfriar.

Pique a endívia em pedaços pequenos.

Arrume o arroz e a endívia em uma saladeira grande. Acrescente a azeitona e as raspas de laranja.

Bata o limão-siciliano e o iogurte, temperados com sal e pimenta-do-reino. Despeje o molho sobre a salada e sirva imediatamente.

Variação: salada de alcachofra com azeitona.
Substitua as endívias por 4 fundos de alcachofra em conserva escorridos e picados; a azeitona preta por verde; e as raspas de laranja por 1 colher (chá) de limão-siciliano em conserva, lavado, seco e bem picado.

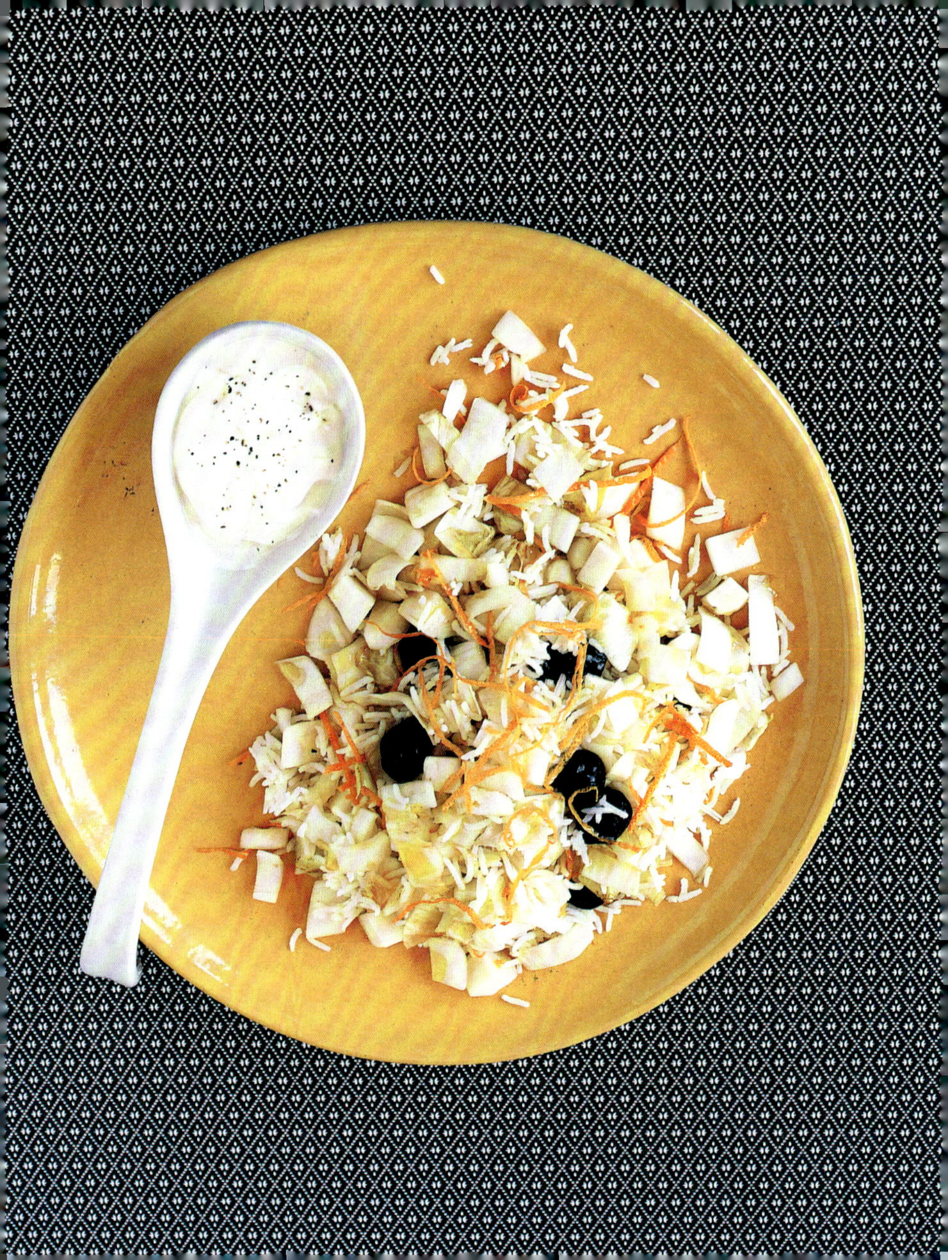

salada de arroz selvagem com salmão

4 porções
Preparo: **10 minutos**
Cozimento: **45 minutos**

300 ml de **água**
125 g de **arroz selvagem**
200 g de **salmão defumado**
 fatiado em tiras bem finas
semente de gergelim
sal e **pimenta-do-reino** moída
 na hora

Para o molho
½ colher (chá) de **mostarda de Dijon**
1 colher (sopa) de **vinagre de maçã**
3 colheres (sopa) de **óleo de girassol**
1 colher (sopa) de **melado** ou **mel**
1 colher (sopa) de **shoyu**
sal e **pimenta-do-reino** moída
 na hora

Ferva a água, acrescente sal e misture o arroz. Tampe e cozinhe em fogo baixo por 45 minutos. O arroz deve ficar cozido sem perder a consistência. Transfira para uma peneira e enxágue com água fria corrente para interromper o processo de cozimento. Escorra bem e deixe esfriar.

Prepare o molho: misture bem a mostarda, o vinagre de maçã, o óleo de girassol, o mel ou melado e o shoyu. Adicione sal e pimenta-do-reino.

Transfira o arroz frio para uma saladeira e cubra com as tiras de salmão defumado. Despeje o molho e salpique as sementes de gergelim e a pimenta-do-reino.

Variação: salada de arroz selvagem com frango. Substitua o salmão por 200 g de peito de frango defumado desfiado. No molho, utilize as raspas e o suco de 1 limão-taiti e 2 colheres (sopa) de coentro picado no lugar do shoyu.

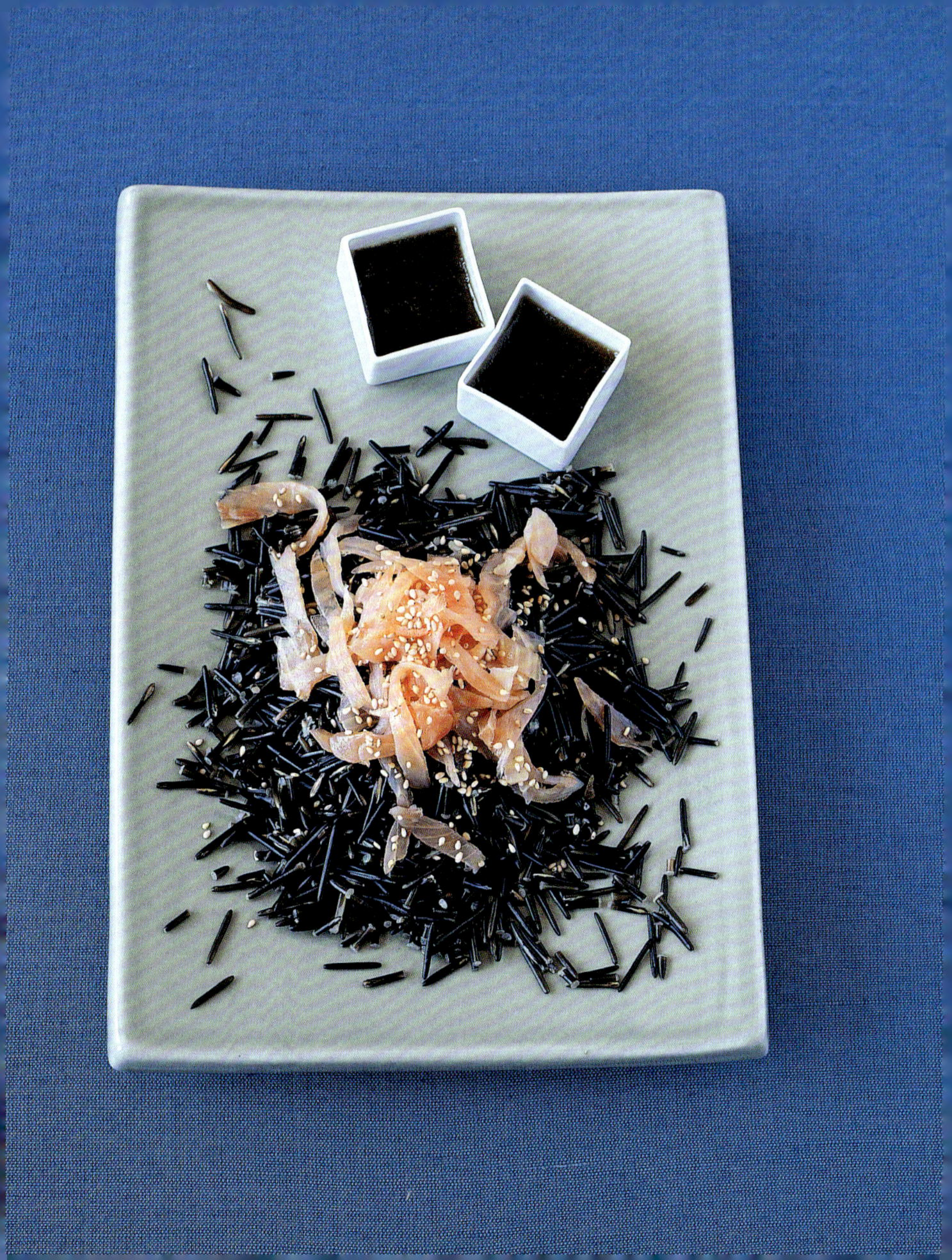

salada de arroz com frutas cítricas

4 porções
Preparo: **15 minutos**
Cozimento: **15 minutos**

120 g de **arroz de grão longo**
1 **laranja**
1 **grapefruit**
1 colher (sopa) de **ervas frescas** picadas (salsinha, cebolinha, estragão, cerefólio)
12 **pistaches** torrados

Para o molho
6 colheres (sopa) de suco de **laranja**
5 colheres (sopa) de suco de **grapefruit**
1 colher (sopa) de **mel**
2 colheres (sopa) de **óleo de girassol**
1 colher (sopa) de **gengibre fresco** ralado
sal e **pimenta-do-reino** moída na hora

Cozinhe o arroz à créole (p. 12), em bastante água fervente, por 15 minutos – deve ficar cozido sem perder a consistência. Passe o arroz para uma peneira e enxágue em água fria corrente para interromper o processo de cozimento. Escorra bem e deixe esfriar.

Retire a parte central e as sementes da laranja e do grapefruit. Corte a polpa em cubos.

Transfira o arroz para uma saladeira grande e acrescente os cubos de fruta.

Prepare o molho: bata os sucos de laranja e de grapefruit com o mel e o óleo de girassol. Tempere com sal e pimenta-do-reino. Misture o gengibre ralado.

Despeje o molho sobre a salada de arroz. Salpique as ervas picadas e decore com o pistache.

Variação: salada de camarão com frutas cítricas.

Cozinhe 6 camarões graúdos, limpos e fatiados, em um pouco de caldo de peixe ou legumes, temperado levemente com páprica e sal. Misture ao arroz com frutas cítricas.

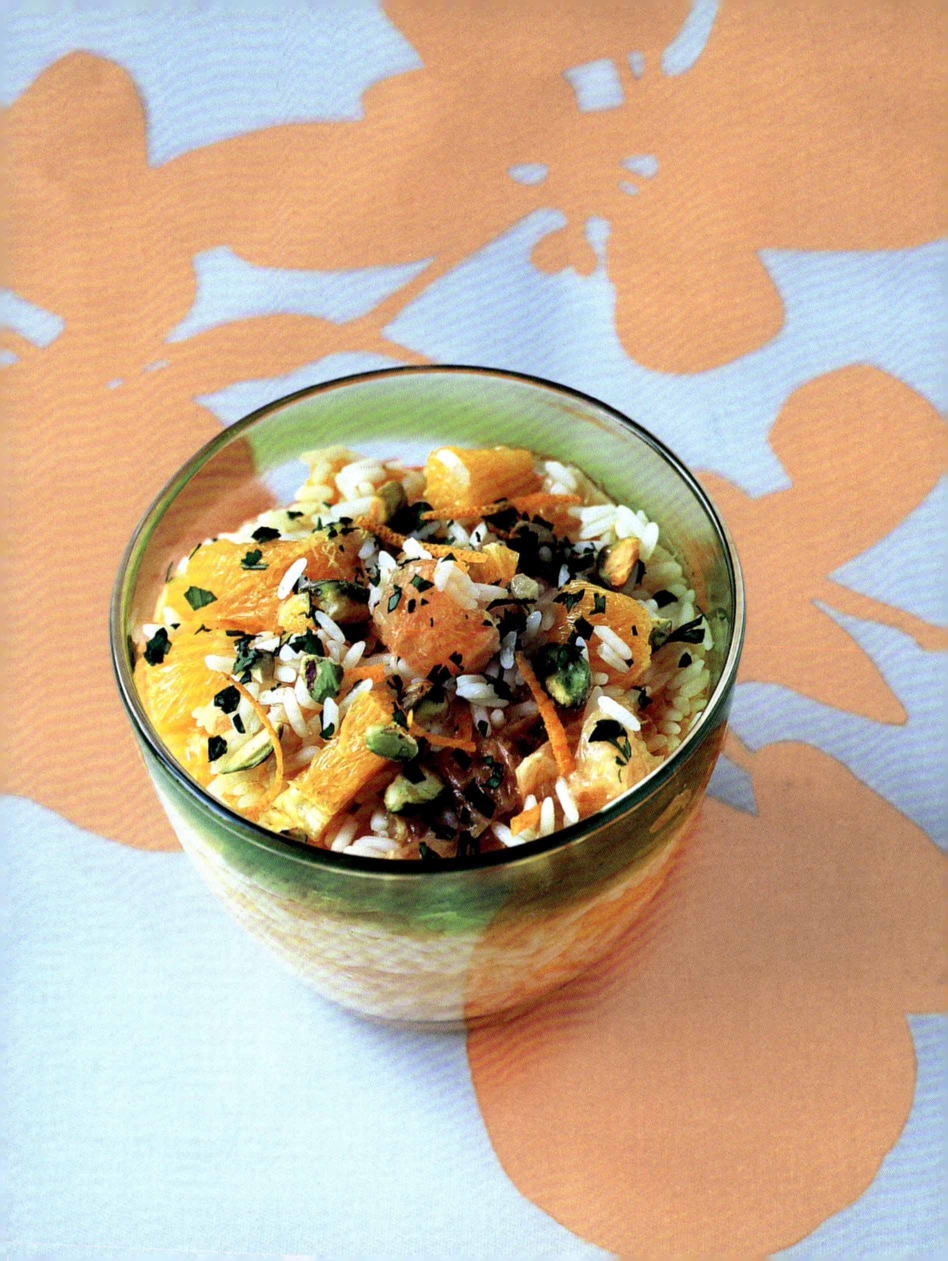

salada de arroz colorida

4 porções
Preparo: **10 minutos**
Cozimento: **15 minutos**

300 ml de **água**
120 g de **arroz de grão longo**
12 **tomates-cereja**
100 g de **tomate seco** em conserva de óleo escorrido
1 **cebola** pequena
10 **azeitonas pretas** pequenas
5 folhas de **manjericão**
100 g de **ervilha-torta** cozida
sal e **pimenta-do-reino** moída na hora

Para o molho
1 colher (sopa) de **vinagre balsâmico**
1 colher (sopa) de **mostarda**
3 colheres (sopa) de **azeite** aromatizado com manjericão
sal

Ferva a água, acrescente sal e misture o arroz. Tampe e cozinhe em fogo baixo por 15 minutos – deve ficar cozido sem perder a consistência. Passe para uma peneira e enxágue com água fria corrente para interromper o processo de cozimento. Escorra e deixe esfriar.

Lave e seque os tomates-cereja. Corte o tomate seco em tiras finas, e a cebola em rodelas. Retire os caroços da azeitona. Lave e pique o manjericão.

Prepare o molho: misture bem o vinagre, a mostarda, o azeite e o sal.

Monte a salada em uma saladeira grande: coloque o arroz, a ervilha-torta, o tomate-cereja e as tiras de tomate seco. Acrescente a cebola, a azeitona e o manjericão. Regue com o molho e salpique a pimenta-do-reino. Sirva gelado.

Variação: salada niçoise. Espalhe um pouco de atum em conserva e 2 ovos cozidos cortados em gomos sobre o arroz. Acrescente algumas anchovas salgadas, após enxaguá-las em água fria corrente e secá-las com papel-toalha. Substitua o manjericão por 1 colher (sopa) de salsinha picada e a ervilha-torta por vagem. No molho, utilize vinagre de vinho tinto em vez do balsâmico e azeite aromatizado com alho no lugar do aromatizado com manjericão.

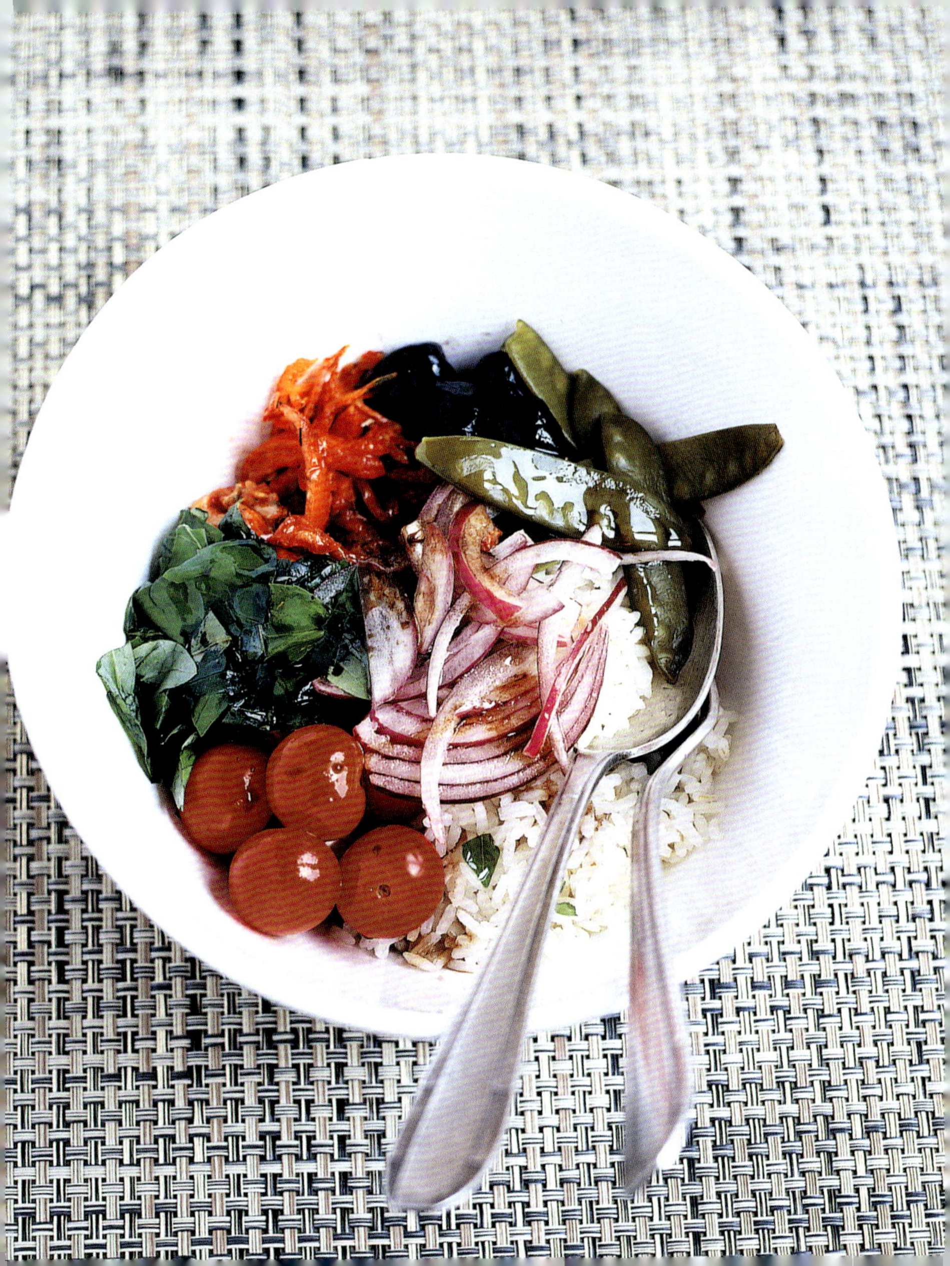

salada de maçã com erva-doce

4 porções
Preparo: **15 minutos**
Cozimento: **15 minutos**

300 ml de **água**
120 g de **arroz de grão longo**
2 bulbos pequenos de **erva-doce** cortados em tiras
3 **maçãs verdes** sem sementes, cortadas em tiras
suco de 1 **limão**
sal

Ferva a água, acrescente sal e misture o arroz. Tampe a panela e abaixe o fogo. Cozinhe por cerca de 15 minutos – o arroz deve ficar cozido sem perder a consistência. Coloque o arroz em uma peneira e enxágue com água fria corrente para interromper o processo de cozimento. Escorra bem e deixe esfriar.

Regue a erva-doce e a maçã com o suco de limão.

Transfira a erva-doce e a maçã para uma saladeira com o arroz.

Variação: salada de maçã com erva-doce e queijo de cabra. Coloque um pouco de arroz em 4 taças de vidro e complete com a salada de maçã e erva-doce. Acrescente 2 colheres (chá) de queijo de cabra cremoso. Enfeite com nozes trituradas ou fatias finas de cogumelos temperados com um pouco de suco de limão-siciliano.

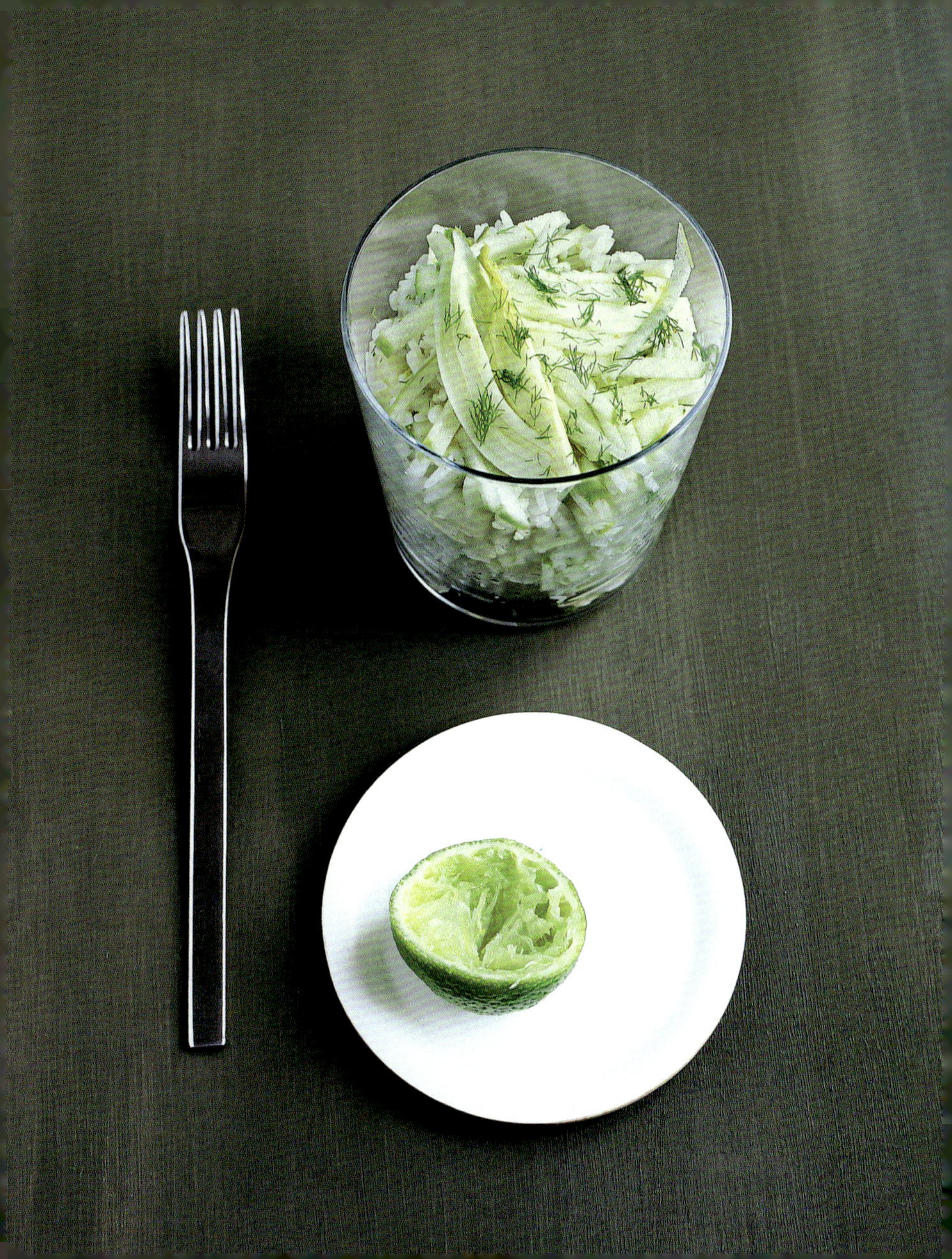

salada de maçã e pera com nozes

4 porções
Preparo: **10 minutos**
Cozimento: **15 minutos**

300 ml de **água**
120 g de **arroz de grão longo**
2 **maçãs verdes**, sem casca e sem sementes, cortadas em cubos
2 **peras**, sem casca e sem sementes, cortadas em cubos
raspas e suco de 1 **limão- -siciliano orgânico**
um punhado de **nozes**
sal

Para o molho de mostarda
1 colher (sopa) de **mostarda extraforte**
1 colher (sopa) de **vinagre de maçã**
1 colher (sopa) de **óleo de nozes** ou de **castanha- -do-pará**
2 colheres (sopa) de **óleo de girassol**
sal e **pimenta-do-reino** moída na hora

Ferva a água, acrescente sal e misture o arroz. Tampe e abaixe o fogo. Cozinhe por 15 minutos – o arroz deve ficar cozido sem perder a consistência firme. Coloque o arroz em uma peneira e enxágue com água fria corrente para interromper o processo de cozimento. Escorra bem e deixe esfriar.

Regue a maçã e a pera com o suco de limão.

Prepare o molho: misture a mostarda, o vinagre e um pouco de sal, bata e acrescente aos poucos os dois óleos, mexendo sem parar. Adicione a pimenta-do-reino.

Monte a salada com o arroz, a maçã e a pera e por último as nozes descascadas. Despeje o molho e cubra com as raspas de limão.

Variação: salada de pêssego com presunto cru.
Utilize arroz selvagem, cozido conforme a receita acima, porém por 45 minutos. Substitua a maçã e a pera por 2 pêssegos maduros picados e regados com suco de limão-siciliano. Para descascar os pêssegos, mergulhe- -os primeiro em água fervente (por 30 segundos) e logo em seguida em água gelada – a pele se soltará. Monte a salada com o arroz, o pêssego, o presunto cru e as nozes descascadas. Cubra com as raspas de limão e o molho.

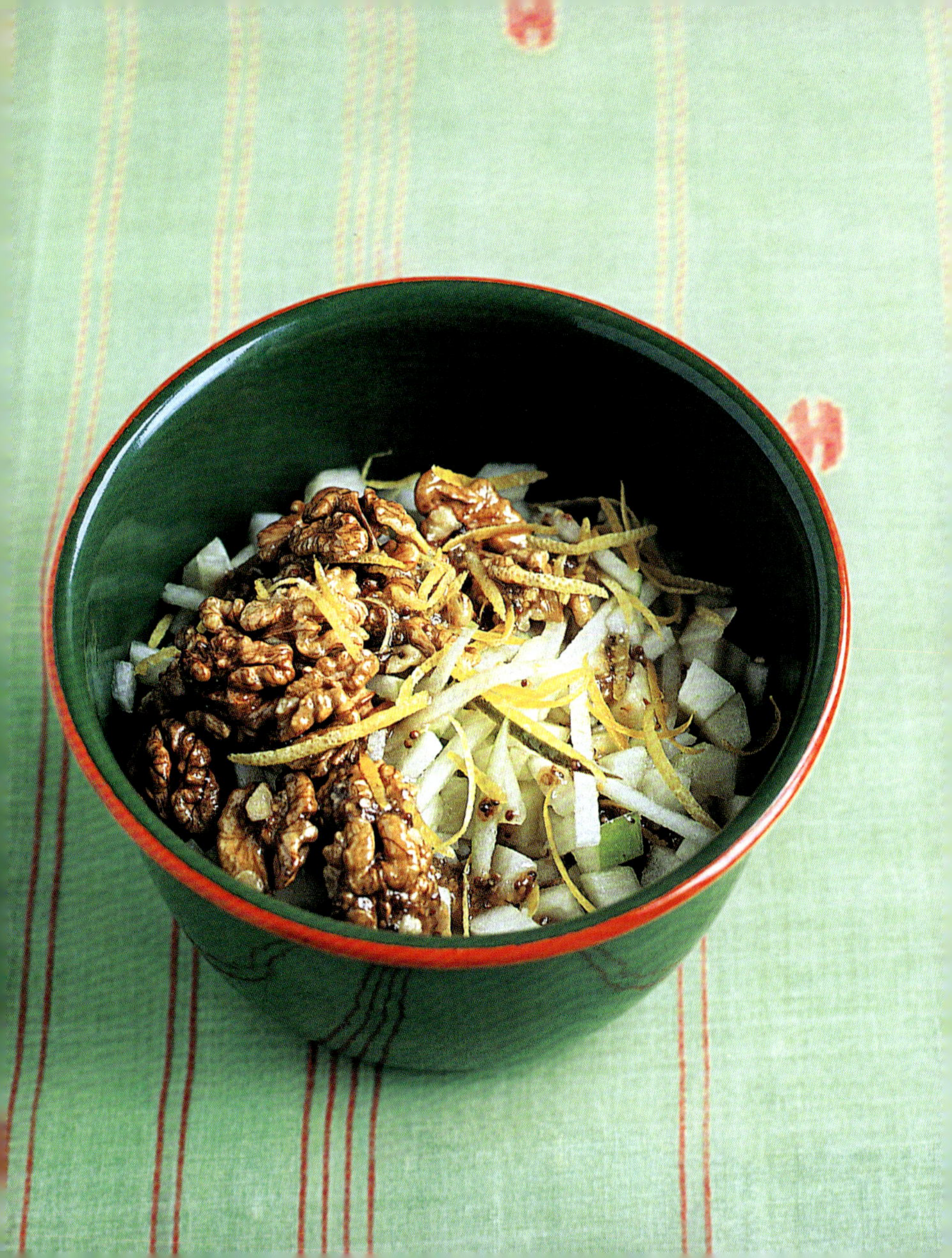

salada de arroz grega

4 porções
Preparo: **10 minutos**
Cozimento: **15 minutos**

300 ml de **água**
120 g de **arroz de grão longo**
4 **tomates** cortados em cubos grandes
1 **cebola** picada
1 dente de **alho** picado
200 g de **feta** cortado em cubos
20 **azeitonas pretas** fatiadas
1 colher (sopa) de **alcaparra** em conserva com vinagre, escorrida
4 colheres (sopa) de **salsinha** picada finamente
algumas folhas de **manjericão**
sal

Para o vinagrete com tomilho
1 colher (sopa) de **vinagre de vinho branco**
3 colheres (sopa) de **azeite**
uma pitada de **tomilho fresco**
sal e **pimenta-do-reino** moída na hora

Ferva a água em uma panela grande, acrescente sal e misture o arroz. Tampe e abaixe o fogo. Cozinhe por cerca de 15 minutos – o arroz deve ficar cozido sem perder a consistência firme. Coloque o arroz em uma peneira e enxágue com água fria corrente para interromper o processo de cozimento. Escorra bem e deixe esfriar.

Transfira o arroz para uma saladeira grande. Cubra com o tomate, a cebola, o alho, o feta, a azeitona, a alcaparra e a salsinha.

Prepare o vinagrete: misture o vinagre com uma pitada de sal e acrescente o azeite aos poucos, batendo sem parar. Adicione o tomilho e regue a salada. Salpique pimenta-do-reino.

Lave e seque as folhas de manjericão e rasgue-as em pedacinhos. Use para decorar a salada e sirva imediatamente.

Variação: salada de feta e azeitona com molho de mostarda e mel. Bata 2 colheres (chá) de mostarda extraforte, 2 colheres (chá) de mel e 2 colheres (sopa) de vinagre de vinho branco. Acrescente 3 colheres (sopa) de azeite aos poucos, batendo sempre, como no preparo de maionese. Regue a salada conforme a receita acima, sem utilizar o tomilho.

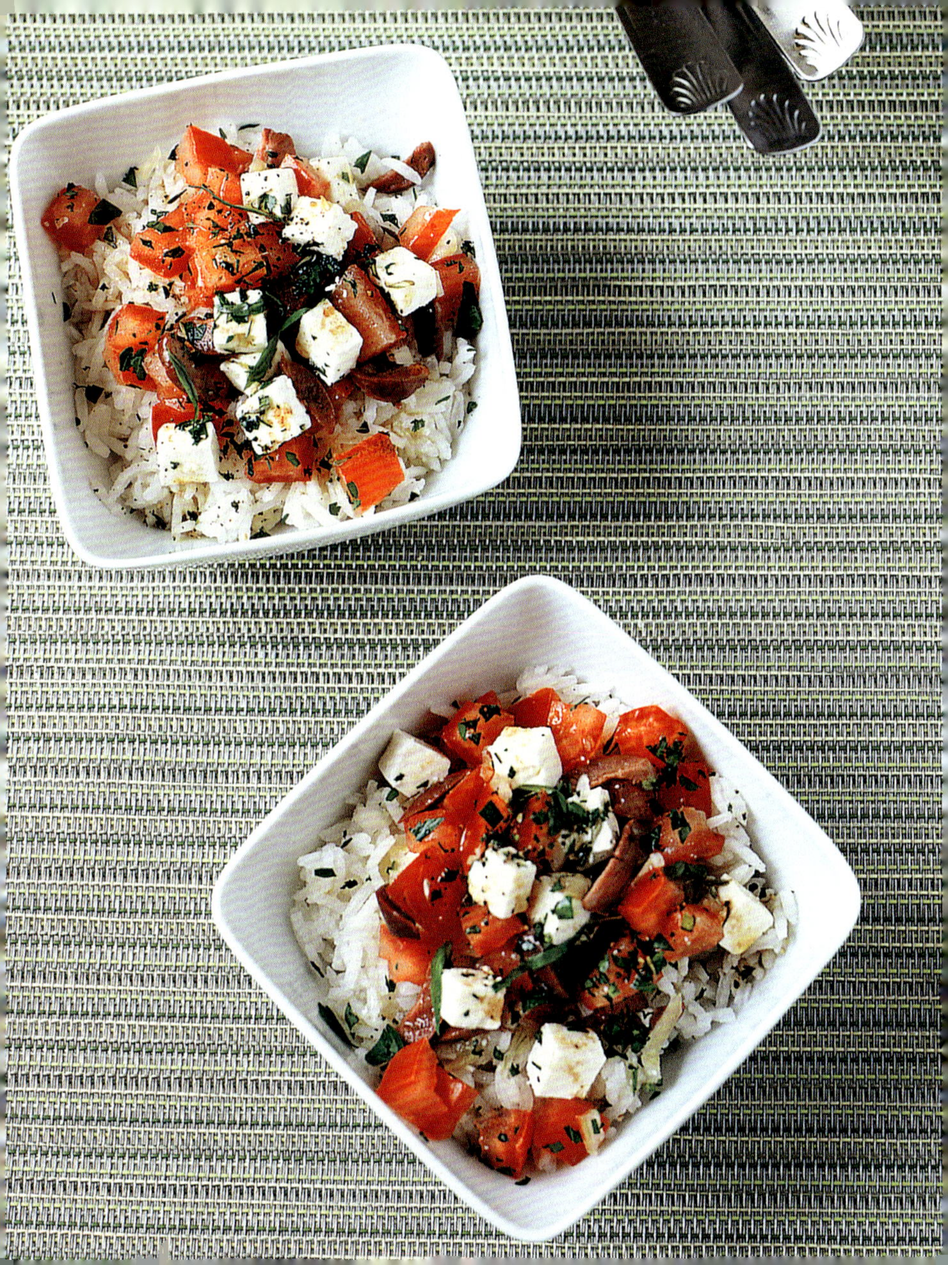

arroz frito picante com espinafre

3-4 porções
Preparo: **10 minutos**
Cozimento: **10 minutos**

4 **ovos**
2 colheres (sopa) de **xerez**
2 colheres (sopa) de **molho de soja light**
um maço de **cebolinha**
4 colheres (sopa) de **óleo de amendoim** ou **de gergelim**
75 g de **castanha de caju sem sal**
1 **pimentão verde** sem sementes picado
½ colher (chá) de **cinco especiarias chinesas***
250 g de **arroz de grão longo** cozido
150 g de **espinafre**
100 g de **broto de feijão**
sal e **pimenta-do-reino** moída na hora
molho de pimenta- -malagueta suave, para servir

* Cinco especiarias chinesas: anis- -estrelado, canela, cravo, endro e pimenta moídos.

Bata os ovos com o xerez e 1 colher (sopa) do molho de soja em uma vasilha pequena. Corte duas das cebolinhas em pedaços com 7 cm de comprimento e volte a cortar na vertical em tiras bem finas. Coloque em uma vasilha com água bem gelada para deixar as tiras enroladas. Pique bem o restante das cebolinhas e reserve a parte branca separada da verde.

Aqueça metade do óleo em uma frigideira grande ou wok e frite as castanhas com a parte verde das cebolinhas, mexendo até começar a dourar. Escorra com uma escumadeira e reserve.

Refogue a parte branca das cebolinhas por 1 minuto. Junte os ovos batidos e continue fritando, mexendo sempre.

Coloque o pimentão verde no restante do óleo com as cinco especiarias chinesas e refogue por 1 minuto. Despeje o arroz cozido, o espinafre e o restante do molho de soja e misture bem até o espinafre murchar.

Leve as castanhas e cebolinhas de volta à frigideira, acrescente os brotos de feijão e tempere com sal e pimenta-do-reino. Transfira para pratos individuais, cubra com as tiras de cebolinha enroladas e sirva com o molho de pimenta.

Variação: arroz frito picante com repolho e minimilho. Substitua o espinafre por ½ repolho pequeno picado e 200 g de minimilho fatiado e misture na frigideira com o pimentão verde.

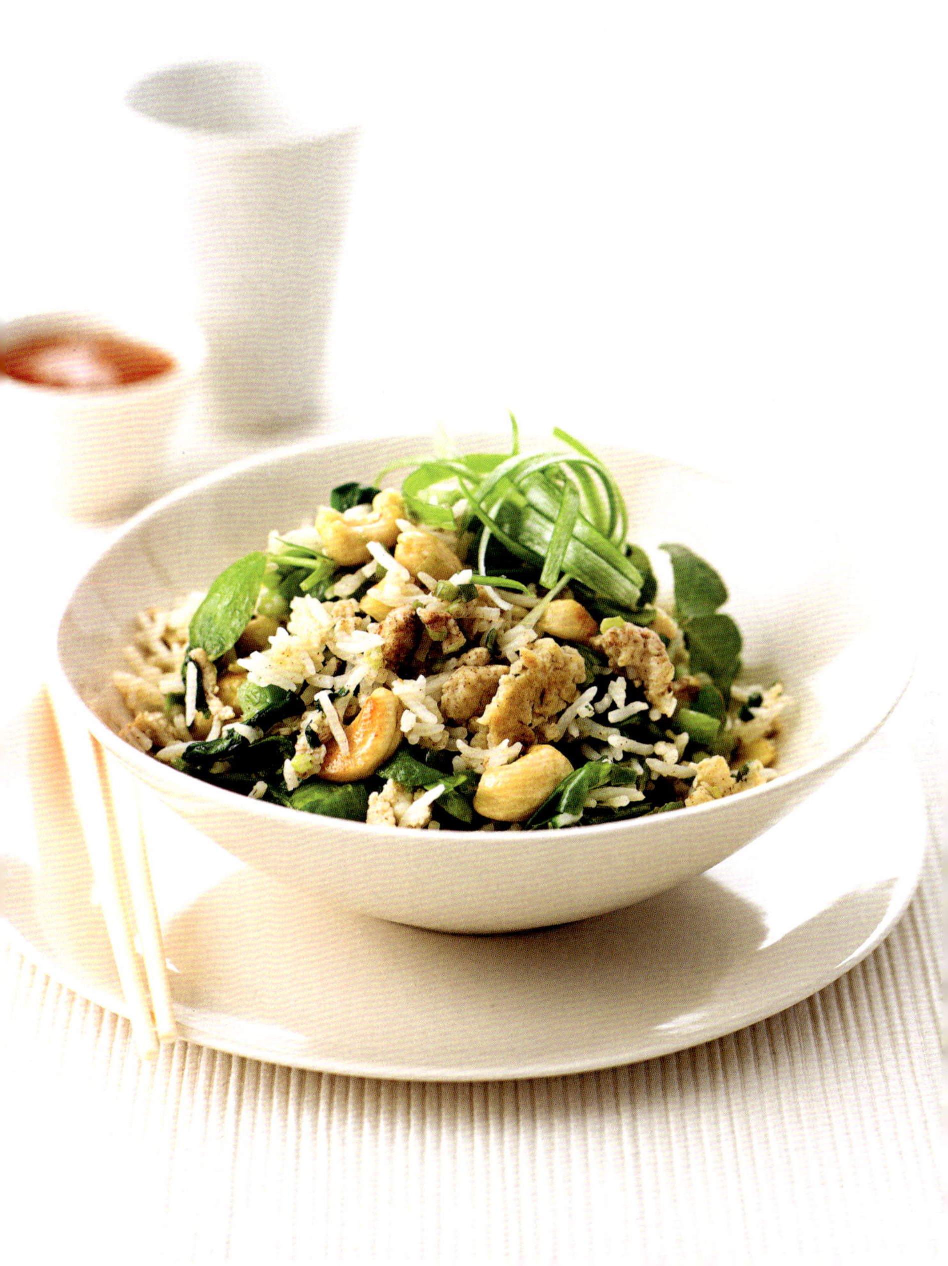

salada de arroz selvagem com peru

4 porções
Preparo: **10 minutos**,
 mais o tempo para resfriar
Cozimento: **50 minutos**

300 g de **arroz selvagem**
2 **maçãs verdes** cortadas
 em fatias finas
75 g de **nozes-pecãs**
raspas e suco de
 2 **laranjas**
60 g de **cranberry**
3 colheres (sopa) de **azeite**
2 colheres (sopa) de **salsinha**
 picada
4 filés de **peito de peru**
 com cerca de 150 g cada
sal e **pimenta-do-reino** moída
 na hora

Ferva a água, acrescente sal e misture o arroz. Tampe e cozinhe em fogo baixo por 45 minutos – o arroz deve ficar cozido sem perder a consistência firme. Coloque o arroz em uma peneira e enxágue com água fria corrente para interromper o processo de cozimento. Escorra bem e deixe esfriar.

Junte ao arroz a maçã, as nozes, as raspas e o suco de laranja e o cranberry. Tempere com sal e pimenta-do-reino a gosto.

Misture o azeite com a salsinha. Corte cada filé de peru em dois ou três no sentido do comprimento e cubra-os com a mistura. Aqueça uma frigideira – deve ficar quente, mas sem sair fumaça. Frite o peru por 2 minutos de cada lado. Corte os filés em tiras e sirva imediatamente com a salada de arroz.

Variação: salada de arroz selvagem com costeleta de porco. Bata o suco e as raspas de 1 laranja com 2 colheres (sopa) de geleia de laranja, 1 colher (sopa) de molho de soja e 1 colher (sopa) de molho de pimenta-malagueta suave. Aqueça uma frigideira grande em fogo alto e frite 4 costeletas de porco com cerca de 200 g cada por 2 minutos de cada lado. Coloque as costeletas em uma assadeira forrada com papel-alumínio e cubra-as com a marinada. Asse em forno preaquecido a 180°C, por 10-15 minutos, até cozinhar. Prepare a salada conforme a receita acima e sirva com as costeletas.

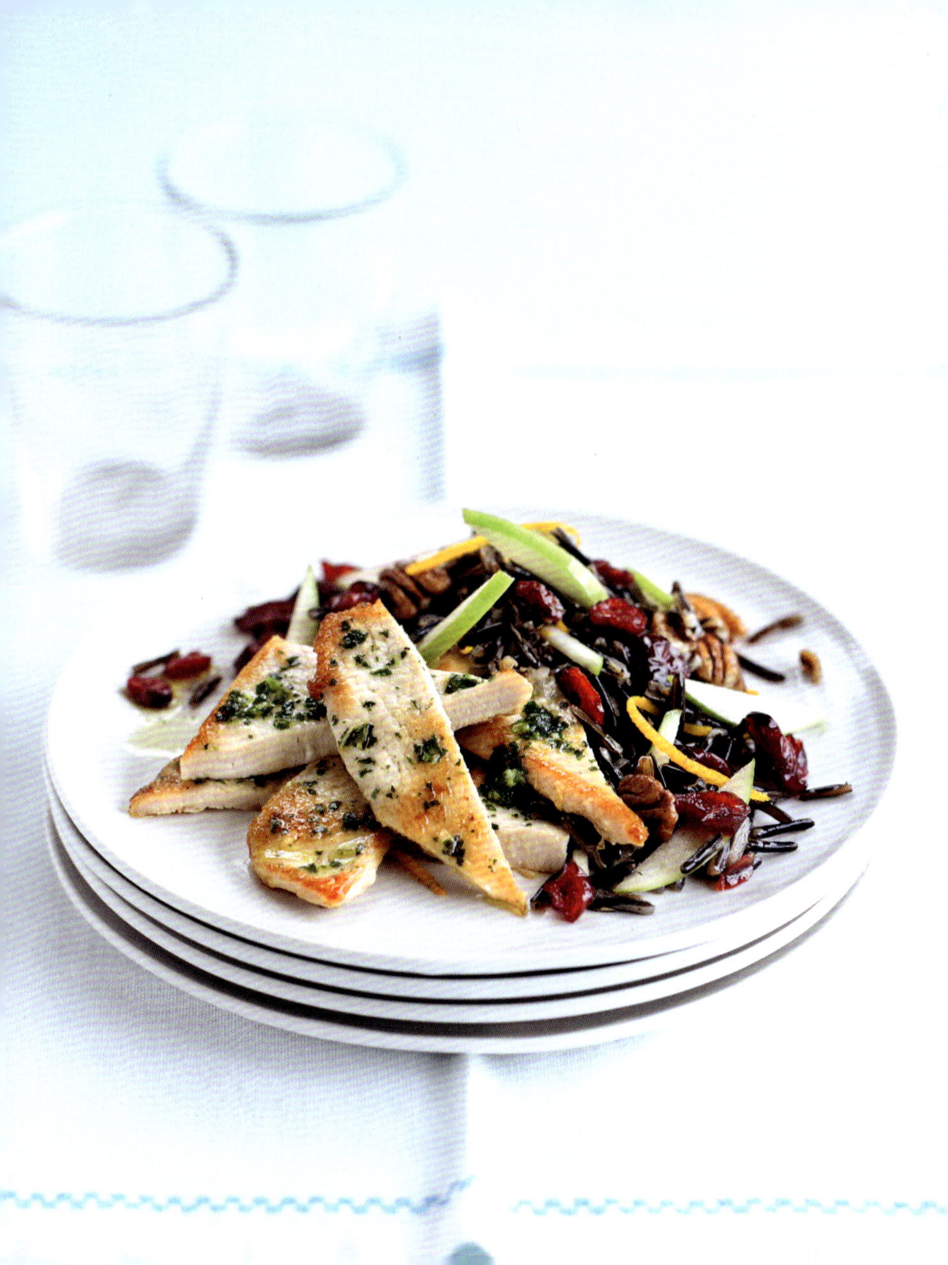

salada de arroz com frango

4 porções
Preparo: **10 minutos**,
  mais o tempo para resfriar
Cozimento: **12 minutos**

4 **coxas de frango**
  desossadas e sem pele
175 g de **arroz de grão longo**

Para o molho
2 colheres (sopa) de suco
  de **limão-siciliano**
2 colheres (sopa) de **pasta**
  de amendoim (opcional)
2 colheres (sopa) de **azeite**
2 rodelas de **abacaxi** picadas
1 **pimentão vermelho** sem
  sementes picado
75 g de **vagem** fatiada
4 colheres (sopa) de
  amendoim (opcional)

Cozinhe as coxas de frango na panela a vapor com água fervente por 10-12 minutos ou, com pouca água em uma frigideira, por 10 minutos. Reserve até esfriar.

Faça o arroz em uma panela grande com água fervente por 10-12 minutos, enquanto o frango esfria. Escorra e resfrie em água corrente. Transfira para uma vasilha grande.

Prepare o molho: misture o suco de limão à pasta de amendoim (se for utilizar). Bata com o azeite.

Corte o frango em cubos médios e misture ao arroz. Junte o abacaxi, o pimentão vermelho, as vagens e o amendoim (se utilizar). Espalhe o molho sobre a salada de arroz com frango e sirva.

Variação: salada de arroz com camarão. Prepare o molho de amendoim conforme a receita acima. Substitua o frango por 150 g de camarão limpo e cozido salpicado com 2 colheres (sopa) de semente de gergelim torrada. Corte ¼ de um pepino em palitos finos e misture com o arroz, o molho de amendoim, o camarão e o gergelim.

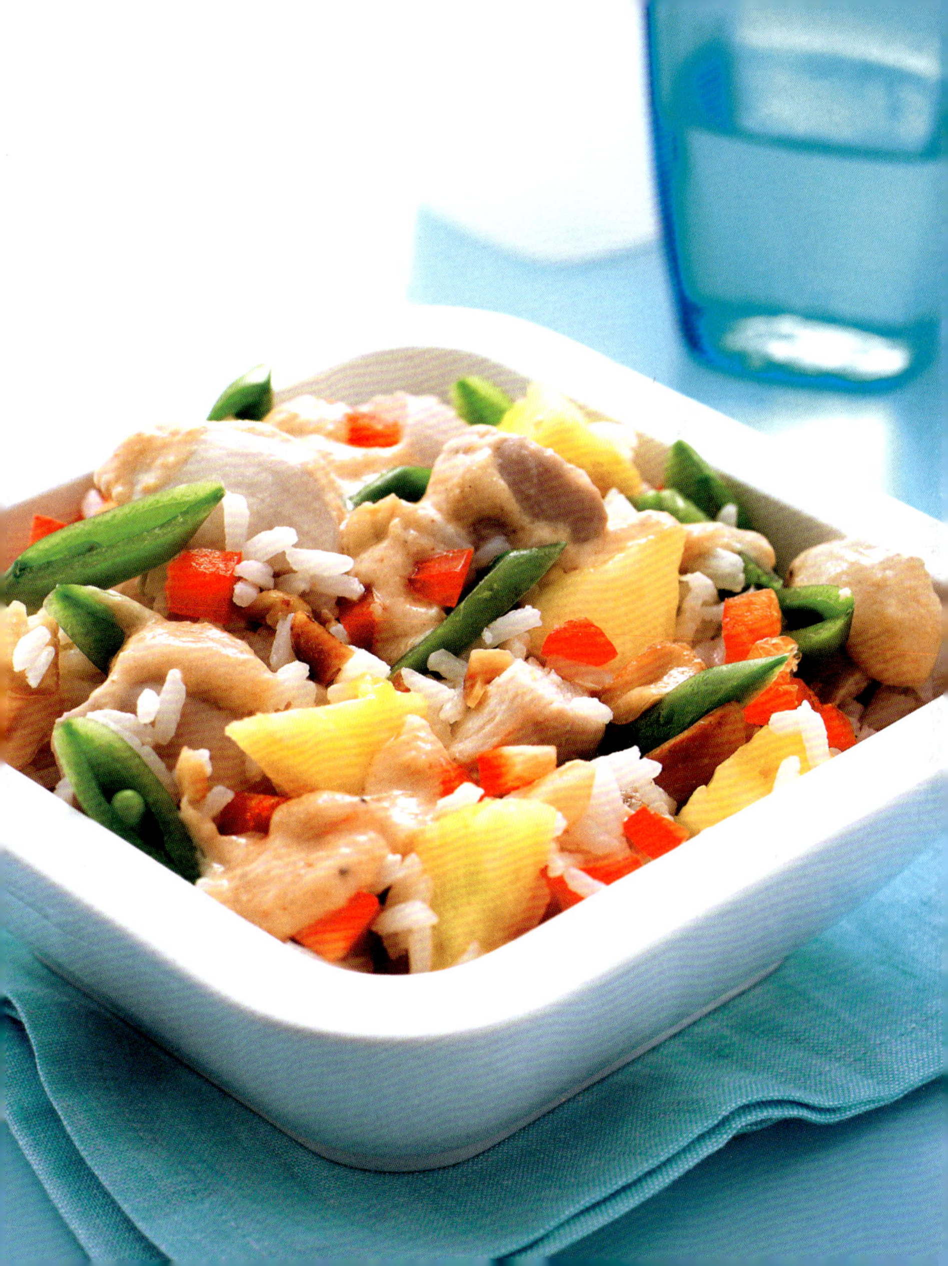

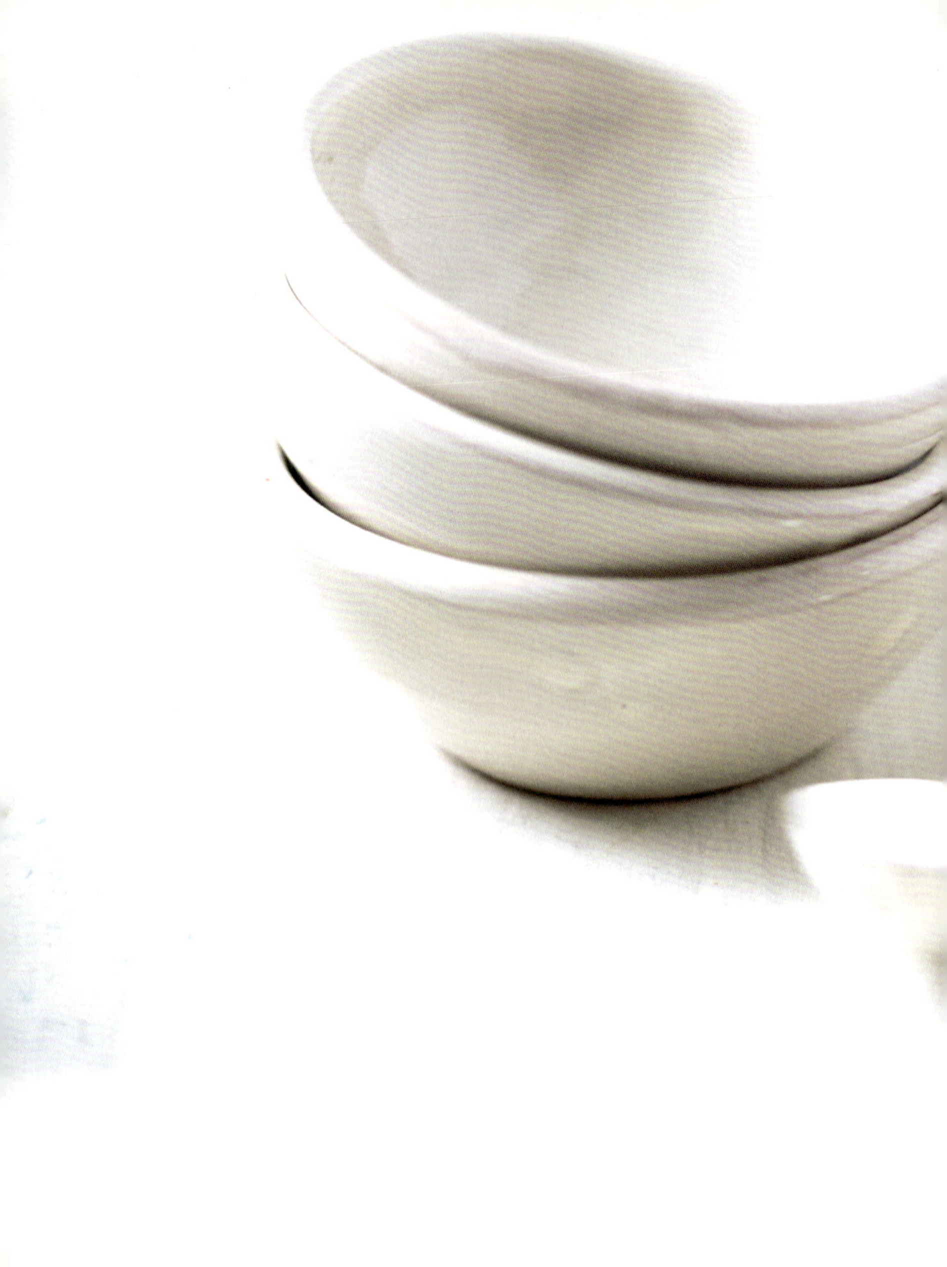

aperitivos

bolinho de arroz com leite de coco

4-6 porções
Preparo: **5 minutos**
Cozimento: **10 minutos**

200 g de **arroz japonês**
120 ml de **leite de coco**
uma pitada de **sal**

Coloque o arroz em uma vasilha grande e cubra com água. Deixe de molho por pelo menos 1 hora, escorra e transfira para um pano limpo.

Aqueça a água na parte inferior de uma panela a vapor. Coloque o pano com o arroz na parte superior. Tampe e cozinhe por 10 minutos.

Abra o pano, deixe o arroz esfriar por 1 minuto e transfira para um prato fundo.

Despeje o leite de coco sobre o arroz, acrescente sal e sirva quente.

Utilize xícaras de café como forminhas para moldar pequenos montes de arroz. Vire em um pires.

Coma com a mão ou com uma colher pequena.

Variação: bolinho de arroz com coco e manga.
Corte a polpa de ¼ de manga em cubos e misture ao arroz antes de adicionar o leite de coco e o sal. Coloque em forminhas e leve à geladeira até esfriar bem. Desenforme em pratinhos e decore com lascas de manga.

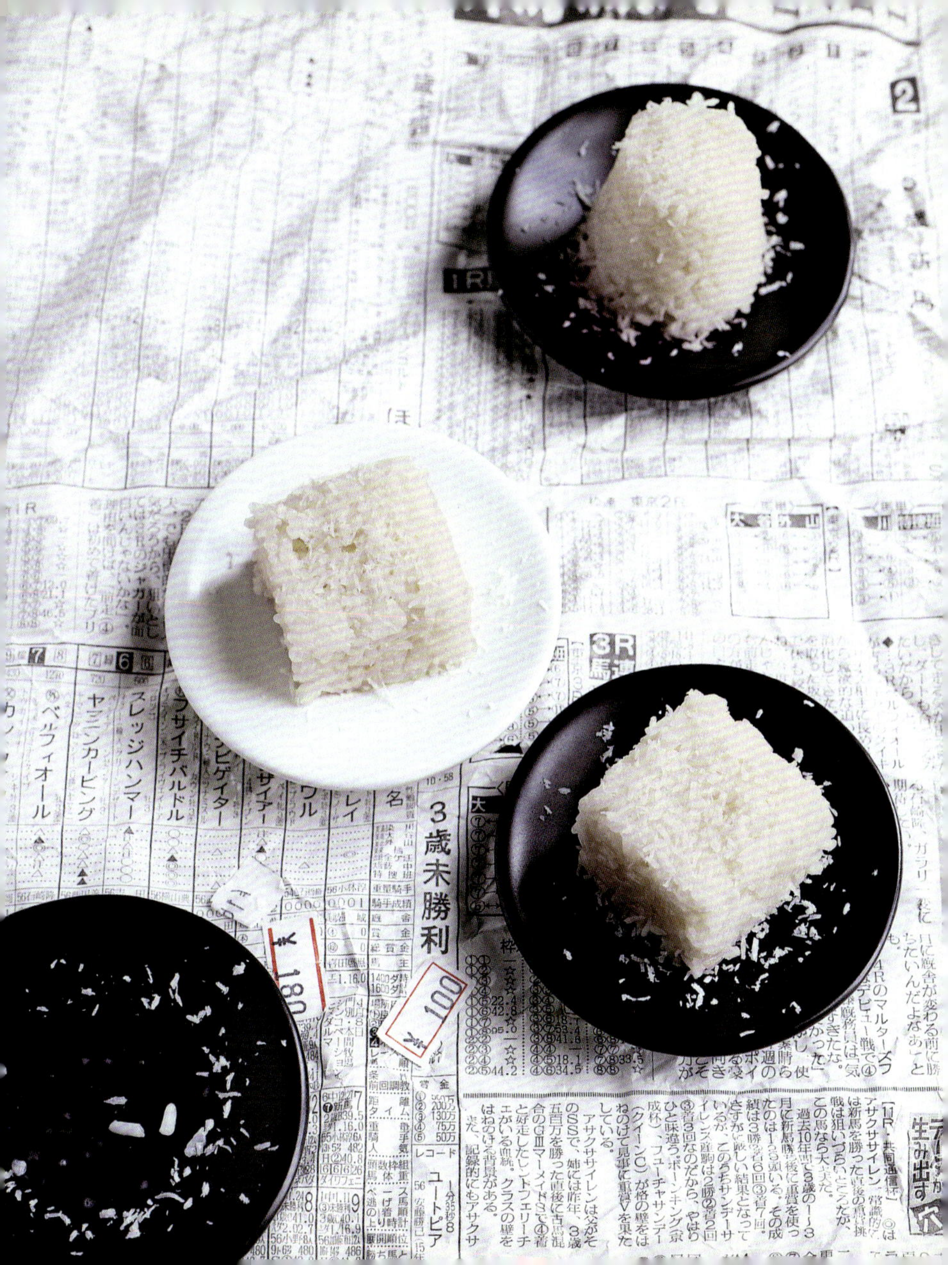
3歳未勝利
¥180
¥100
3R
1R
生み出す

rolinho primavera de camarão e frango

4 porções
Preparo: **25 minutos**, mais **15 minutos** para demolhar
Cozimento: **5 minutos**

30 g de **macarrão de arroz**
200 g de **peito de frango**
200 g de **camarão** limpo cru
1 **cenoura** ralada
1 dente de **alho** picado
1 colher (sopa) de **coco ralado**
12 folhas de **massa para rolinho primavera** (harumaki)
óleo vegetal, para fritar
sal e **pimenta-do-reino** moída na hora
ramos de **hortelã fresca** e **molho de pimenta**, para servir

Coloque o macarrão de arroz em uma vasilha, cubra com água morna e deixe de molho por 15 minutos. Cozinhe por 3 minutos em uma panela com água fervente salgada e escorra.

Pique o peito de frango e o camarão e transfira para uma vasilha grande. Acrescente o macarrão, a cenoura, o alho e o coco. Tempere com sal e pimenta-do-reino e misture bem.

Amoleça as folhas de massa para rolinho primavera mergulhando-as rapidamente em um prato com água e um pouco de açúcar. Retire a umidade e abra as folhas sobre a superfície de trabalho. Distribua um pouco de recheio sobre cada folha, dobre as beiradas sobre o recheio e enrole com firmeza.

Frite os rolinhos por imersão em óleo vegetal bem quente e retire o excesso de gordura com papel-toalha.

Sirva quente, com hortelã fresca e molho de pimenta.

Variação: rolinho primavera de lagostim e peru.
Substitua o camarão por 200 g de lagostim e o peito de frango por 200 g de peito de peru. Misture ao recheio ½ colher (chá) de pimenta vermelha em pó.

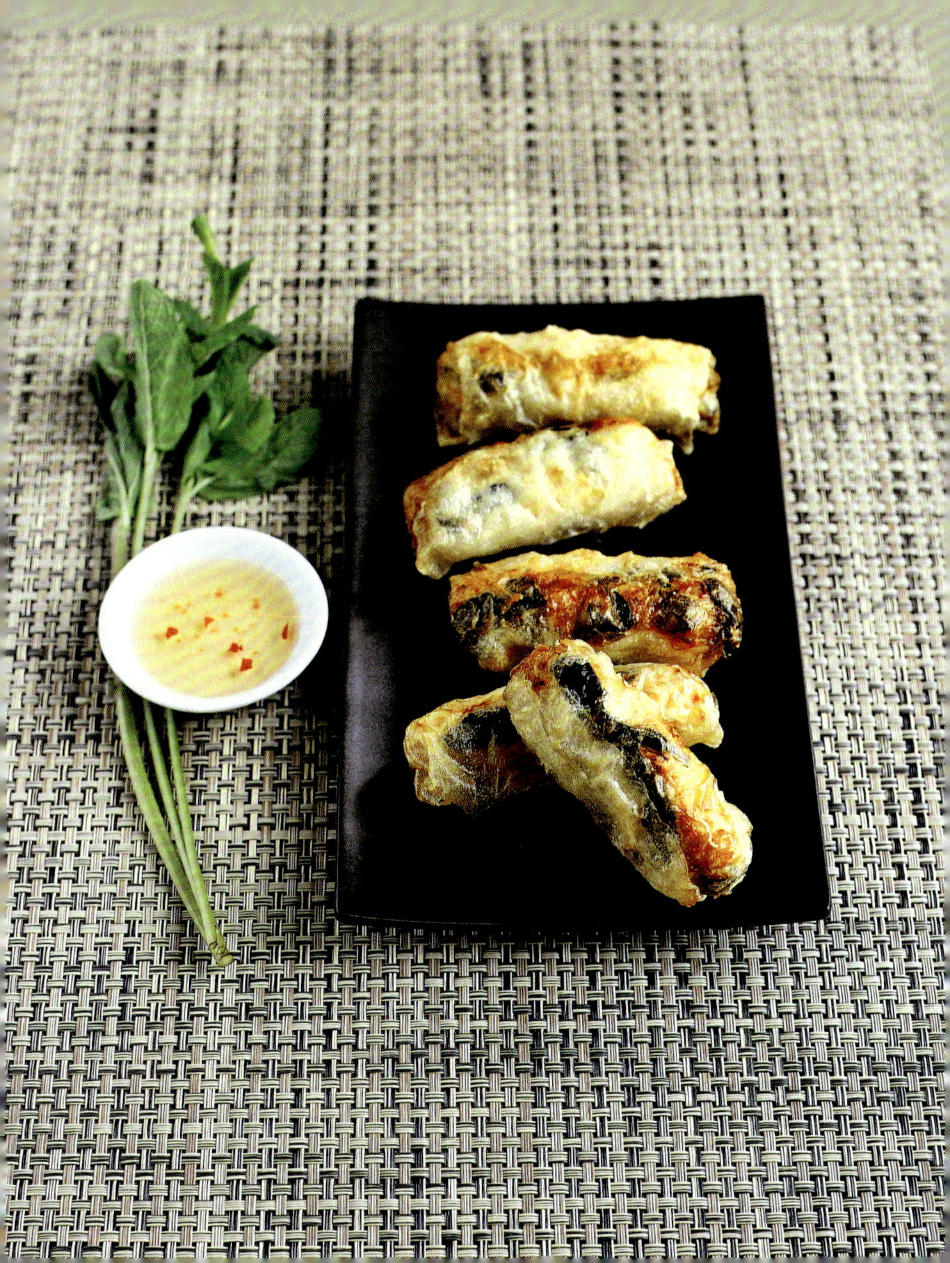

rolinho primavera de frango

4 porções
Preparo: **35 minutos**,
  mais o tempo para demolhar
Cozimento: **5 minutos**

4 **cogumelos shimeji** ou **shiitake**
40 g de **macarrão de arroz**
200 g de **lombo de porco**
200 g de **peito de frango**
1 **cenoura** ralada
1 dente de **alho** picado
1 colher (chá) de **gengibre fresco** ralado
1 colher (chá) de **molho de peixe vietnamita***
12 folhas de **massa para rolinho primavera** (harumaki)
óleo vegetal, para fritar
sal e **pimenta-do-reino** moída na hora

* Molho de peixe vietnamita
250 ml de água
4 colheres (sopa) de vinagre de arroz
4 colheres (sopa) de açúcar
1 colher (sopa) de alho bem picado
2 pimentas vermelhas pequenas bem picadas
5 colheres (sopa) de nam pla (molho de peixe)
Ferva a água, o vinagre e o açúcar; deixe esfriar. Misture o alho e a pimenta e junte o líquido esfriado. Incorpore o molho de peixe e mexa bem.

Deixe o cogumelo de molho em uma vasilha com água morna por cerca de 30 minutos. Escorra, seque e pique bem.

Cubra o macarrão de arroz com água morna em uma vasilha grande e deixe de molho por 15 minutos. Cozinhe por 3 minutos em uma panela com água fervente salgada e escorra.

Junte ao macarrão de arroz o lombo de porco e o frango, ambos cortados em cubos, a cenoura, o alho, o gengibre e o molho de peixe, em uma vasilha grande. Tempere com sal e pimenta-do-reino e misture bem.

Amoleça a massa para rolinho primavera mergulhando as folhas rapidamente em um prato com água e um pouco de açúcar. Retire a umidade das folhas e abra-as sobre a superfície de trabalho. Distribua um pouco de recheio sobre cada uma, dobre as beiradas sobre o recheio e enrole com firmeza.

Frite os rolinhos por imersão em óleo vegetal bem quente e escorra em papel-toalha.

Sirva quente com algumas folhas de alface e molho de pimenta.

Variação: rolinho primavera de carne de porco com camarão. Substitua o frango por 200 g de camarão cru, limpo e picado. Use cogumelos chanterelle: lave-os em água fria corrente, escorra e seque bem com um pano limpo. Pique-os em pedaços pequenos.

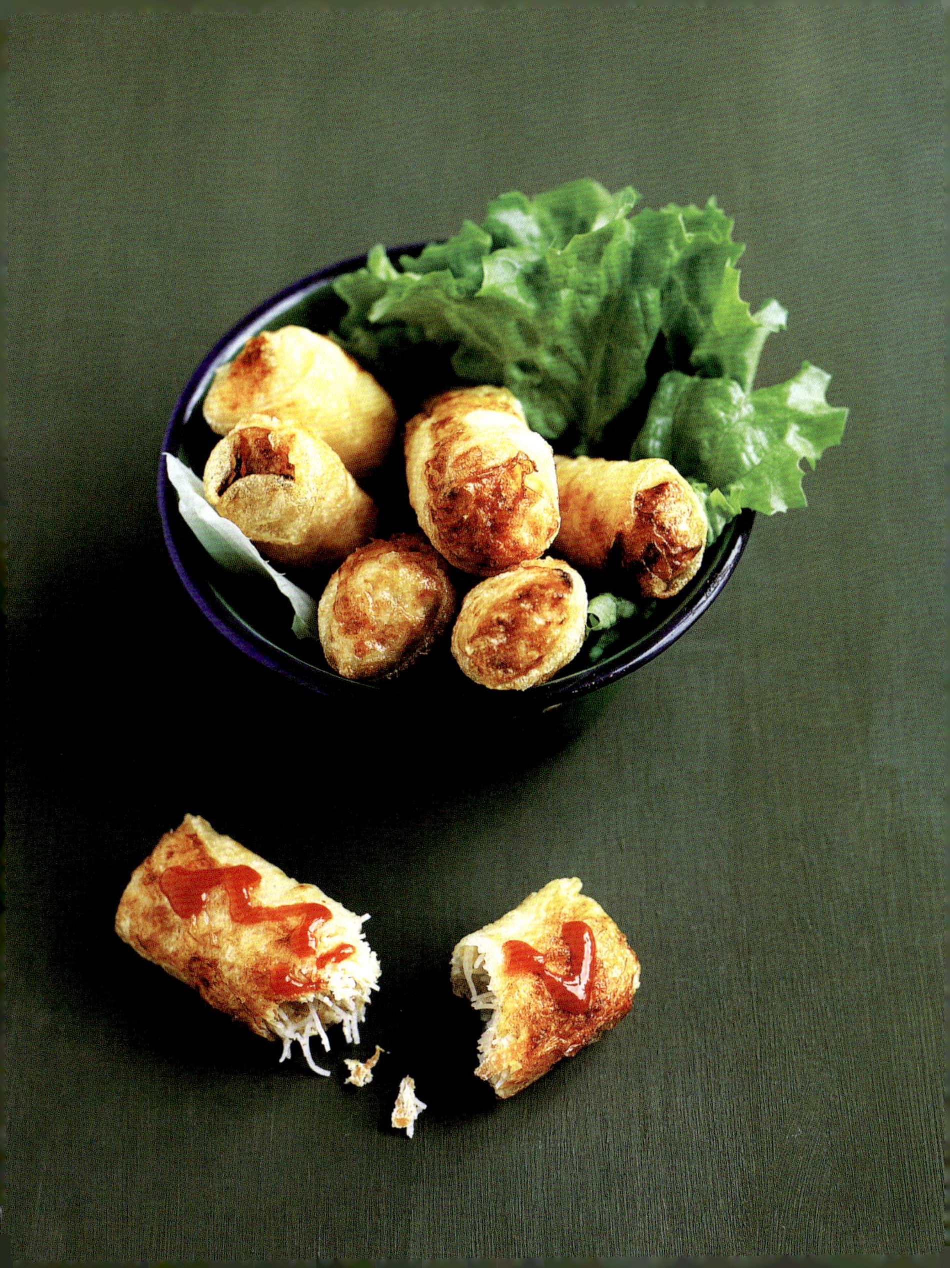

rolinho primavera de camarão com hortelã

4 porções
Preparo: **25 minutos**,
  mais o tempo para demolhar
Cozimento: **3 minutos**

40 g de **macarrão de arroz**
algumas **folhas verdes** para salada
50 g de **broto de feijão**
12 folhas de **massa para rolinho primavera** (harumaki)
150 g de **cenoura** ralada
200 g de **camarão** limpo cozido
2 colheres (sopa) de **hortelã fresca** picada
1 colher (sopa) de **coentro fresco** picado
algumas **cebolinhas** cortadas em tiras
molho de pimenta suave ou picante, para servir

Coloque o macarrão de arroz em uma vasilha grande, cubra com água quente e deixe de molho por 15 minutos. Cozinhe por 3 minutos em uma panela com água fervente e um pouco de sal. Escorra.

Lave as folhas verdes e os brotos de feijão.

Amoleça a massa para rolinho primavera mergulhando as folhas rapidamente em um prato com água e um pouco de açúcar. Seque e abra as folhas sobre a superfície de trabalho.

Disponha um pouco de cenoura, camarão, macarrão, broto de feijão e uma pitada de hortelã e coentro sobre cada folha de massa. Dobre as beiradas em direção ao centro, enrole e feche bem.

Enfeite cada rolinho com uma tira de cebolinha e sirva com molho de pimenta.

Variação: rolinho primavera de pato. Substitua o camarão por 200 g de peito de pato defumado bem desfiado e a hortelã por 1 colher (sopa) de manjericão tailandês e 1 colher (sopa) de sálvia fresca picada.

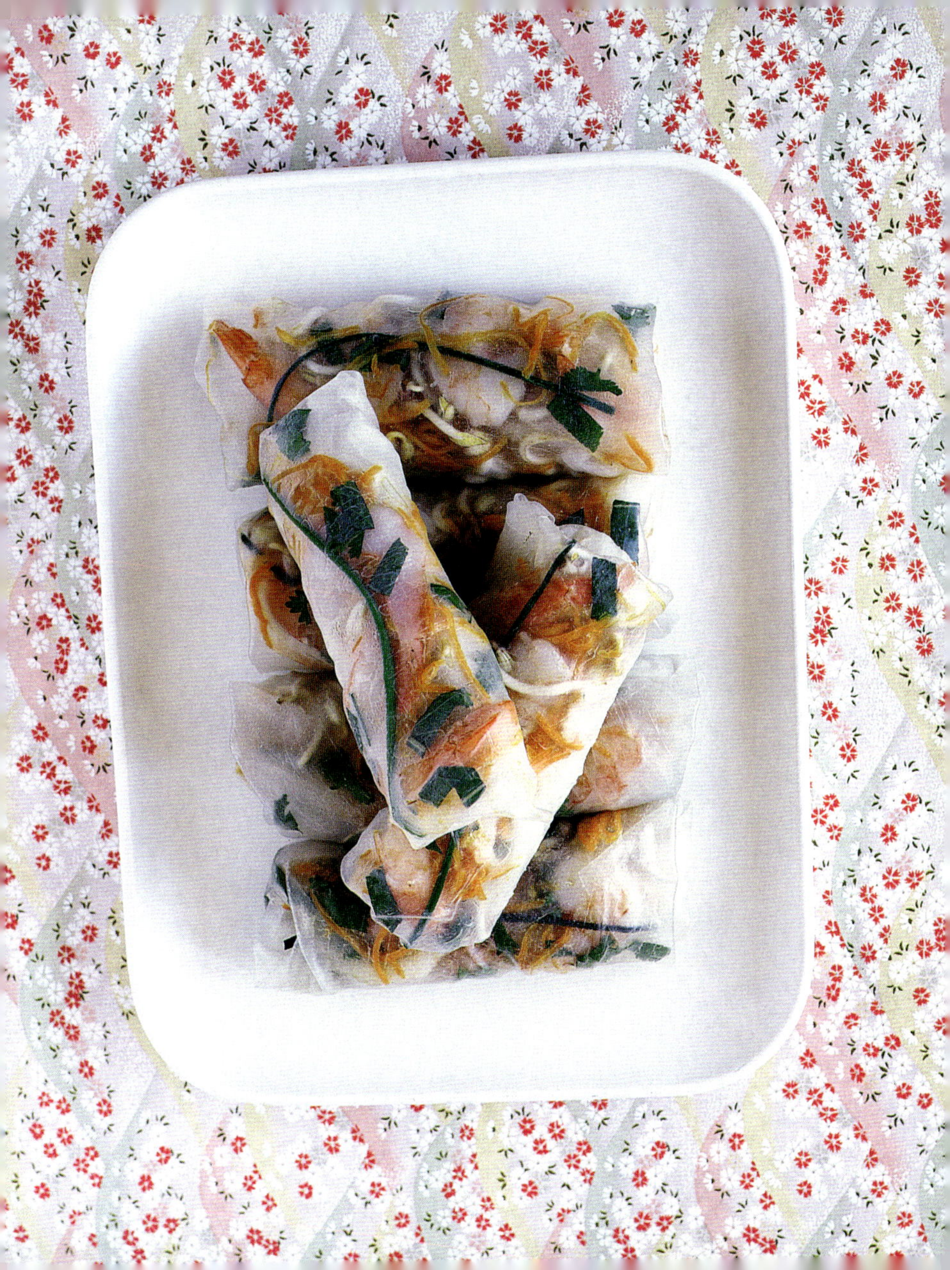

temaki de salmão com endro

4 porções
Preparo: **10 minutos**, mais **45 minutos** para descansar
Cozimento: **12 minutos**

Para o arroz
200 g de **arroz para sushi**
250 ml de **água**
80 ml de **vinagre de arroz**
2 colheres (sopa) de **açúcar**
½ colher (chá) de **sal**

Para montar
shoyu
wasabi
gari (gengibre em conserva japonês)
ramos de **endro**
6 folhas de **nori** (alga marinha para sushi) cortadas em quatro
250 g de **salmão defumado** cortado em tiras finas

Prepare o arroz para sushi (p. 26).

Coloque o shoyu, o wasabi, o gengibre e o endro em vasilhas separadas para servir.

Arrume as folhas de alga e o salmão fatiado em um prato.

Monte seu temaki: disponha o arroz na folha de alga, acrescente um pouco de wasabi, gengibre e endro. Depois, é só enrolar para fazer o temaki, molhar no shoyu e saborear.

Variação: temaki de salmão com abacate.
Descasque 1 abacate e corte-o em tiras. Regue com o suco de 1 limão-siciliano e arrume no prato com as folhas de nori e o salmão. Substitua o endro por folhas pequenas de agrião.

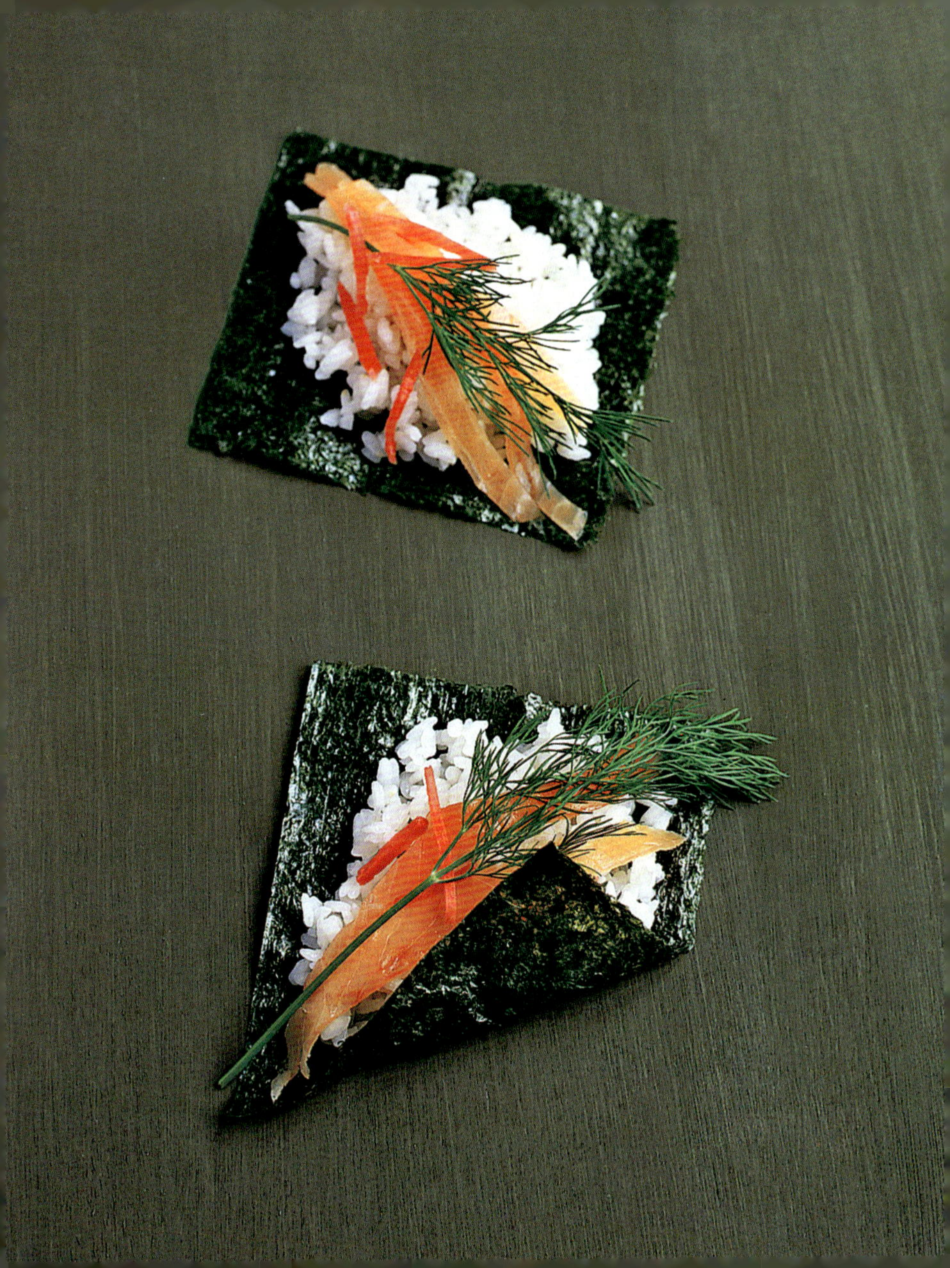

temaki com caviar

4 porções
Preparo: **45 minutos**, mais **10 minutos** para descansar
Cozimento: **12 minutos**

Para o arroz
200 g de **arroz para sushi**
250 ml de **água**
80 ml de **vinagre de arroz**
2 colheres (sopa) de **açúcar**
½ colher (chá) de **sal**

Para montar
shoyu
wasabi
gari (gengibre em conserva japonês)
folhas de **manjericão**
6 folhas de **nori** (alga marinha para sushi) cortadas em quatro
200 g de **caviar de salmão** ou **de bacalhau**

Prepare o arroz para sushi (p. 26).

Coloque o shoyu, o wasabi, o gengibre e o manjericão em vasilhas separadas para servir.

Arrume as folhas de alga e o caviar em um prato.

Monte seu temaki: disponha o arroz sobre a folha de alga e acrescente um pouco dos outros ingredientes do recheio. Depois, é só enrolar, molhar no shoyu e saborear.

Variação: temaki de peixe cru. Substitua o caviar por 200 g de atum amarelo cortado em fatias bem finas (como para sashimi), temperado com pimenta-chinesa. No lugar do manjericão, use coentro.

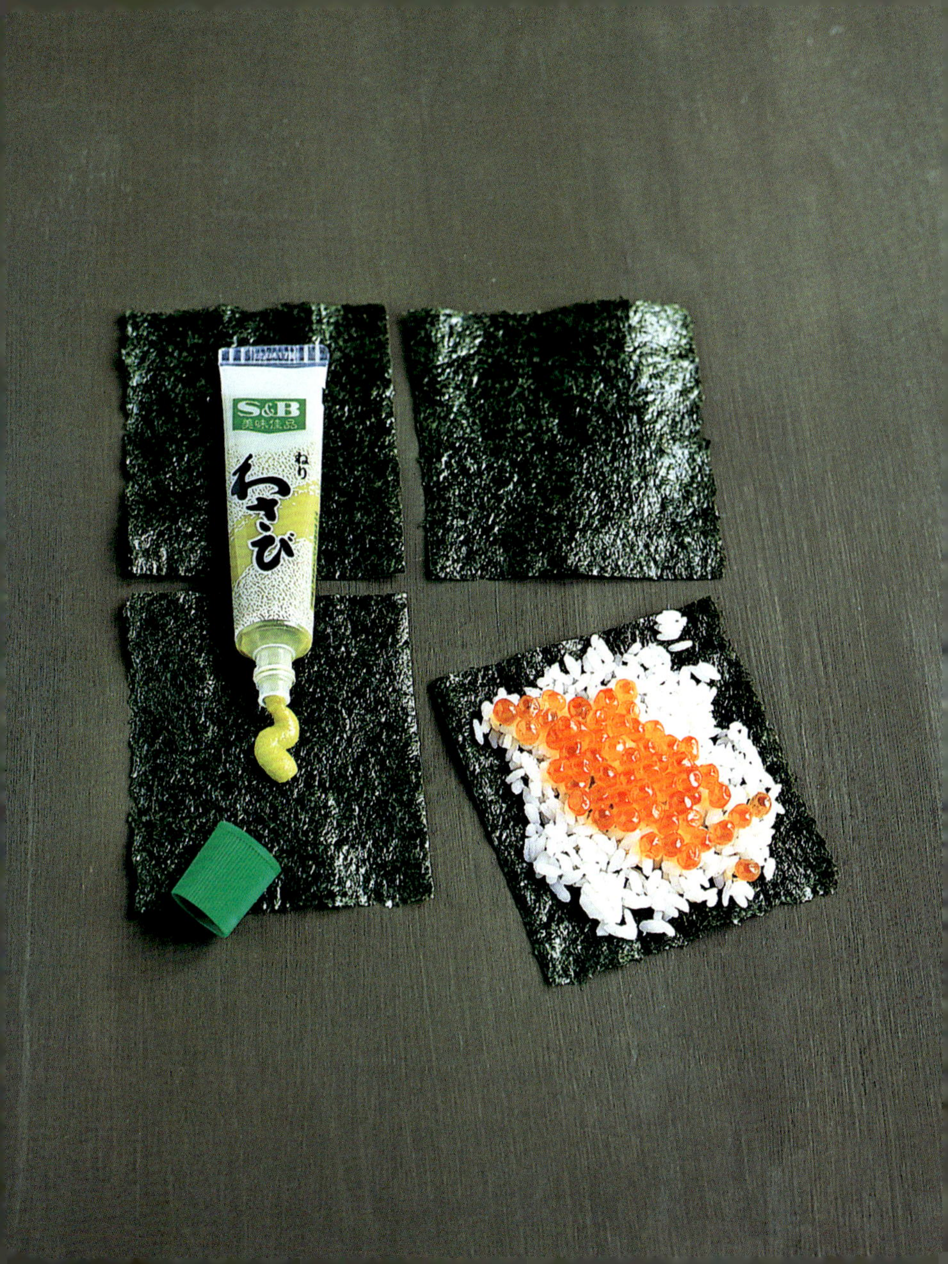
S&B
ねり
わさび

temaki de siri com abacate

4 porções
Preparo: **10 minutos**,
  mais **45 minutos**
  para descansar
Cozimento: **12 minutos**

Para o arroz
200 g de **arroz para sushi**
250 ml de **água**
80 ml de **vinagre de arroz**
2 colheres (sopa) de **açúcar**
½ colher (chá) de **sal**

Para montar
1 **abacate**
suco de **1 limão-siciliano**
shoyu
wasabi
gari (gengibre em conserva
  japonês)
6 folhas de **nori** (alga marinha
  para sushi)
100 g de **carne de siri** cozida

Prepare o arroz para sushi (p. 26).

Regue o abacate com o suco de limão.

Coloque o shoyu, o wasabi e o gengibre em conserva em vasilhas separadas.

Arrume as folhas de alga, o abacate e a carne de siri em um prato.

Monte seu temaki: disponha o arroz na folha de alga e acrescente um pouco dos outros ingredientes do recheio. Depois, é só enrolar, mergulhar no shoyu e saborear.

Variação: temaki de frango com abacate. Substitua a carne de siri por 100 g de peito de frango defumado bem desfiado. No lugar do suco de limão-siciliano, utilize o suco de 2 limões comuns, tipo taiti.

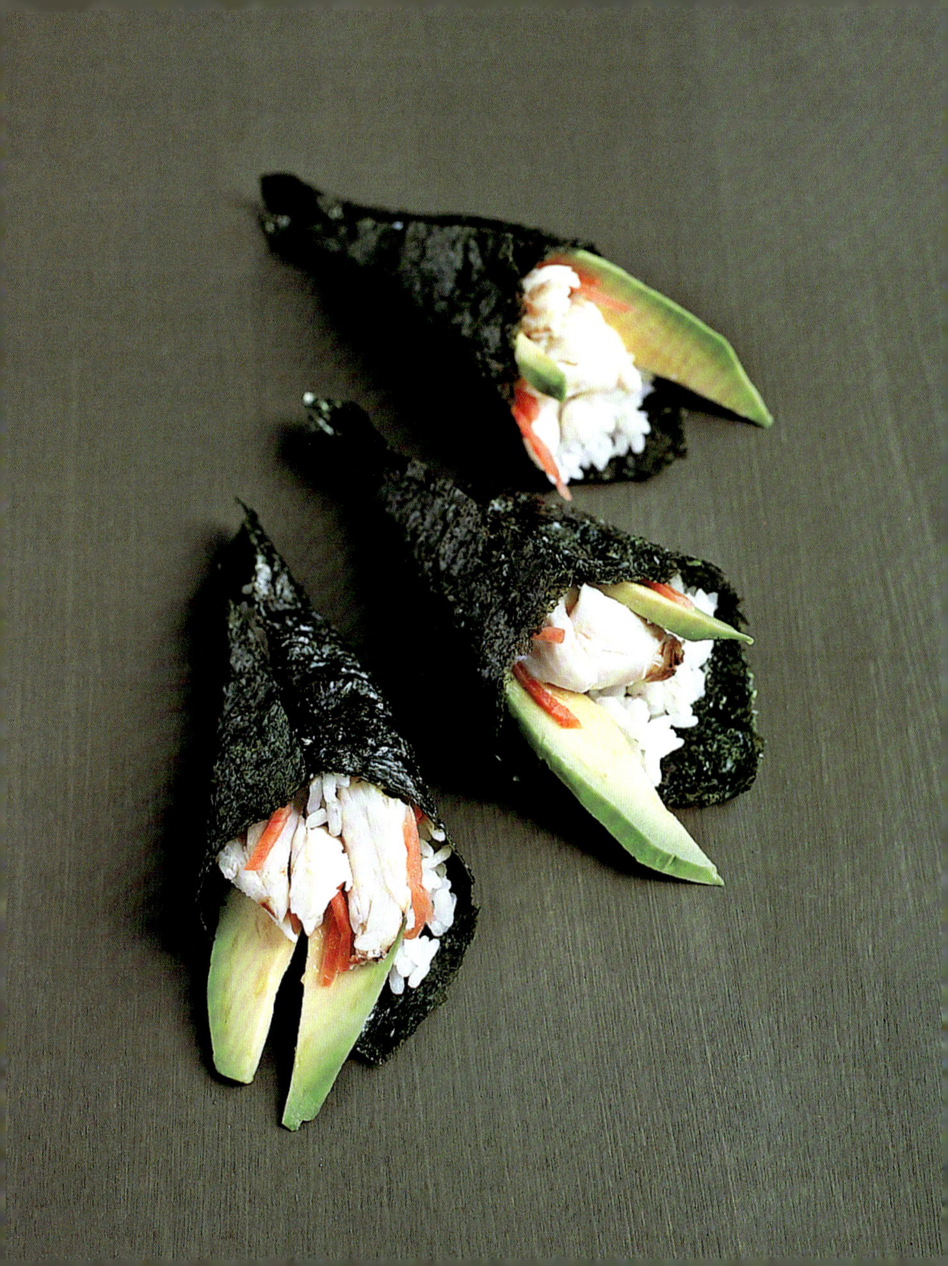

temaki vegetariano

4 porções
Preparo: **10 minutos**
Cozimento: **12 minutos**

Para o arroz
200 g de **arroz para sushi**
250 ml de **água**
80 ml de **vinagre de arroz**
2 colheres (sopa) de **açúcar**
½ colher (chá) de **sal**

Para montar
shoyu
wasabi
gari (gengibre em conserva japonês)
12 folhas de **manjericão**
2 colheres (sopa) de **gergelim**
6 folhas de **nori** (alga marinha para sushi) cortadas em quatro
1 **pepino** cortado ao meio no sentido do comprimento e fatiado em tiras de 4 cm

Prepare o arroz para sushi (p. 26).

Coloque um pouco de shoyu em vasilhas para servir e distribua um pouco de wasabi, gengibre, manjericão e gergelim em cada uma delas.

Arrume as folhas de alga e as tiras de pepino em um prato.

Monte seu temaki: disponha arroz e pepino sobre a folha de alga antes de fazer o rolinho. Depois, é só mergulhar o temaki no molho de soja e saborear.

Variação: temaki de tofu com berinjela. Fatie 100 g de tofu defumado em lascas bem finas e arrume no prato com as folhas de alga. Corte 1 berinjela em fatias finas no sentido do comprimento. Pincele cada fatia com um pouco de óleo nos dois lados e frite até dourar. Corte em tiras estreitas e sirva no lugar do pepino.

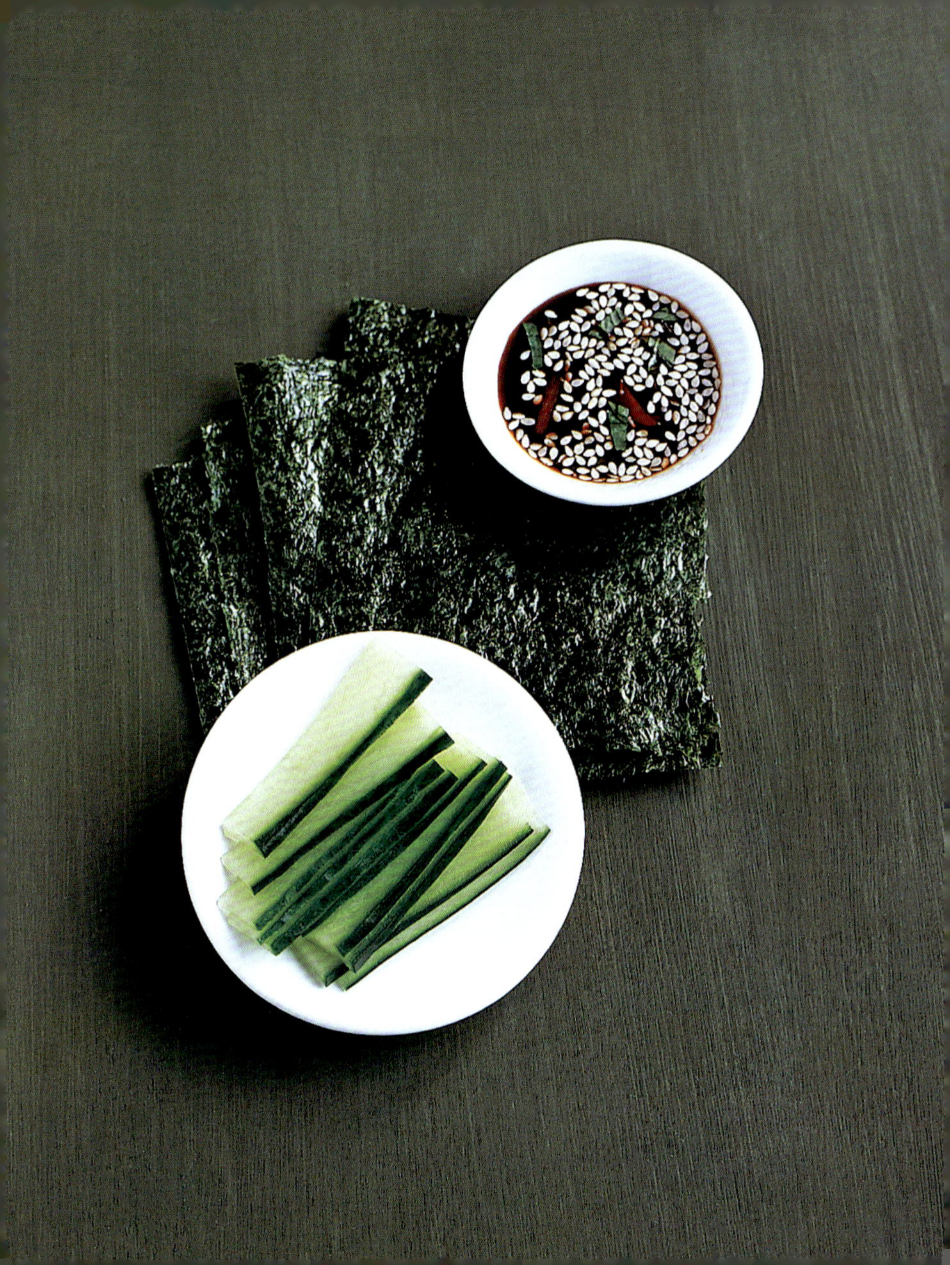

charuto de cordeiro ao limão

4-6 porções
Preparo: **35 minutos**
Cozimento: **1 hora**

200 g de **arroz de grão curto**
300 g de **carne de cordeiro** moída
3 folhas de **hortelã** bem picadas
1 maço de **salsinha** bem picada
raspas de 1 **limão-siciliano**
1 **cebola**
1 colher (sopa) de **azeite**
250 g de **folhas de uva**
3 dentes de **alho** descascados
1 litro de **caldo de legumes** quente
suco de 2 **limões-sicilianos**
uma pitada de **canela em pó**
sal e **pimenta-do-reino** moída na hora

Lave bem o arroz em água fria corrente.

Misture a carne de cordeiro com a hortelã, a salsinha e as raspas de limão. Tempere com bastante sal e pimenta-do-reino e volte a misturar.

Descasque e pique bem a cebola.

Aqueça o azeite em uma panela antiaderente e refogue a cebola até começar a dourar. Acrescente o arroz e refogue até os grãos ficarem translúcidos. Adicione a carne temperada. Mexa e frite por cerca de 5 minutos.

Escorra as folhas de uva lavadas. Coloque uma colher do recheio de carne com arroz no centro de cada folha, dobre as beiradas e enrole com firmeza. Repita o procedimento com todas as folhas.

Acomode as folhas recheadas em uma panela. Junte os dentes de alho e o caldo quente e, se necessário, adicione água para cobrir. Quando começar a ferver, tampe e cozinhe em fogo baixo por cerca de 40 minutos. Acrescente o suco de limão e a canela e cozinhe por mais 8-10 minutos. Sirva quente.

Variação: charuto de lentilha. Substitua a carne de cordeiro por 200 g de lentilha puy (ou ervilha seca) cozida. Use arroz de grão curto cozido. Misture a lentilha e o arroz com a hortelã, a salsinha e as raspas de limão. Adicione à cebola frita e retire a panela do fogo. Monte e cozinhe as folhas de uva conforme a receita acima.

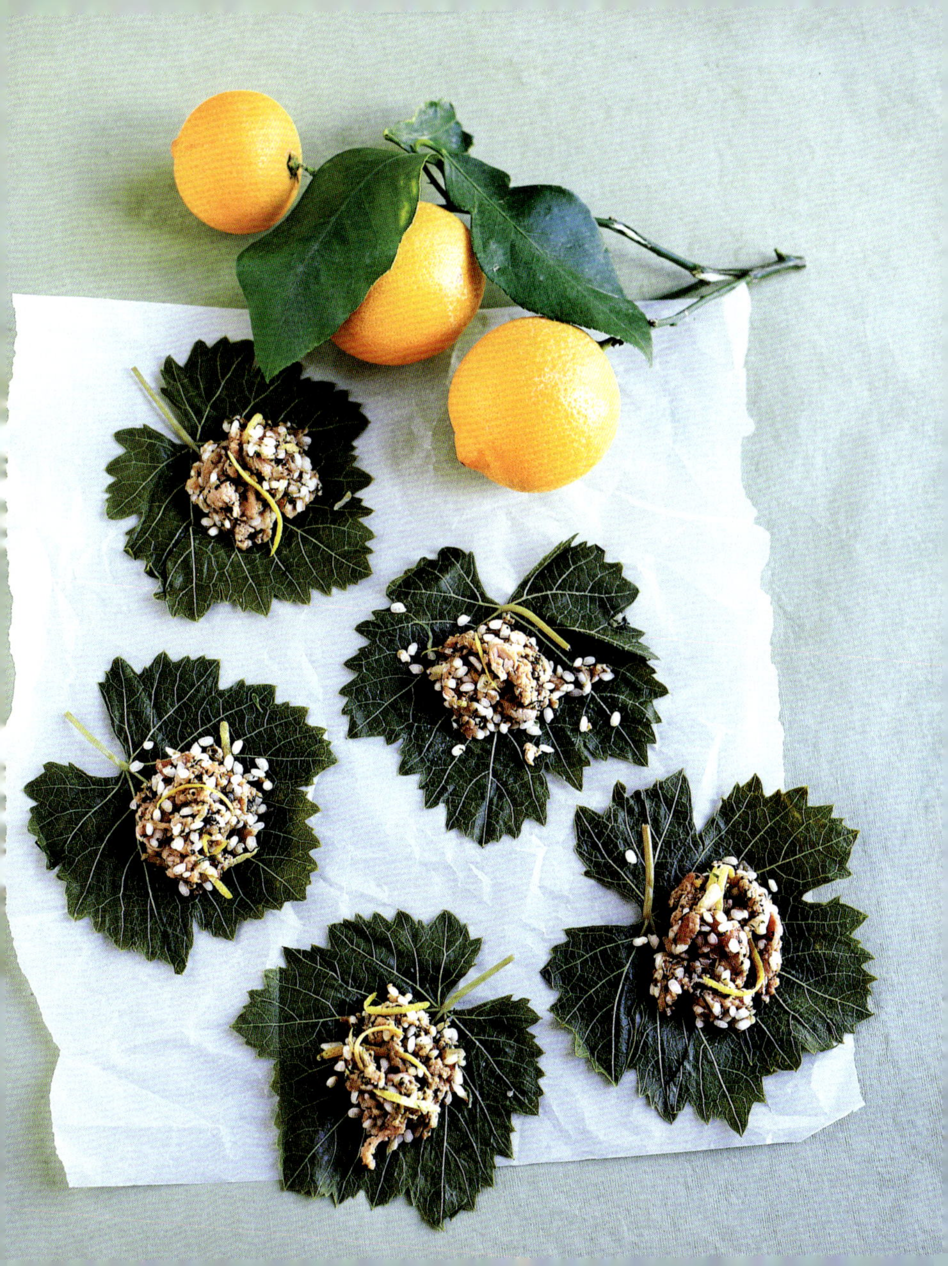

bolinho de camarão com coco

Preparo: **15 minutos**, mais **10 minutos** para descansar
Cozimento: **15 minutos**

Para o arroz
180 g de **arroz de grão longo**
300 ml de **água**
1,5 litro de **leite de coco**
raspas de 1 **limão-siciliano** orgânico

Para o bolinho de camarão
400 g de **camarão** cru descascado e limpo
1 colher (chá) de **gengibre fresco** picado
1 **gema**
1 fatia de **pão branco** sem casca
1 colher (chá) de **maisena**
sal e **pimenta-do-reino** moída na hora

Prepare o arroz. Lave os grãos crus em água fria corrente várias vezes, até a água sair transparente. Escorra em uma peneira e coloque em uma panela de fundo grosso. Despeje a água e acrescente sal e pimenta-do-reino. Quando começar a ferver, tampe a panela, abaixe o fogo e cozinhe por cerca de 15 minutos.

Retire a panela do fogo quando o arroz estiver cozido. Reserve tampado por cerca de 10 minutos. Solte o arroz com um garfo.

Coloque o leite de coco e as raspas de limão em uma panela grande de fundo grosso. Acrescente pimenta-do-reino e deixe ferver.

Corte o camarão em pedaços e bata no processador de alimentos com o gengibre, a gema, o pão, a maisena e um pouco de pimenta-do-reino. Com as mãos, modele a massa em pequenas esferas. Cozinhe os bolinhos com o leite de coco em fogo baixo, por cerca de 8 minutos.

Escorra os bolinhos de camarão e sirva imediatamente com o arroz.

Variação: bolinho de carne de porco ao curry.
Substitua o camarão por 400 g de carne de porco moída e frite os bolinhos em um frigideira com um pouco de óleo. Se necessário, frite alguns por vez. Coloque os bolinhos fritos na panela com leite de coco. Ao aquecer o leite de coco, substitua as raspas de limão e a pimenta-do-reino por 3-4 colheres (sopa) de pasta de curry vermelho.

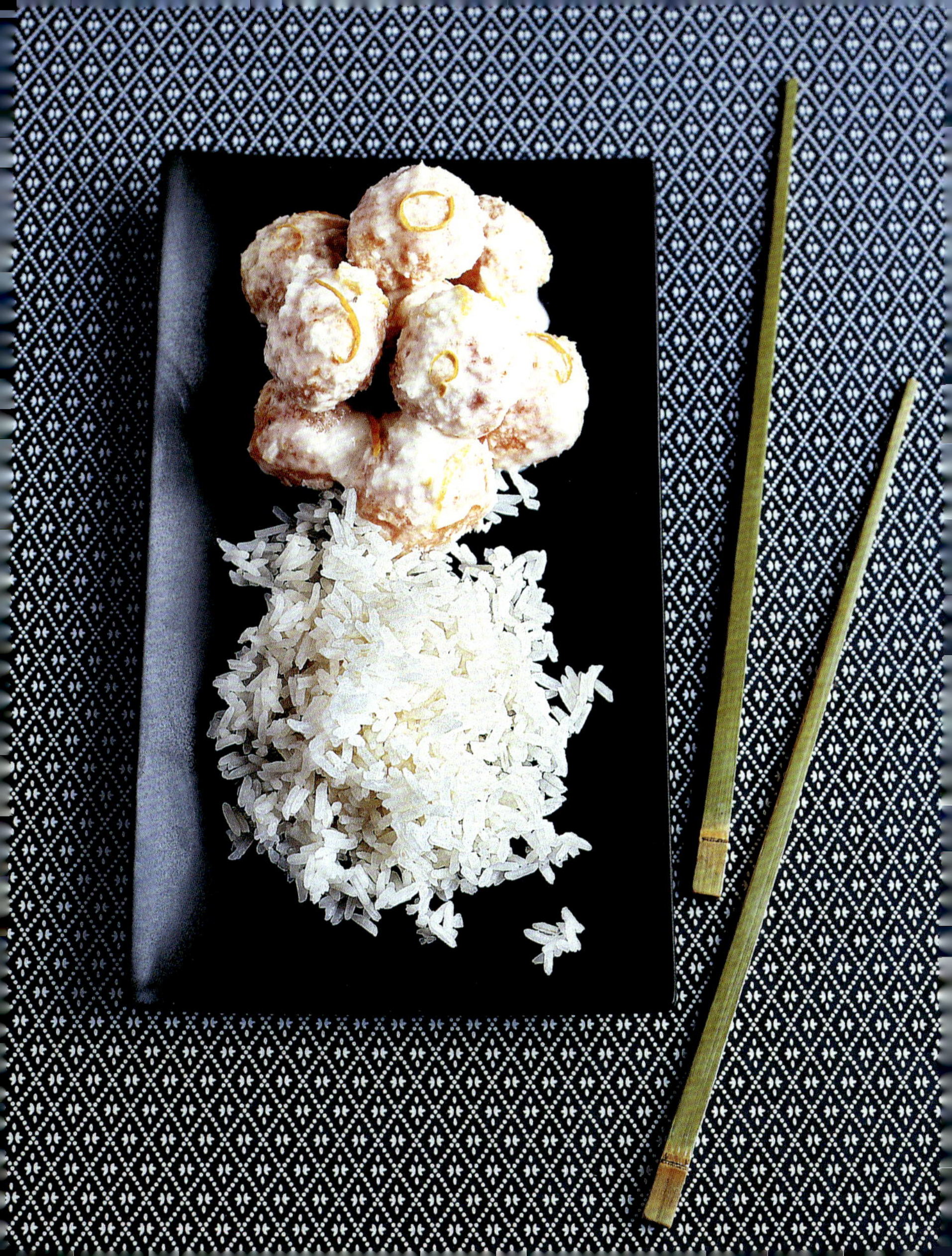

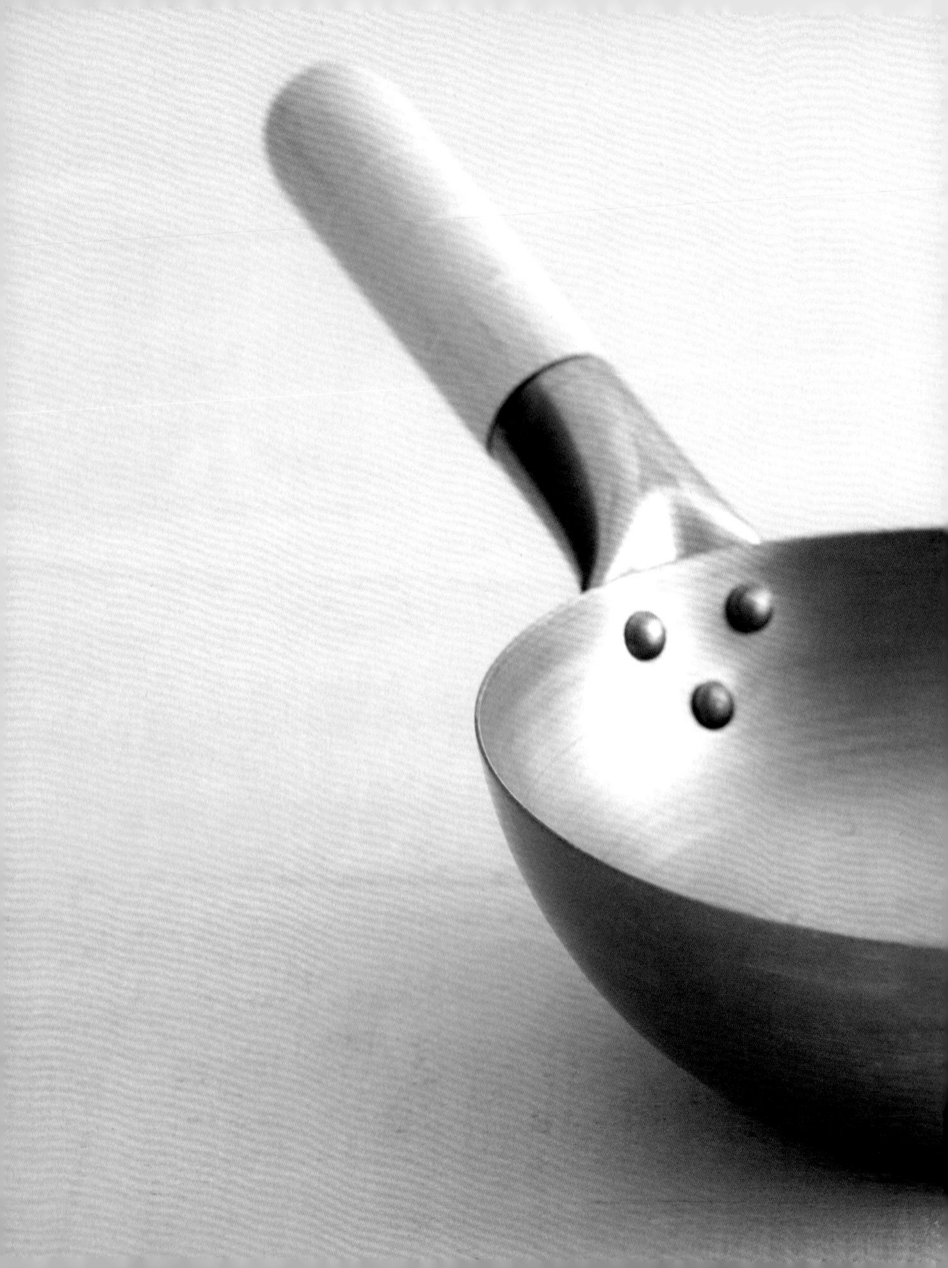

para fazer no wok

carne marinada com laranja

4 porções
Preparo: **20 minutos**, mais **10 minutos** para descansar
Cozimento: **15 minutos**

400 g de **filé-mignon**
3 colheres (sopa) de **shoyu**
180 g de **arroz de grão longo**
300 ml de **água**
1 colher (sopa) de **óleo de amendoim** ou **de gergelim**
3 **cebolas** grandes cortadas em rodelas
casca de 1 **laranja orgânica** cortada em tiras finas
sal e **pimenta-do-reino** moída na hora

Corte a carne em tiras finas com 5-6 cm de comprimento. Coloque-as em uma vasilha e regue com o shoyu. Misture bem para que o molho envolva toda a carne. Tampe e reserve na geladeira.

Prepare o arroz. Lave os grãos crus em água fria corrente várias vezes, até a água sair transparente. Escorra em uma peneira e transfira para uma panela de fundo grosso. Despeje a água e acrescente sal e pimenta-do-reino. Quando começar a ferver, tampe a panela, abaixe o fogo e cozinhe por cerca de 15 minutos. Retire a panela do fogo e reserve, tampado, por 10 minutos. Solte o arroz mexendo com hashis.

Escorra a carne e refogue no wok com óleo em fogo médio-alto. Reserve e mantenha quente na própria panela.

Refogue a cebola no wok. Junte a casca de laranja e a carne. Tempere com sal e pimenta-do-reino e refogue por mais 1 minuto.

Sirva imediatamente com o arroz.

Variação: lombo de porco marinado. Corte 400 g de lombo de porco em tiras estreitas com cerca de 5-6 cm de comprimento e deixe marinando conforme a receita acima. Substitua a casca de laranja pela casca de 1 limão-siciliano orgânico e o óleo de amendoim ou gergelim pelo de castanha-do-pará.

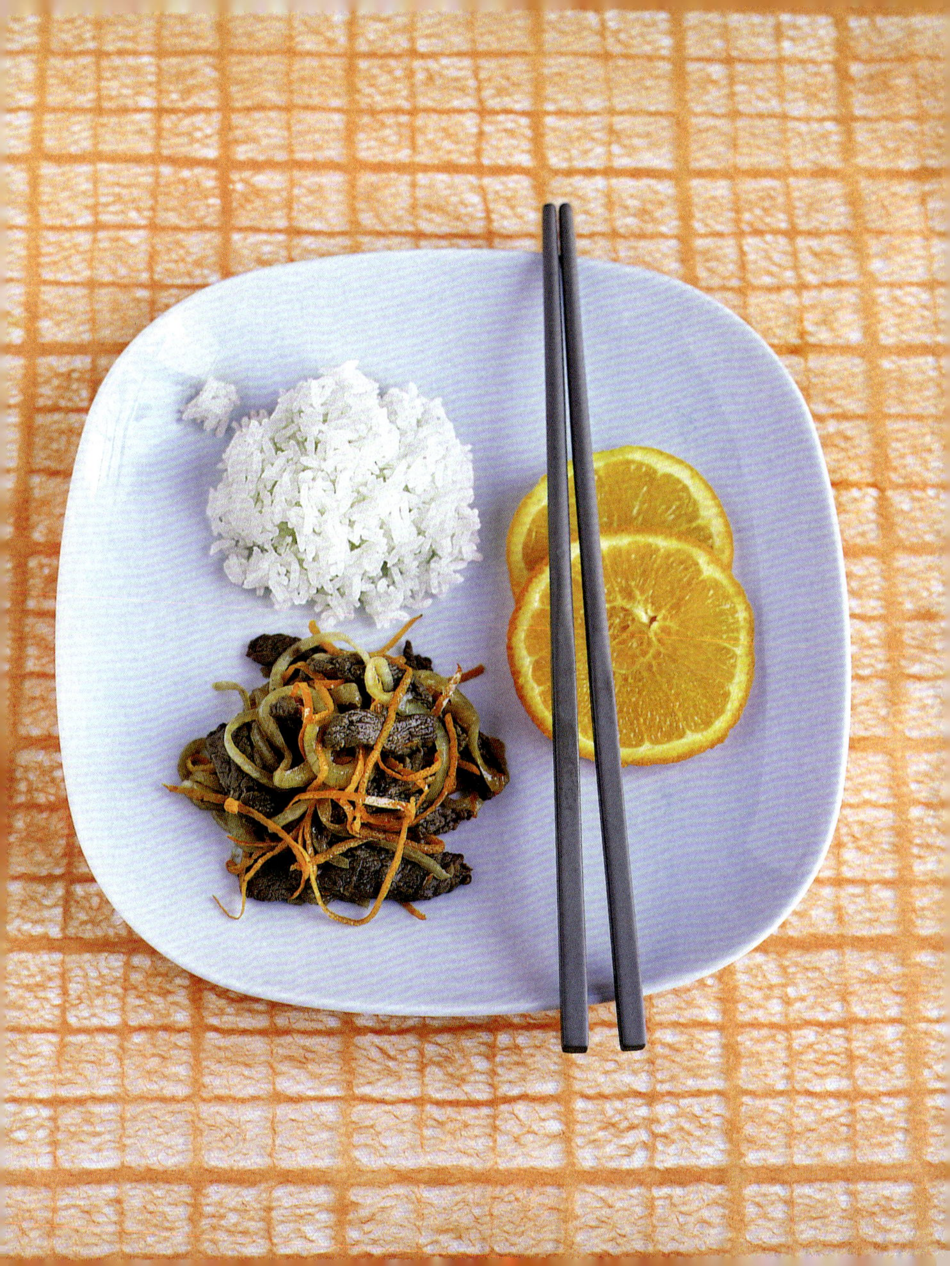

lombo de porco com cinco especiarias

4 porções
Preparo: **20 minutos**
Cozimento: **5 minutos**

½ **pimentão vermelho**
cortado em tiras finas
1 colher (sopa) de **óleo de amendoim** ou **de gergelim**
400 g de **lombo de porco**
cortado em cubos
1 colher (chá) de **cinco especiarias chinesas**
(p. 88) ou **curry**
200 g de **arroz de grão longo**
cozido
sal e **pimenta-do-reino** moída na hora

Salteie as tiras de pimentão no óleo, em um wok, por 1 minuto. Acrescente o lombo em cubos e refogue em fogo alto por cerca de 2 minutos, ou até dourar. Tempere com sal e pimenta-do-reino e salpique as cinco especiarias chinesas ou o curry.

Acrescente o arroz. Abaixe o fogo e refogue por mais 2-3 minutos.

Sirva imediatamente.

Variação: filé-mignon com couve-chinesa. Substitua o lombo de porco por 400 g de filé-mignon em cubos. Corte as folhas de uma couve-chinesa ou repolho em fatias de 2 cm e os talos em pedaços de 1 cm. Refogue os talos com 200 g de ervilha-torta limpa em ½ colher (sopa) de óleo em um wok ou panela por 2-3 minutos. Acrescente as folhas de couve e refogue até murchar. Frite a carne conforme a receita acima e misture à couve. Sirva imediatamente.

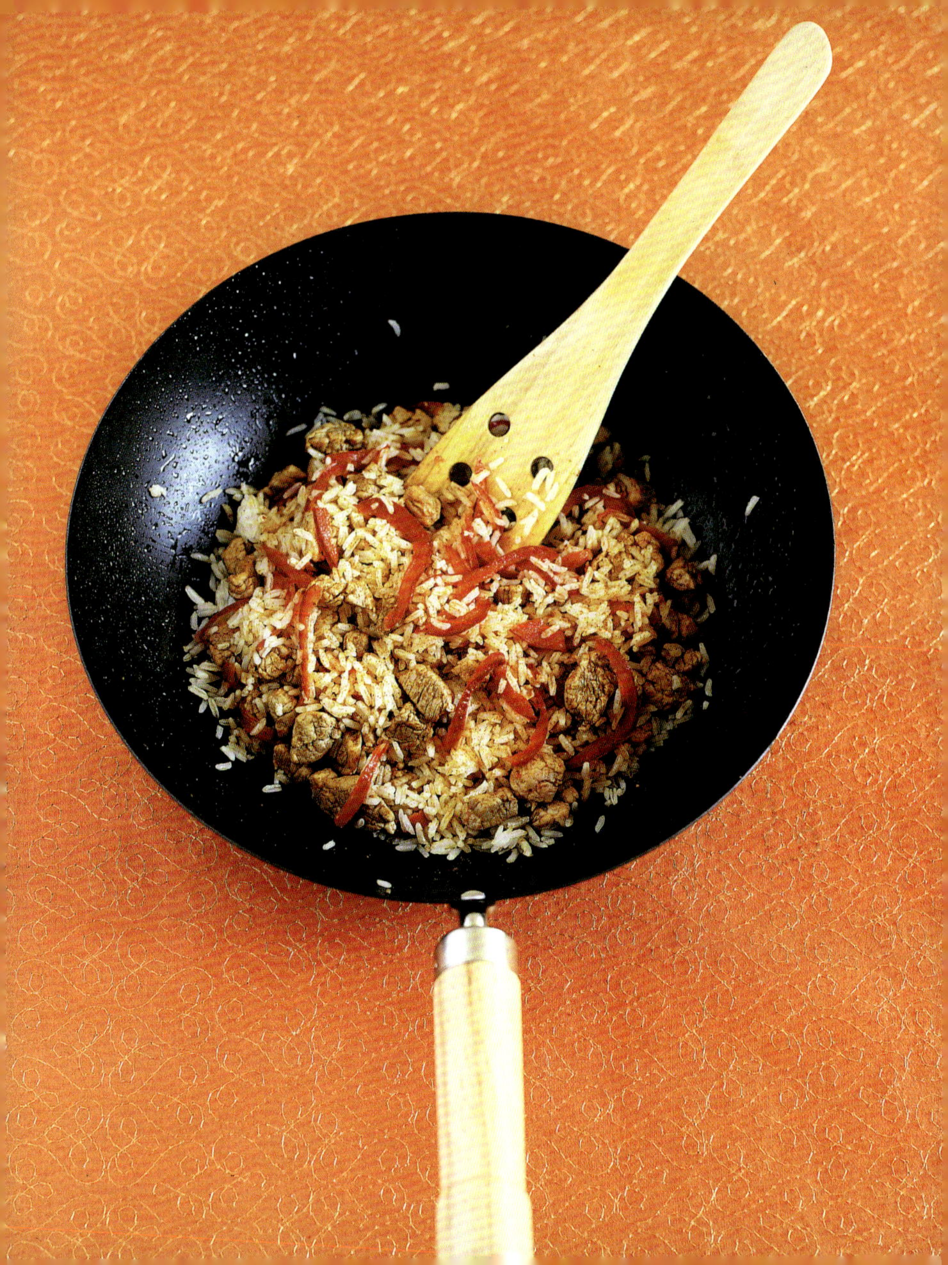

arroz de coco com camarão

4 porções
Preparo: **10 minutos**, mais
  10 minutos para reservar
Cozimento: **15 minutos**

4 colheres (sopa) de **óleo de amendoim** ou **de gergelim**
250 g de **arroz jasmim tailandês**
1 colher (sopa) de semente de **cominho**
1 **canela em pau** pequena
4 **folhas de limão**
400 ml de **leite de coco**
150 ml de **água**
1 colher (sopa) de **sal**
2 dentes de **alho** amassados
um pedaço de 3 cm
  de **gengibre fresco**
  descascado e ralado
uma pitada de **pimenta-
  -malagueta em pó**
500 g de **camarão rosa**
  limpo e descascado
2 colheres (sopa) de **nam pla**
  (molho de peixe tailandês)
1 colher (sopa) de suco de **limão**
2 colheres (sopa) de **coentro fresco** picado
25 g de **amendoim** torrado picado, para decorar

Refogue o arroz na metade do óleo até os grãos ficarem translúcidos. Acrescente o cominho, a canela, as folhas de limão, o leite de coco, a água e o sal. Deixe ferver e cozinhe em fogo baixo por 10 minutos. Retire a panela do fogo, tampe e reserve por 10 minutos.

Aqueça o restante do óleo em um wok e refogue o alho com o gengibre e a pimenta por 30 segundos. Adicione o camarão e frite por mais 3-4 minutos ou até ficar rosado.

Misture o arroz de coco com o molho de peixe, o suco de limão e o coentro. Salpique o amendoim e sirva.

Variação: arroz de coco com soja e tomate.
Cozinhe 250 g de arroz. Acrescente o cominho, a canela, as folhas de limão, o leite de coco, a água e o sal conforme a receita acima. Substitua o camarão por 175 g de soja cozida. Pique um punhado generoso de folhas de coentro fresco em pedaços grandes. Corte 175 g de tomate-cereja ao meio. Misture o coentro e o tomate ao arroz com 1 colher (sopa) de suco e as raspas de 1 limão. Refogue por 3-4 minutos até aquecer bem e sirva imediatamente.

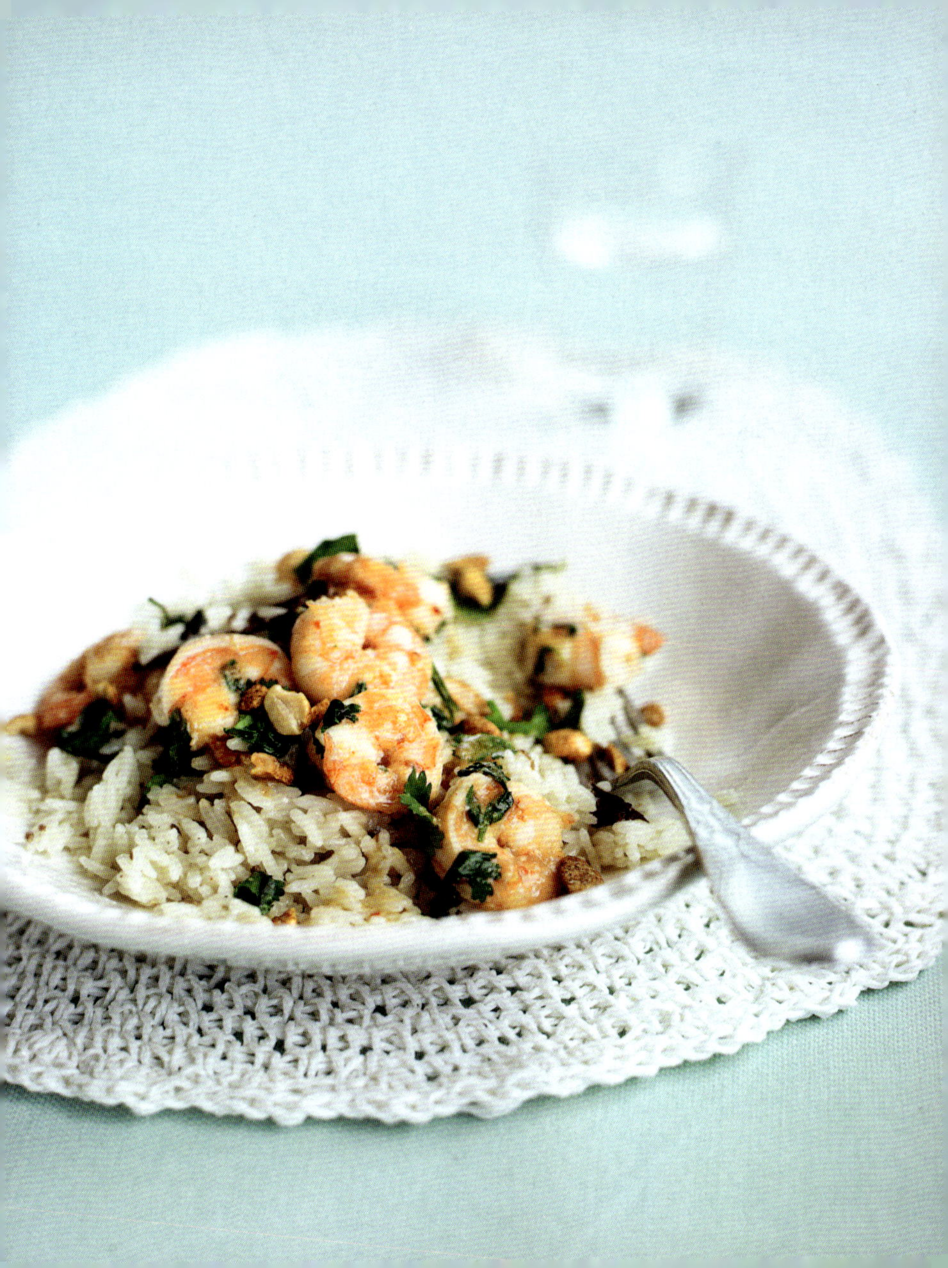

carne com tomate e gengibre

4 porções
Preparo: **15 minutos**
Cozimento: **10 minutos**

- 1 colher (sopa) de **óleo vegetal**
- 1 colher (chá) de **gengibre fresco** ralado
- 1 colher (chá) de **extrato de tomate**
- uma pitada de **açúcar**
- 400 g de **filé-mignon** cortado em tiras finas com 4-5 cm de comprimento
- 2 colheres (sopa) de **shoyu**
- 400 g de **arroz de grão longo** cozido
- **sal** e **pimenta-do-reino** moída na hora

Aqueça o óleo no wok e refogue o gengibre. Adicione o extrato de tomate e o açúcar.

Frite a carne no wok, por 2-3 minutos, e acrescente o shoyu. Retire, reserve e mantenha quente.

Coloque o arroz no wok e aqueça por 2-3 minutos.

Distribua as tiras de carne sobre o arroz, tempere com sal e pimenta-do-reino e sirva imediatamente.

Variação: frango ao molho de tomate e amendoim.
Substitua o filé-mignon por 400 g de filé de peito de frango fatiado. Refogue 2 dentes de alho amassado e o gengibre. Junte o extrato de tomate, o açúcar e o frango e refogue por mais 2-3 minutos. Misture 2 colheres (sopa) de pasta de amendoim e 2-3 colheres (sopa) de água. Não utilize o shoyu. Acrescente sal a gosto, retire do wok e mantenha quente enquanto aquece o arroz.

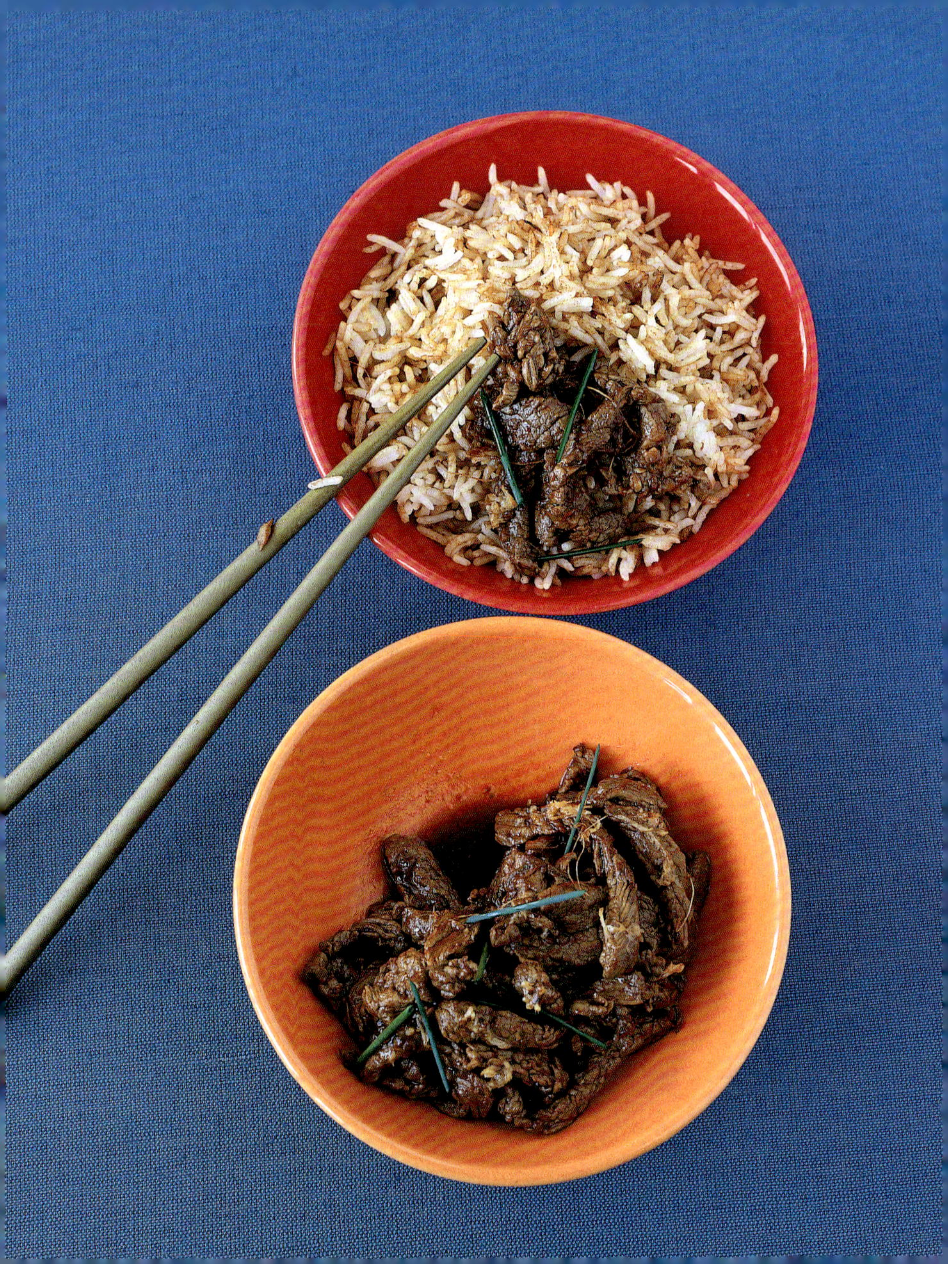

almôndega de cordeiro com arroz branco

4-6 porções
Preparo: **25 minutos**
Cozimento: **25 minutos**

600 g de **carne de cordeiro moída**
duas pitadas de **canela em pó**
2 **ovos**
40 g de **pinhole**
1 colher (sopa) de **farinha de trigo**
1 maço pequeno de **salsinha** picada finamente
2 **cebolas** bem picadas
2 colheres (sopa) de **óleo vegetal**
800 ml de **caldo de legumes**
suco de 2 **laranjas**
200 g de **arroz de grão longo**
sal e **pimenta-do-reino** moída na hora

Misture a carne de cordeiro com a canela, o sal e a pimenta-do-reino. Acrescente os ovos, o pinhole, a farinha e a salsinha. Modele com as mãos almôndegas de tamanho regular.

Doure a cebola no wok com 1 colher (sopa) do óleo. Acrescente as almôndegas e frite, virando-as com uma espátula, até mudarem de cor. Cubra com 500 ml do caldo de legumes. Leve à fervura, acrescente sal, um pouco de pimenta-do-reino e o suco de laranja. Cozinhe em fogo baixo por cerca de 15 minutos.

Refogue o arroz no restante do óleo até ficar translúcido. Despeje o caldo de legumes restante, adicione sal e pimenta-do-reino e deixe ferver. Tampe e cozinhe em fogo baixo por cerca de 15 minutos.

Sirva as almôndegas com o arroz.

Variação: almôndega grelhada com iogurte.

Misture 500 g de cordeiro moído com 125 g de farinha de rosca, 1 cebola ralada, 1 dente de alho amassado, 1 ovo, 1 colher (sopa) de salsinha picada e 1 colher (chá) de cominho moído. Misture bem e modele, com as mãos, almôndegas de tamanho regular. Asse as almôndegas por 7-10 minutos em assadeira untada disposta sob um grill preaquecido em temperatura média-alta, virando-as com frequência, até dourar. Sirva com arroz e 250 ml de iogurte misturado com ¼ de pepino descascado e cortado em cubinhos, 1 dente de alho amassado e 2 colheres (chá) de hortelã picada finamente.

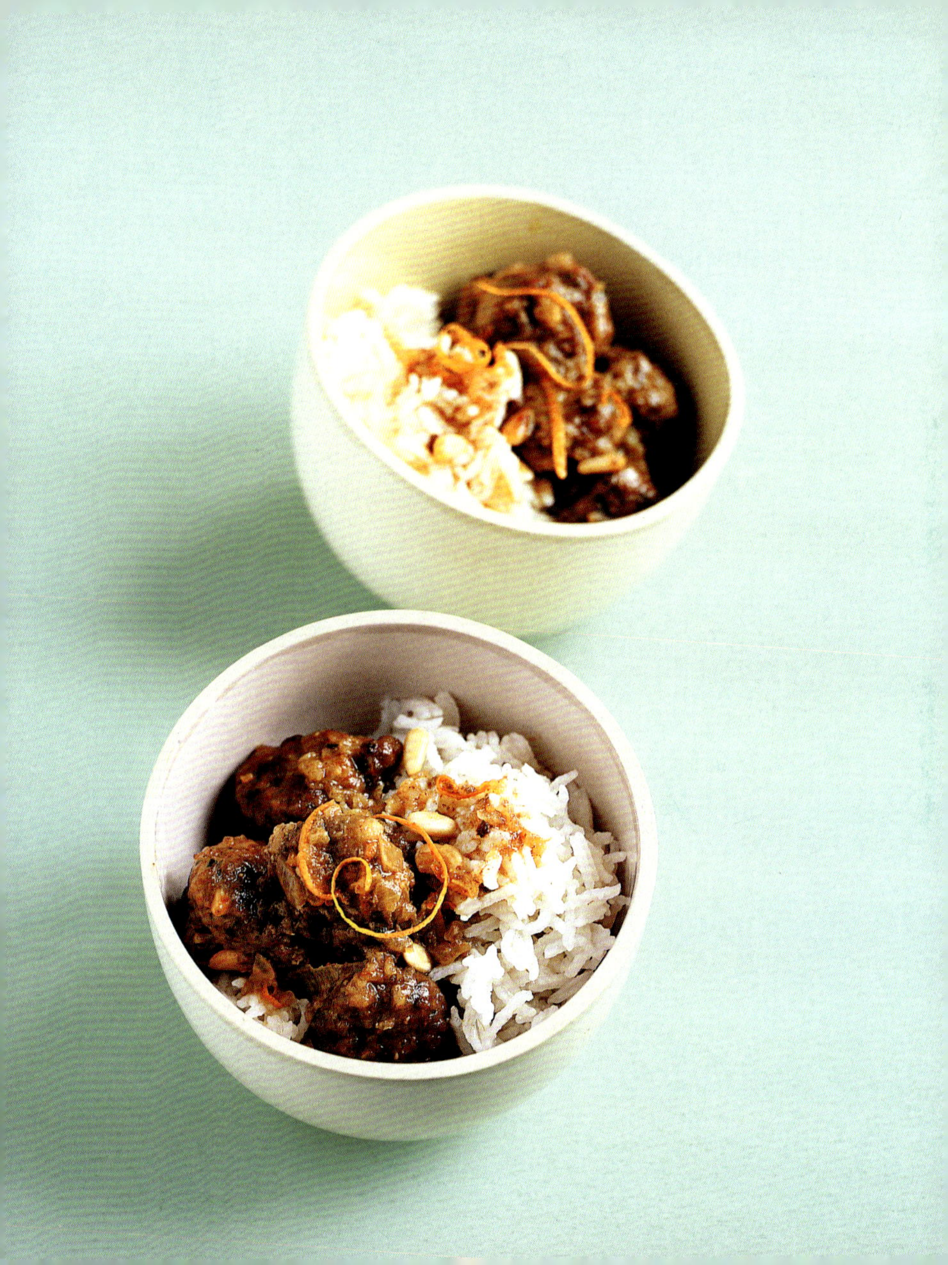

legumes com shiitake

4 porções
Preparo: **20 minutos**, mais **30 minutos** para demolhar e **10 minutos** para descansar
Cozimento: **20 minutos**

- 6 **cogumelos shiitake secos**
- 200 g de **arroz de grão longo**
- 300 ml de **água**
- 120 g de **brócolis**
- 1 colher (sopa) de **óleo vegetal**
- 150 g de **vagem** limpa, lavada e cortada em pedaços de 4 cm de comprimento
- 1 **abobrinha** cortada em tiras finas
- 1 **cenoura** cortada em palitos
- 1 colher (chá) de **gengibre fresco** ralado
- **sal** e **pimenta-do-reino** moída na hora

Cubra o cogumelo com água quente. Deixe de molho por cerca de 30 minutos.

Coloque o arroz em uma panela de fundo grosso com a água. Tempere com sal e pimenta-do-reino. Deixe ferver, tampe e abaixe o fogo. Cozinhe por cerca de 15 minutos. Retire do fogo e reserve tampado por cerca de 10 minutos. Solte o arroz mexendo com hashis.

Separe o brócolis em floretes, lave e escorra. Escorra bem o cogumelo, retire os talos e corte os chapéus em fatias finas.

Aqueça o óleo e refogue todos os legumes e o cogumelo no wok por 3-4 minutos. Tempere com sal e pimenta-do-reino e salpique o gengibre ralado. Sirva com o arroz bem quente.

Variação: legumes com grão-de-bico. Substitua o shiitake por 200 g de cogumelo-de-paris cortado em quatro. Corte a cenoura e a abobrinha em fatias na diagonal. Refogue o gengibre ralado com óleo no wok. Adicione os legumes e o cogumelo e refogue por 3 minutos. Junte 400 g de grão-de-bico em conserva, escorrido. Refogue por mais 2 minutos.

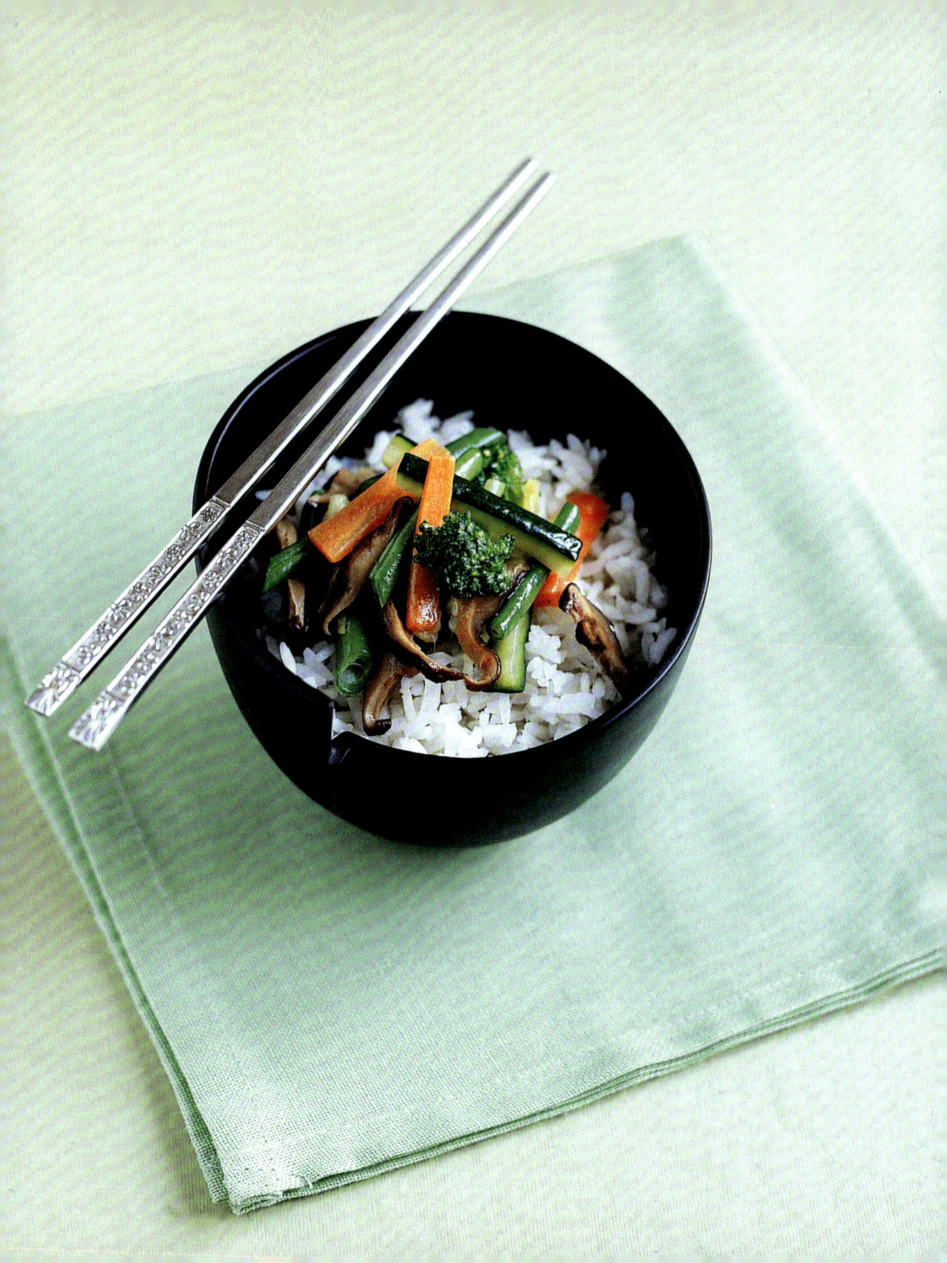

pilaf de frango com açafrão

4 porções
Preparo: **15 minutos**
Cozimento: **35 minutos**

1 ½ colher (chá) de **açafrão em pó**
300 ml de **água**
1 colher (chá) de **óleo vegetal**
4 dentes de **alho** picados finamente
4 **echalotas** picadas
1 colher (chá) de **gengibre fresco** ralado
200 g de **arroz basmati**
duas pitadas de **páprica**
200 g de **lombo de porco** cortado em cubos
200 g de **peito de frango** picado
sal e **pimenta-do-reino** moída na hora

Dissolva o açafrão na água e aqueça um pouco em uma panela.

Refogue o alho, a echalota e o gengibre ralado no wok por 2 minutos, com o óleo. Misture o arroz e mexa até os grãos ficarem translúcidos. Adicione a água com açafrão, tempere com sal e pimenta-do-reino e salpique a páprica. Quando começar a ferver, tampe e deixe cozinhar lentamente por 15-20 minutos.

Frite o lombo de porco e o frango com pouco óleo, até dourar.

Sirva a carne sobre o arroz.

Variação: pilaf com tofu e cogumelo. Substitua o lombo de porco e o peito de frango por 200 g de cogumelo shiitake. Frite 200 g de tofu em cubos em uma panela com um pouco de óleo, até dourar. Junte o cogumelo e frite por mais 2-3 minutos. Acrescente 1 colher (sopa) de molho de soja light antes de servir.

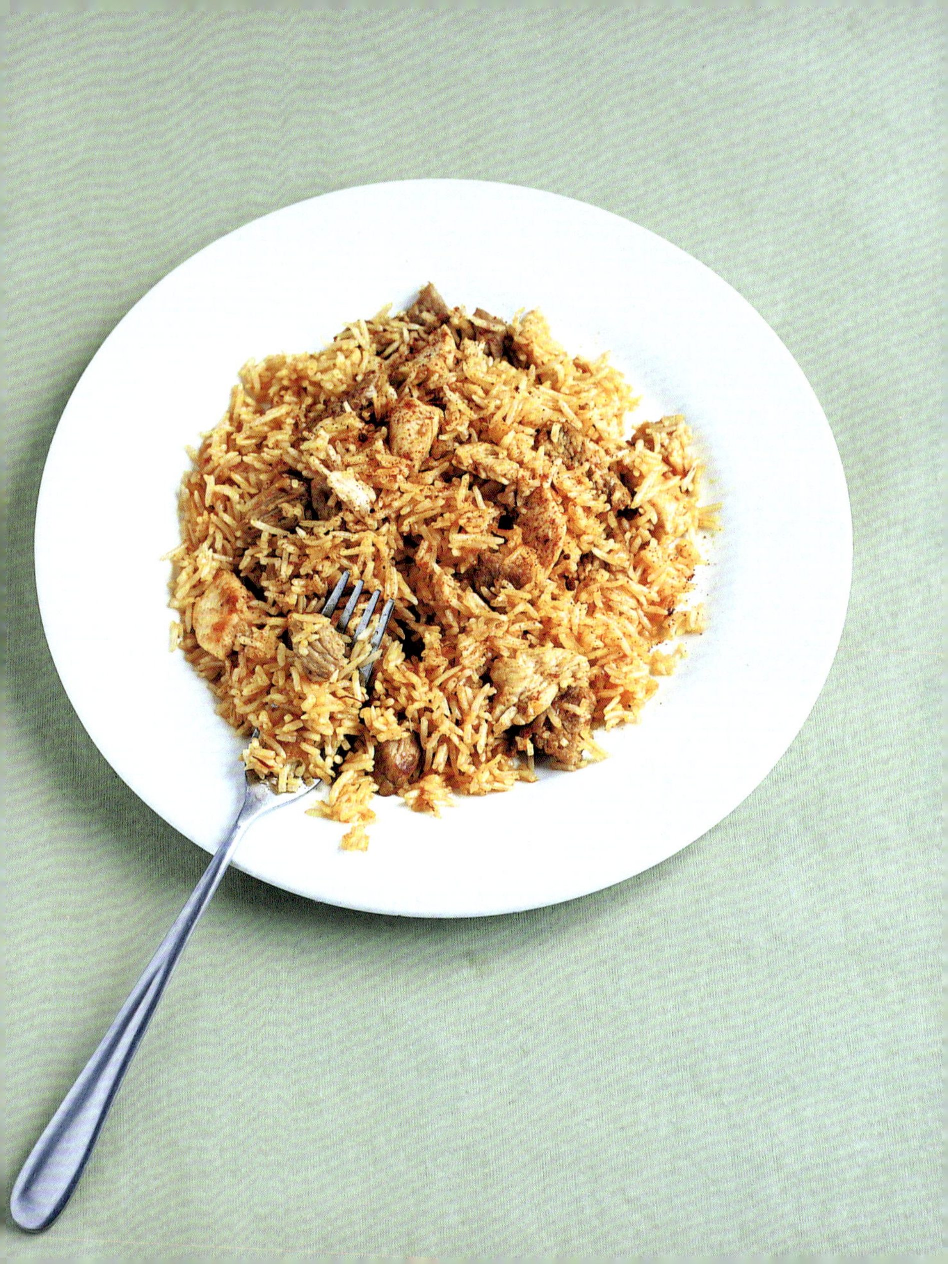

cenoura com broto de feijão e ervilha-torta

4 porções
Preparo: **15 minutos**, mais **10 minutos** para descansar
Cozimento: **15 minutos**

200 g de **arroz de grão longo**
350 ml de **água**
200 g de **ervilha-torta**
120 g de **broto de feijão**
1 dente de **alho** picado
1 colher (chá) de **gengibre fresco** ralado
1 colher (sopa) de **óleo vegetal**
2 **cenouras** raladas
3 colheres (chá) de **shoyu**
uma pitada de **açúcar**
80 ml de **água** quente
sal e **pimenta-do-reino** moída na hora

Prepare o arroz em uma panela de fundo grosso com água, sal e pimenta-do-reino. Deixe ferver e tampe. Abaixe o fogo e cozinhe por cerca de 15 minutos. Tire a panela do fogo e reserve, tampada, por cerca de 10 minutos. Solte o arroz com hashis.

Corte as pontas da ervilha-torta e retire os fios duros. Lave, escorra e corte ao meio. Enxágue o broto de feijão em água fria.

Refogue brevemente o alho e o gengibre no wok, com o óleo. Misture a ervilha-torta, a cenoura e o broto de feijão. Refogue por mais 2-3 minutos e acrescente o shoyu, o açúcar e a água quente. Tampe e cozinhe por 3 minutos.

Sirva os legumes com o arroz bem quente.

Variação: refogado de legumes com castanhas e sementes. Espalhe 1 colher (chá) de molho tamari sobre 75 g de castanha de caju e 25 g de semente de girassol. Toste em frigideira canelada por 4-5 minutos, até dourar. Distribua sobre os legumes e sirva com arroz.

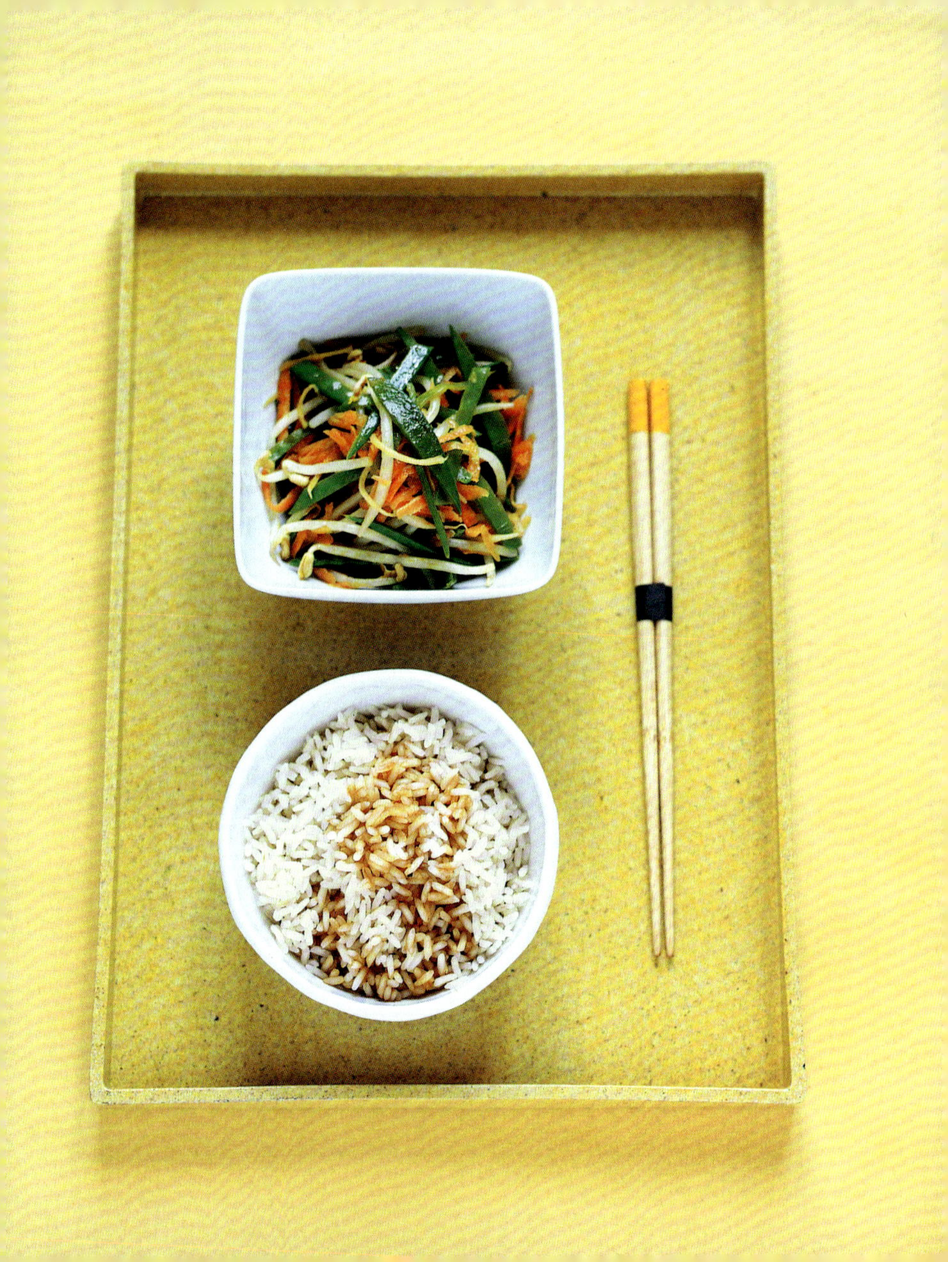

arroz cantonês básico

4 porções
Preparo: **10 minutos**
Cozimento: **15 minutos**

100 g de **ervilha fresca**
2 **ovos** bem batidos
2 fatias grossas de **presunto** cozido
1 colher (sopa) de **óleo vegetal**
180 g de **arroz de grão longo** cozido
2 colheres (chá) de **shoyu**
sal e **pimenta-do-reino** moída na hora

Cozinhe as ervilhas em uma panela com água fervente e um pouco de sal, por cerca de 5 minutos. Escorra e enxágue em água fria corrente.

Adicione um pouco de sal aos ovos batidos e frite como omelete. Tire da frigideira e corte em tiras finas.

Pique bem o presunto.

Aqueça o óleo e refogue o arroz no wok por 2 minutos. Junte a ervilha, o presunto picado e as tiras da omelete. Despeje o shoyu e adicione sal e pimenta-do-reino a gosto. Misture bem e sirva.

Variação: arroz cantonês com frango e camarão.
Refogue 125 g de peito de frango picado com 2 dentes de alho amassados, por 3 minutos. Acrescente 125 g de camarão sem casca cozido e refogue por mais 1 minuto. Junte os demais ingredientes conforme a receita acima.

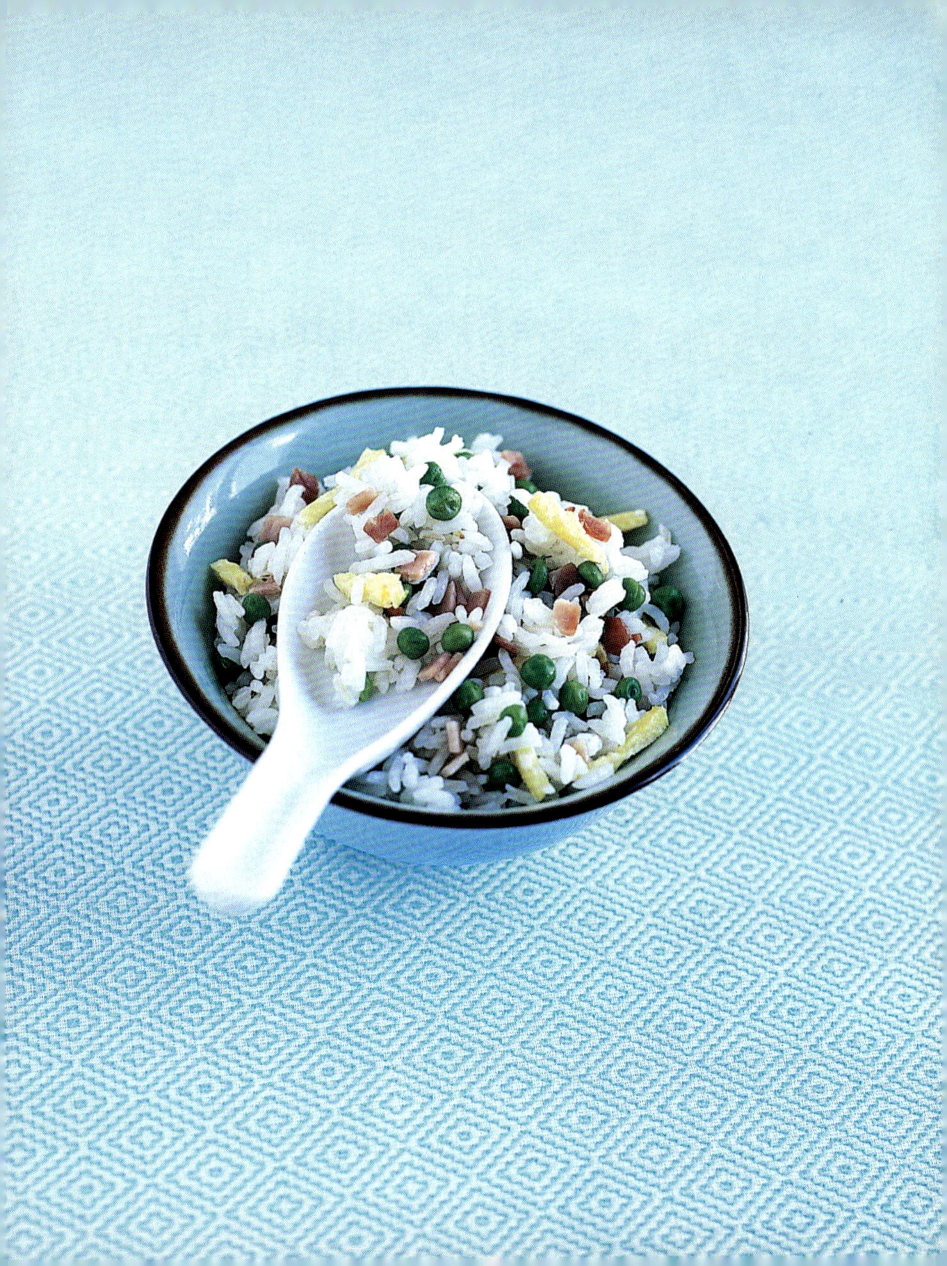

arroz frito chinês com camarão

4 porções
Preparo: **10 minutos**, mais **15 minutos** para demolhar
Cozimento: **15 minutos**

80 g de **camarão seco**
2 **ovos** bem batidos
100 g de **ervilha fresca**
1 **echalota** picada
1 colher (sopa) de **óleo vegetal**
180 g de **arroz de grão longo** cozido
125 g de **carne de porco** assada e cortada em cubos
2 **cebolinhas** picadas
2 colheres (chá) de **shoyu**
sal e **pimenta-do-reino** moída na hora

Deixe o camarão de molho em uma vasilha com água quente por 15 minutos.

Faça uma omelete com os ovos e corte em tiras finas. Cozinhe a ervilha em água fervente por 5 minutos.

Refogue a echalota no wok, com o óleo, até começar a dourar. Junte o arroz cozido e aqueça por mais 2 minutos. Acrescente o camarão, a carne de porco, a omelete em tiras, a cebolinha e a ervilha. Misture o shoyu, o sal e a pimenta-do-reino a gosto, misture e sirva.

Variação: arroz frito chinês com bacon. Não utilize o camarão e a carne de porco. Refogue a echalota conforme indicado. Adicione ½ pimenta-malagueta bem picada, 1 colher (sopa) de gengibre fresco ralado e 125 g de bacon. Refogue por mais 2 minutos. Finalize conforme a receita acima.

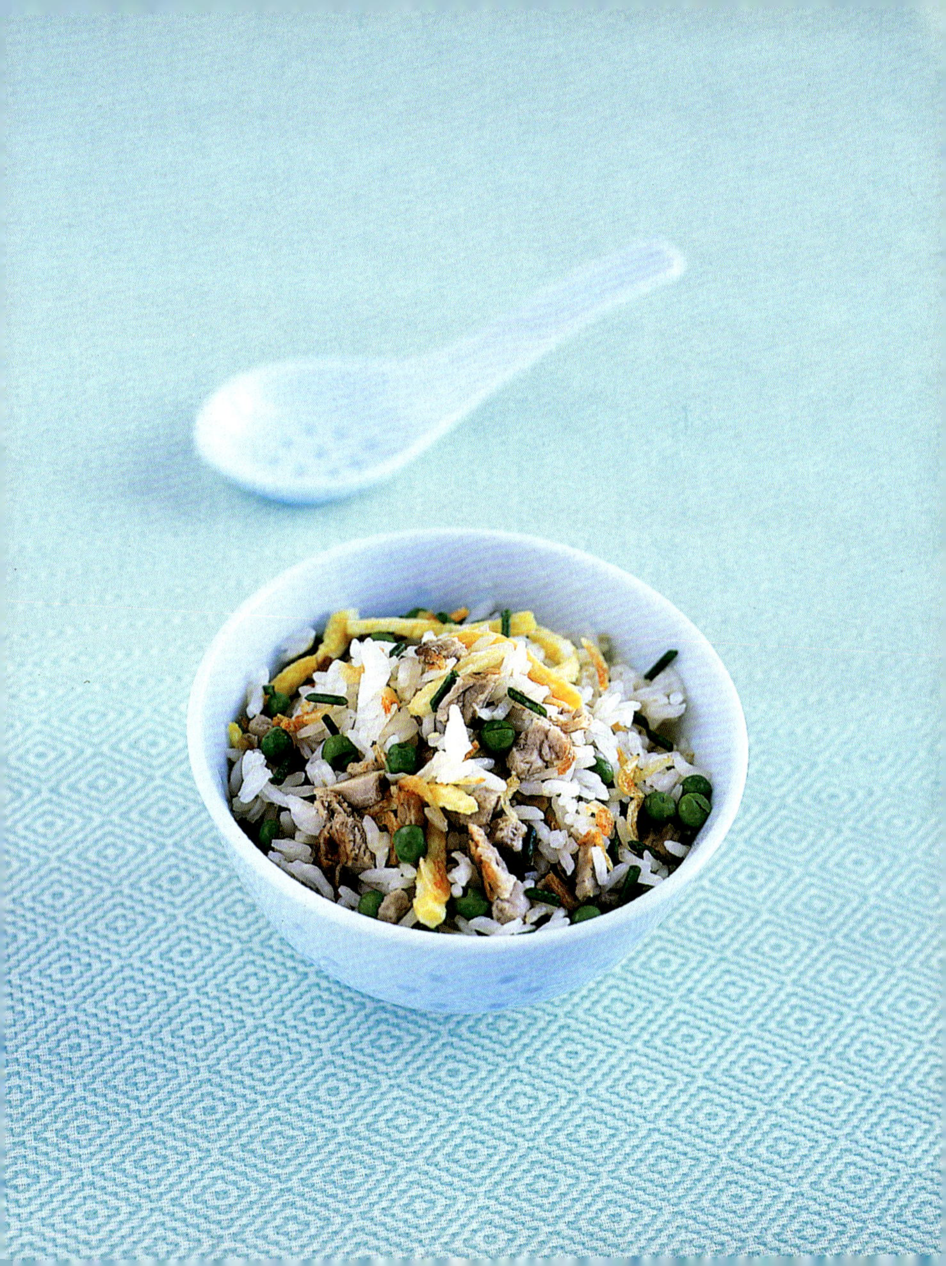

arroz frito chinês com pimentão

4 porções
Preparo: **10 minutos**
Cozimento: **15 minutos**

2 **ovos** bem batidos
100 g de **ervilha fresca**
1 colher (sopa) de **óleo vegetal**
2 **cebolas** picadas
1 **echalota** picada
½ **pimentão vermelho** cortado em cubos
125 g de **arroz de grão longo** cozido
100 g de **camarão fresco** sem casca cozido
2 colheres (chá) de **shoyu**
sal e **pimenta-do-reino**

Faça uma omelete com os ovos e corte em tiras finas. Cozinhe a ervilha em água fervente por 5 minutos e escorra.

Refogue a cebola e a echalota com o óleo no wok por alguns minutos, até começar a dourar. Acrescente o pimentão e refogue por mais 1 minuto. Misture o arroz e aqueça por 2 minutos.

Acrescente o camarão, a ervilha e a omelete em tiras. Coloque o shoyu e tempere com sal e pimenta-do--reino. Misture tudo e sirva.

Variação: arroz frito chinês com tofu. Não utilize o ovo e o camarão. Refogue 200 g de tofu em cubos em 1 colher (sopa) de óleo vegetal temperado com 1 dente de alho amassado e 1 colher (sopa) de gengibre fresco ralado, até dourar. Retire do wok e escorra em papel-toalha. Refogue a cebola e a echalota conforme a receita acima; se necessário, acrescente mais óleo ao wok. Junte o pimentão em cubos e proceda como indicado. Leve o tofu de volta ao wok com as ervilhas. Misture tudo e sirva.

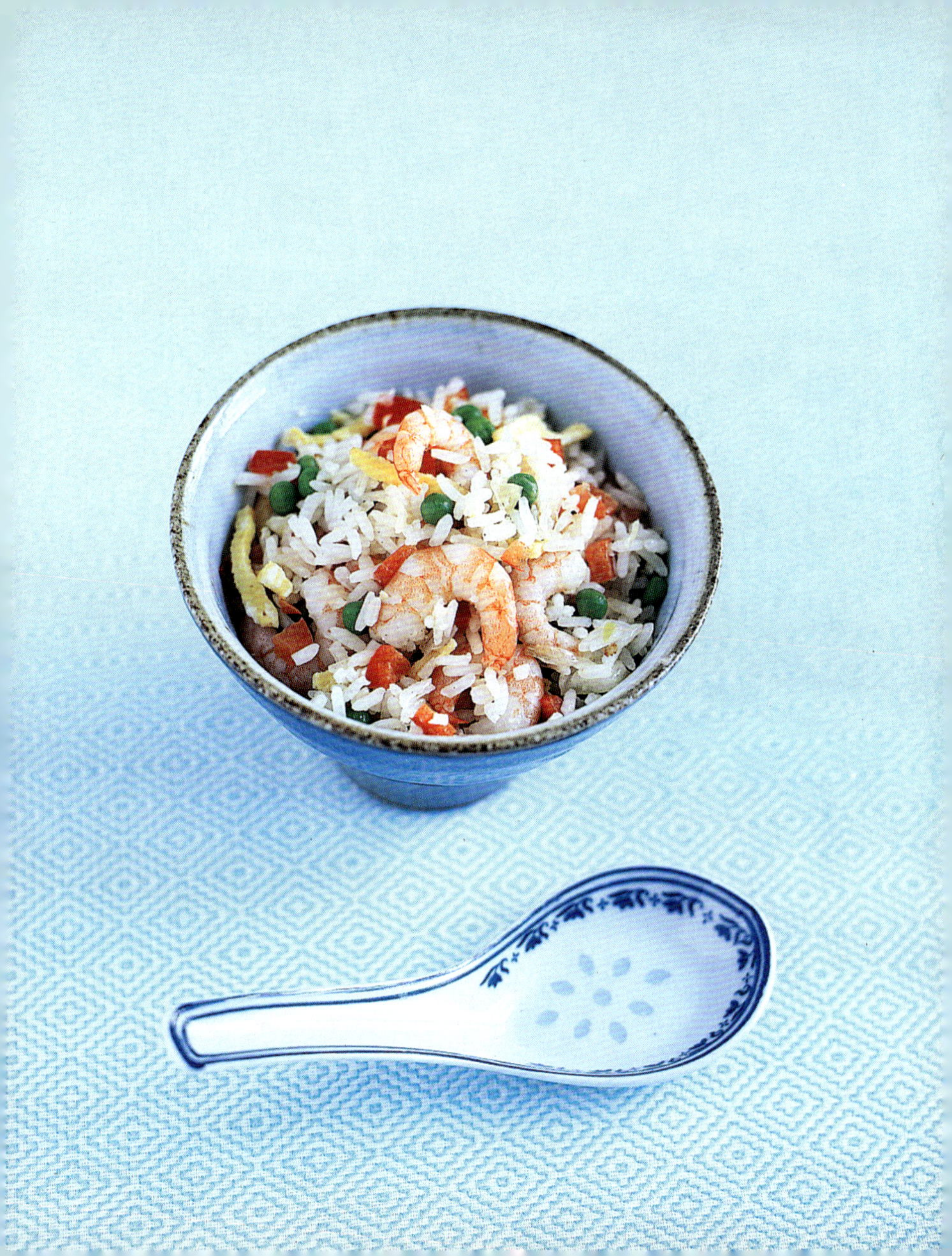

arroz frito chinês com linguiça

4 porções
Preparo: **10 minutos**
Cozimento: **15 minutos**

100 g de **brócolis**
100 g de **ervilha fresca**
2 **ovos** bem batidos
120 g de **arroz de grão longo** cozido
1 colher (sopa) de **óleo vegetal**
2 **linguiças defumadas** cortadas em rodelas
2 **cebolinhas** picadas finamente
2 colheres (chá) de **shoyu**
sal e **pimenta-do-reino** moída na hora

Lave o brócolis, escorra e separe em floretes pequenos. Cozinhe por 4 minutos em uma panela com água fervente e um pouco de sal. Enxágue em água fria corrente e escorra bem. Cozinhe a ervilha por 5 minutos em água fervente.

Misture os ovos, faça uma omelete e corte em fatias finas.

Aqueça o arroz com o óleo no wok por 2 minutos. Junte a linguiça, o brócolis, a omelete e a cebolinha. Tempere com shoyu, sal e pimenta-do-reino. Misture tudo e sirva.

Variação: arroz selvagem frito com linguiça e frango. Substitua o arroz de grão longo por 120 g de arroz selvagem cozido. Não utilize os ovos. Acrescente 175 g de peito de frango defumado desfiado à linguiça e aos legumes. Sirva com algumas gotas de óleo de gergelim.

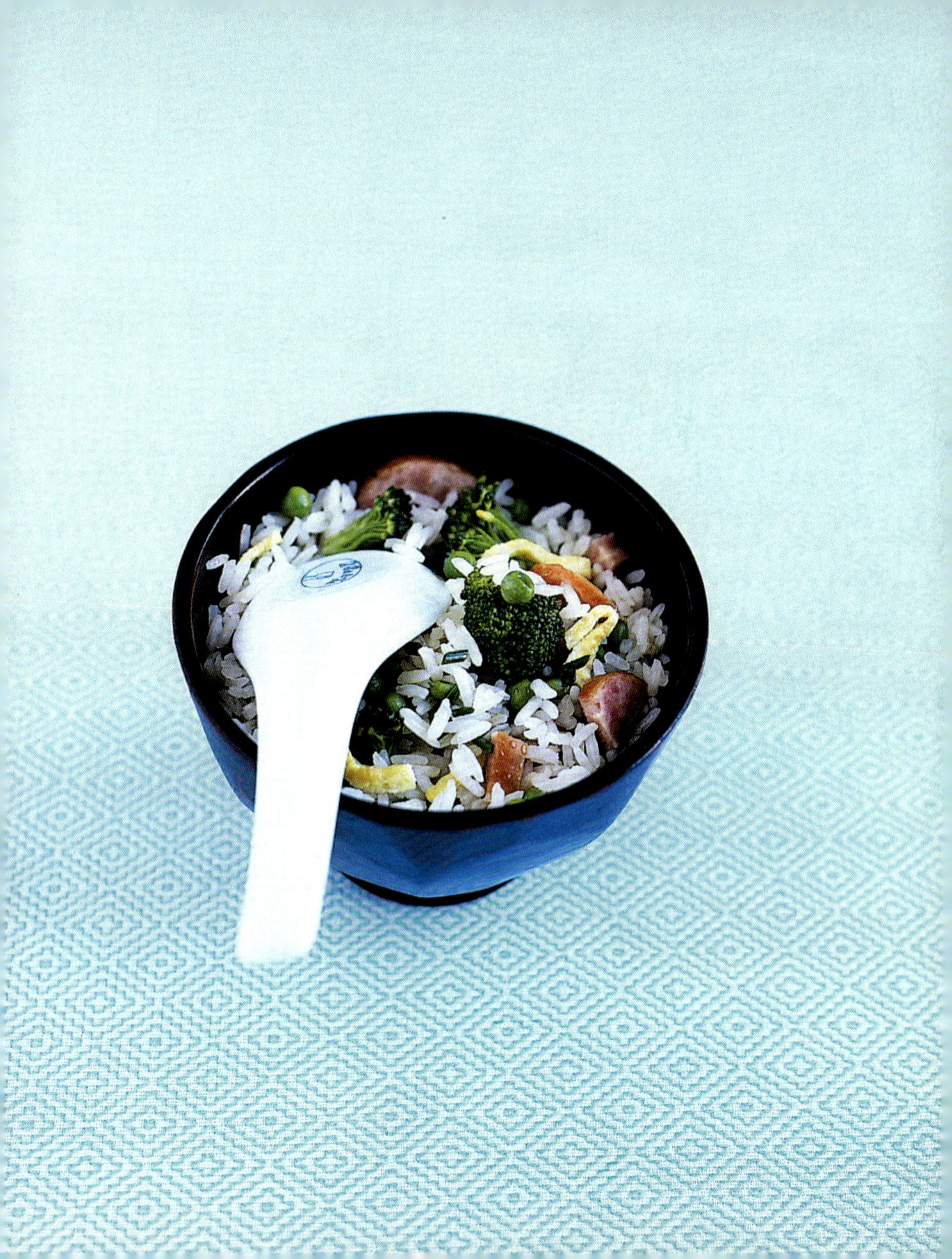

nasi goreng

4 porções
Preparo: **10 minutos**
Cozimento: **10 minutos**

2 colheres (sopa) de **óleo vegetal**
150 g de **peito de frango** sem osso e sem pele, picado
50 g de **camarão** sem casca cozido (descongelado)
1 dente de **alho** amassado
1 **cenoura** ralada
¼ de **repolho branco** cortado em tiras finas
1 **ovo** batido
300 g de **arroz basmati** cozido e frio
2 colheres (sopa) de **kekap manis***
½ colher (chá) de **óleo de gergelim**
1 colher (sopa) de **molho de pimenta**
1 **pimenta-malagueta** sem sementes e cortada em tiras, para decorar

* Tipo de shoyu doce usado na Indonésia, adoçado com melado e temperado com alho, anis-estrelado e outros condimentos. Pode ser encontrado em lojas de produtos orientais.

Aqueça o óleo no wok e frite o frango por 1 minuto. Junte o camarão, o alho, a cenoura e o repolho. Refogue por mais 3-4 minutos.

Adicione o ovo e espalhe com uma colher de pau. Quando firmar, acrescente o arroz e desmanche o ovo em pedaços menores.

Acrescente o kekap manis, o óleo de gergelim e o molho de pimenta e aqueça. Decore com as tiras de pimenta e sirva imediatamente.

Variação: nasi goreng vegetariano. Amasse 1 dente de alho e refogue em 2 colheres (sopa) de óleo, com 1 cenoura picada e ¼ de repolho branco picado. Não utilize o frango e o camarão. Acrescente 1 pimentão vermelho cortado em fatias finas, 125 g de cogumelo shiitake e 2 cabeças de couve-chinesa picada. Refogue por mais 2-3 minutos até os legumes ficarem macios, mas sem desmanchar. Acrescente o restante dos ingredientes e sirva em tigelinhas aquecidas.

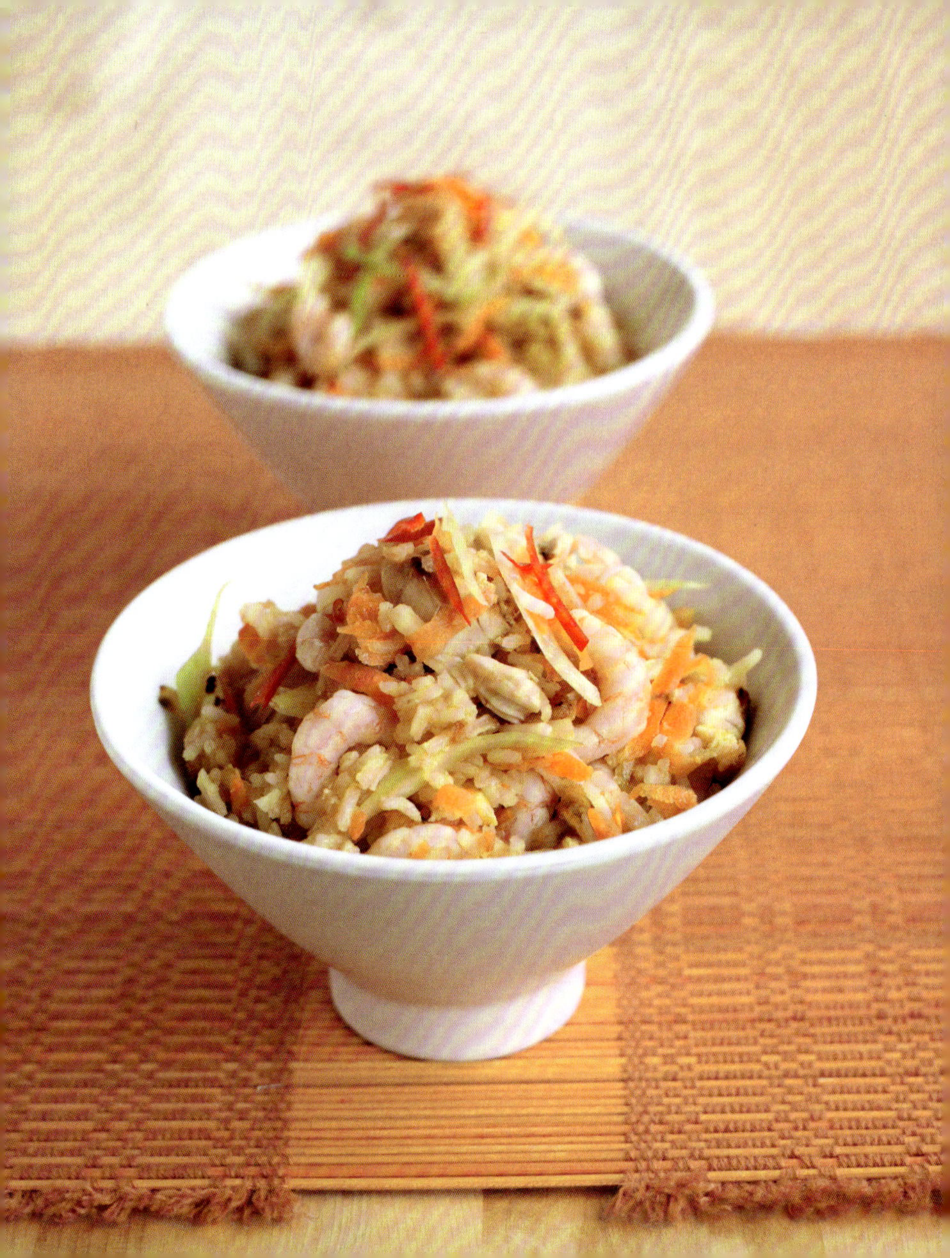

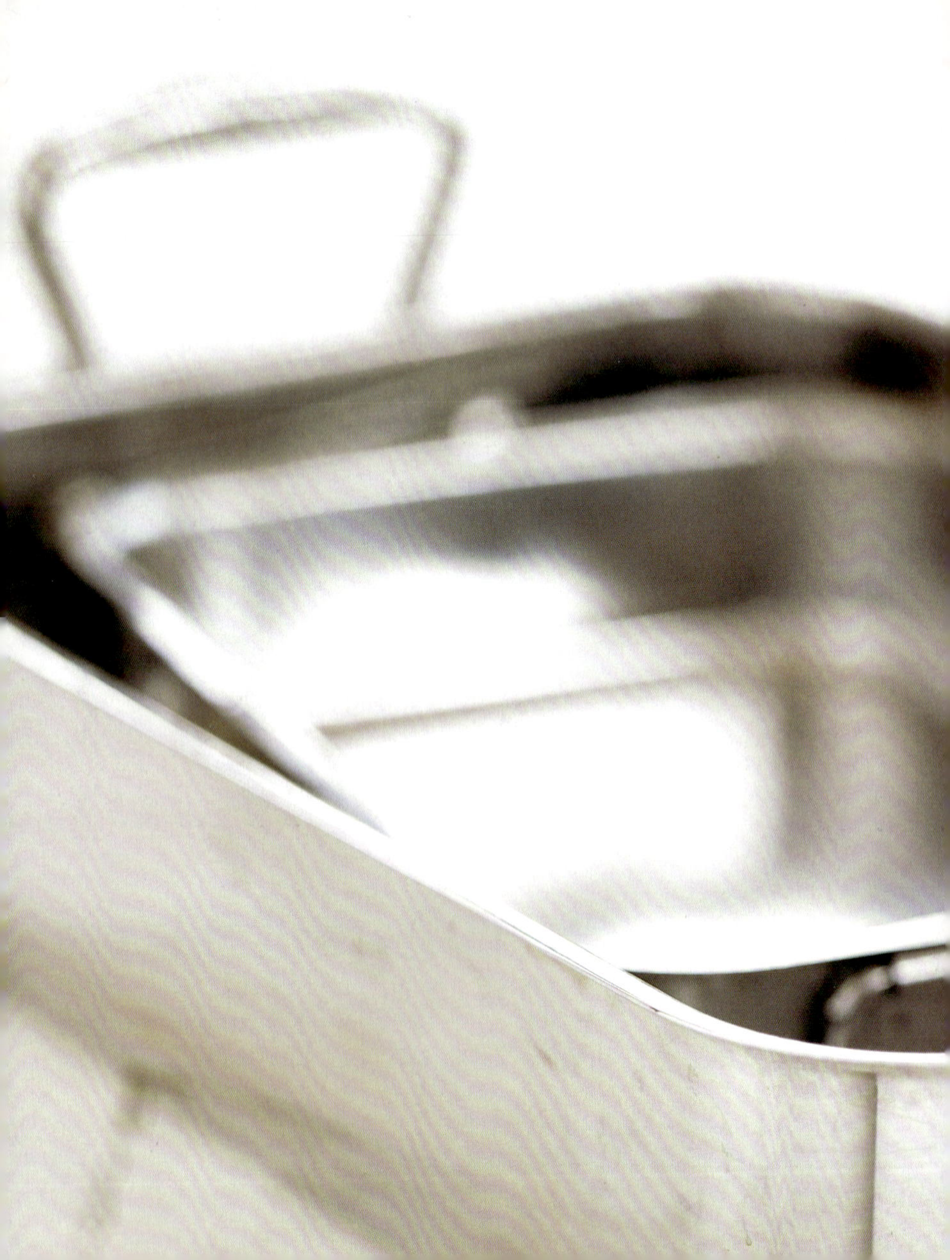

risotos

risoto de parmesão

4 porções
Preparo: **5 minutos**
Cozimento: **25 minutos**

1 litro de **caldo de galinha**
2 **echalotas** picadas finamente
2 colheres (sopa) de **azeite**
200 g de **arroz para risoto superfino**
50 ml de **vinho branco seco**
20 g de **manteiga** em cubos
40 g de **parmesão** ralado na hora
salsinha picada finamente, para decorar

Aqueça o caldo de galinha em fogo baixo.

Refogue a echalota no azeite em fogo baixo por 2 minutos, até ficar translúcida. Junte o arroz e mexa por alguns minutos, até o azeite cobrir os grãos. Adicione o vinho branco e continue mexendo.

Acrescente o caldo, uma concha por vez, mexendo sempre, até o arroz absorver o líquido. Continue adicionando o caldo da mesma maneira e cozinhe até o arroz ficar cremoso, mas *al dente* (20-25 minutos).

Retire a panela do fogo e acrescente a manteiga e o parmesão, mas deixe descansar antes de misturar. O arroz deve adquirir uma consistência cremosa. Espalhe a salsinha picada e sirva imediatamente.

Variação: risoto vermelho. Substitua o caldo de galinha por 1 litro de caldo de legumes. Use 200 g de arroz vermelho em vez do arroz para risoto. Misture 50 ml de azeite extravirgem, ¼ de colher (chá) de vinagre de xerez, 2 colheres (sopa) de salsinha picada finamente, 1 dente de alho e tempere a gosto. Despeje sobre o risoto e sirva.

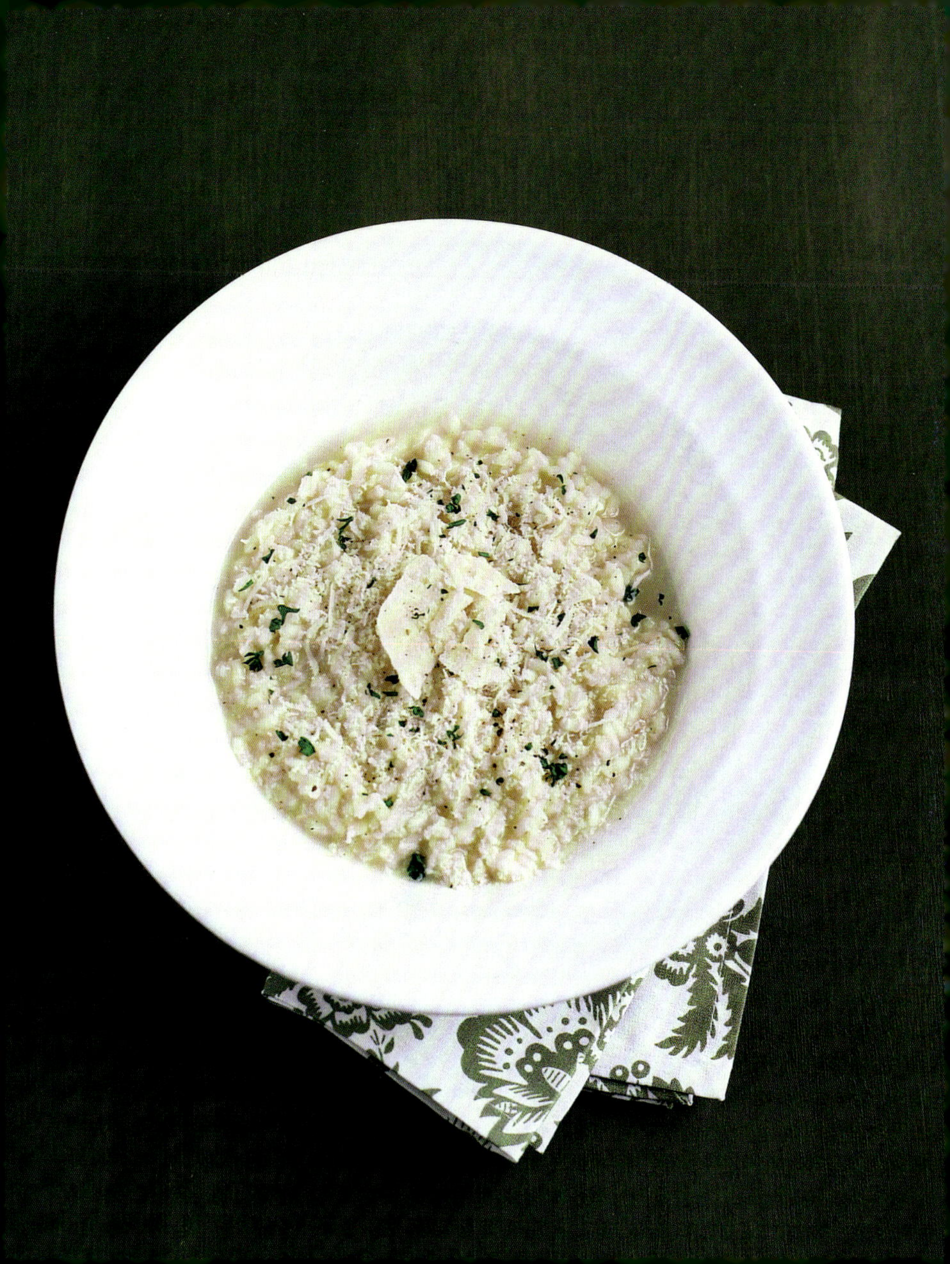

risoto de açafrão com cogumelo

4 porções
Preparo: **5 minutos**
Cozimento: **25 minutos**

1 litro de **caldo de galinha**
4 pistilos de **açafrão**
1 **cebola** picada finamente
40 g de **manteiga** picada
300 g de **champignon fresco** cortado em cubos
4 colheres (sopa) de **salsinha**
200 g de **arroz para risoto superfino**
50 ml de **vinho branco seco**
40 g de **parmesão** ralado na hora

Aqueça o caldo de galinha em fogo baixo. Adicione o açafrão, tampe a panela e deixe em infusão.

Doure a cebola em 20 g de manteiga derretida em uma panela antiaderente. Junte o champignon, salteie rapidamente e acrescente a salsinha. Reserve, mantendo aquecido.

Derreta o restante da manteiga em uma panela. Adicione o arroz. Acrescente o vinho e deixe que os grãos absorvam o líquido. Tire os pistilos de açafrão do caldo.

Acrescente o caldo, uma concha por vez, mexendo sempre até o arroz absorver o líquido. Continue adicionando o caldo da mesma maneira e cozinhe até o arroz ficar cremoso, mas *al dente* (20-25 minutos).

Tire a panela do fogo e adicione o parmesão. Deixe descansar um pouco antes de misturar. O arroz vai adquirir uma consistência cremosa. Misture o cogumelo e sirva imediatamente.

Variação: risoto com shiitake. Substitua o champignon por 300 g de cogumelo shiitake fatiado finamente. Não use o açafrão. Adicione ½ colher (chá) de páprica defumada doce ao refogar a cebola.

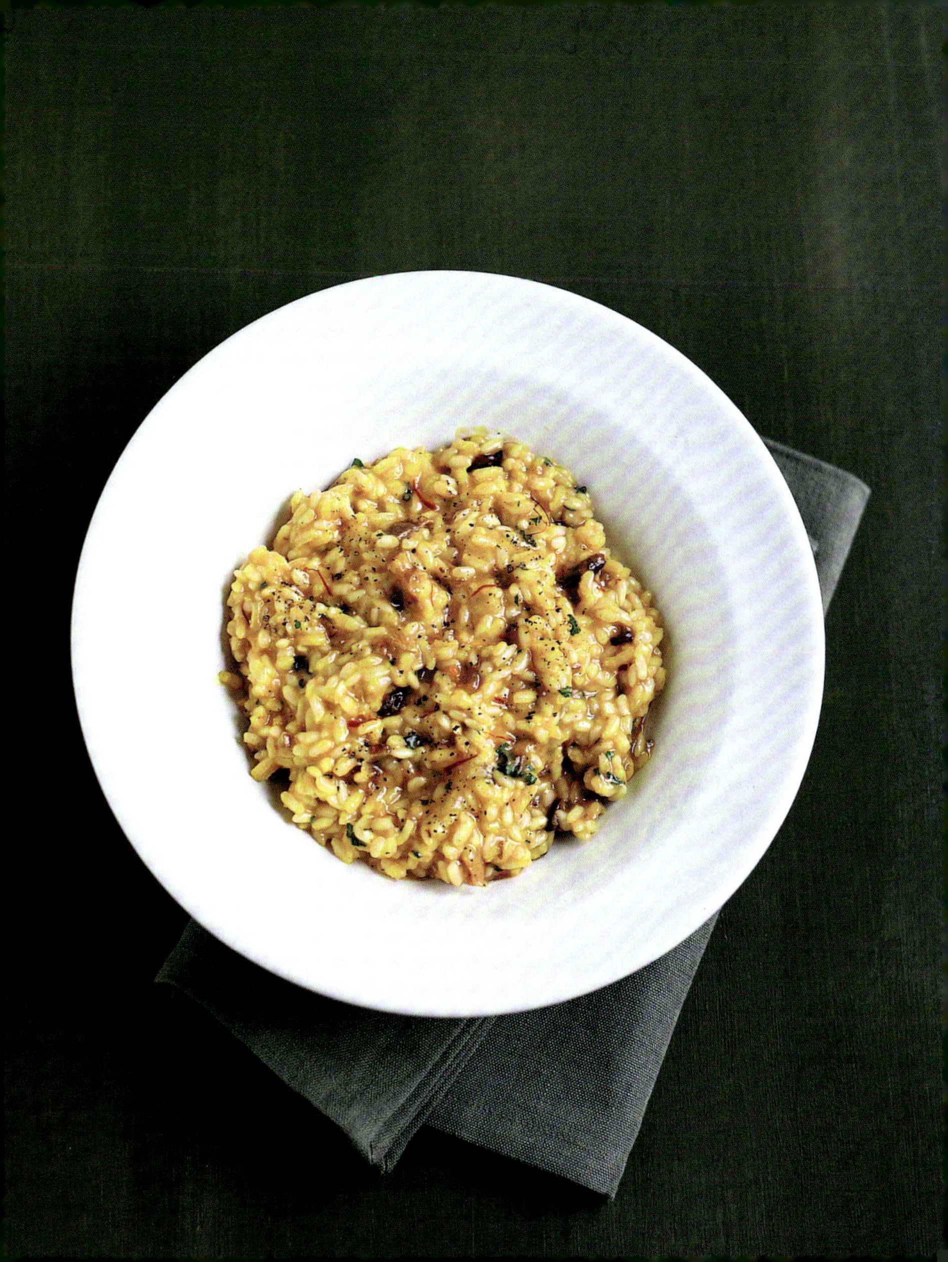

risoto de camarão e ervilha

6 porções
Preparo: **10 minutos**
Cozimento: **40 minutos**

500 g de **camarão** cru com casca
125 g de **manteiga**
1 **cebola** picada finamente
2 dentes de **alho** amassados
250 g de **arroz para risoto**
375 g de **ervilha fresca**
150 ml de **vinho branco seco**
1,5 litro de **caldo de legumes** quente
4 colheres (sopa) de **hortelã** picada

Descasque o camarão e refogue as cabeças e as cascas em 100 g de manteiga derretida, por 3-4 minutos. Passe por uma peneira, coloque a manteiga de volta na frigideira e descarte as cabeças e cascas.

Adicione a cebola e o alho e refogue por 5 minutos, até murchar, sem deixar queimar. Acrescente o arroz e misture bem para cobrir os grãos com manteiga. Junte as ervilhas e despeje o vinho. Deixe levantar fervura e cozinhe, mexendo, até reduzir o líquido pela metade.

Acrescente o caldo, uma concha por vez, mexendo sempre até o arroz absorver o líquido. Continue adicionando o caldo da mesma maneira e cozinhe até o arroz ficar cremoso, mas *al dente* (cerca de 20 minutos).

Derreta o restante da manteiga em outra frigideira, adicione o camarão e refogue por 3-4 minutos. Misture o arroz ao líquido da frigideira, junte a hortelã e tempere com sal e pimenta-do-reino.

Variação: hambúrguer de camarão e ervilha.
Cozinhe o risoto como descrito acima e deixe esfriar. Misture 2 ovos batidos e 50 g de parmesão ralado na hora. Com as mãos umedecidas, modele hambúrgueres de 10 cm de diâmetro. Aqueça um pouco de óleo em uma frigideira e frite-os em porções, por 3-4 minutos de cada lado, até dourar. Tire-os da frigideira com uma escumadeira e mantenha-os aquecidos enquanto frita os restantes. Sirva com salada de folhas.

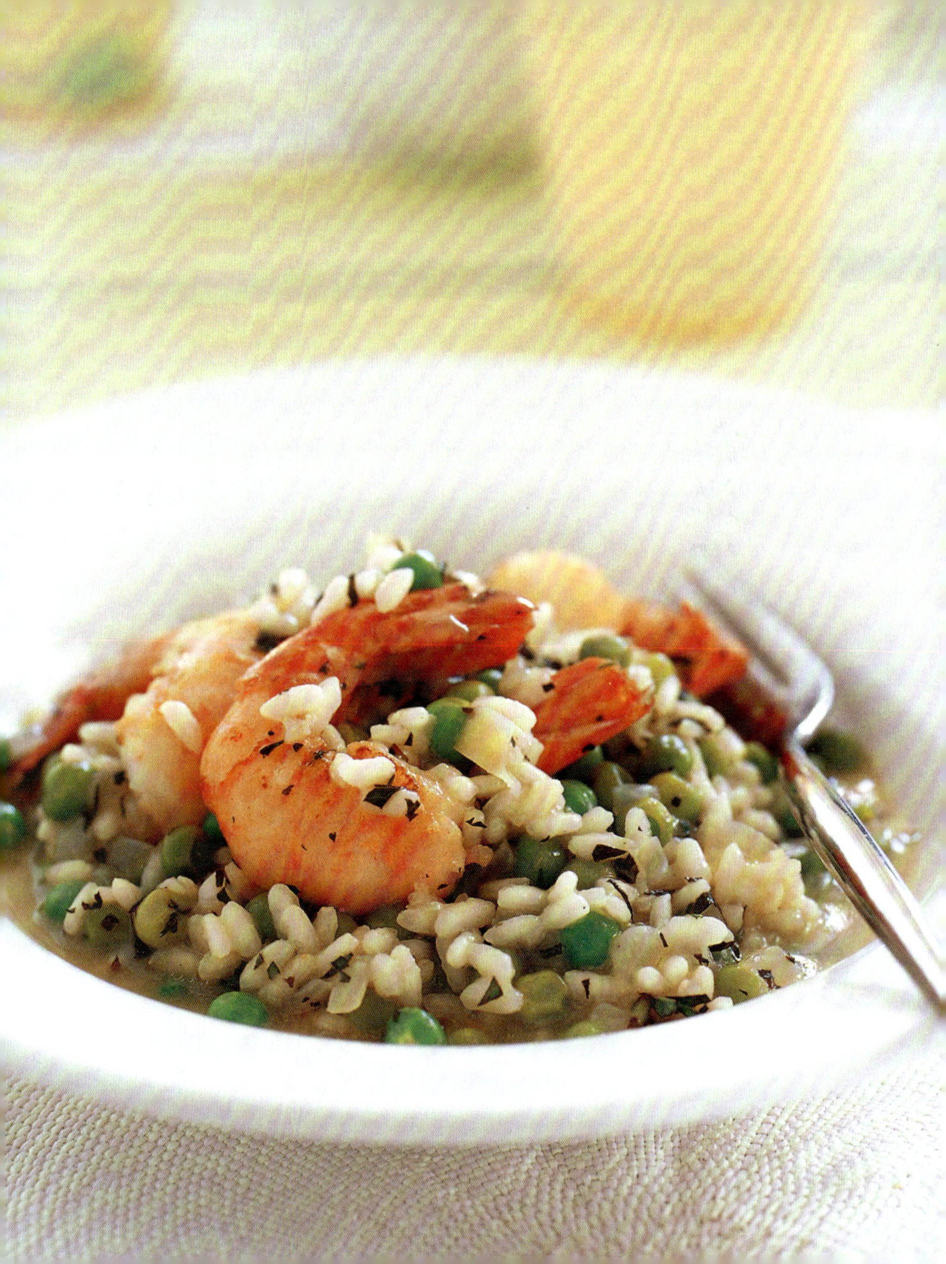

risoto negro

4 porções
Preparo: **5 minutos**
Cozimento: **1 hora**

1 litro de **caldo de galinha**
2 colheres (sopa) de **azeite**
200 g de **arroz negro**
20 g de **manteiga** em cubos
40 g de **parmesão** ralado na hora

Aqueça o caldo de galinha em fogo baixo.

Doure o arroz no azeite por alguns segundos. Misture bem.

Acrescente o caldo, uma concha por vez, mexendo sempre até o arroz absorver o líquido. Continue adicionando o caldo da mesma maneira e cozinhe até o arroz ficar cremoso, mas *al dente* (20-25 minutos).

Retire a panela de arroz do fogo. Acrescente a manteiga e o parmesão, mas deixe descansar um pouco antes de misturar. O arroz vai adquirir uma consistência cremosa. Sirva quente.

Variação: risoto primavera. Apare 200 g de aspargo, corte cada um em quatro na diagonal e cozinhe em água sem sal por 3-4 minutos, dependendo da espessura. Escorra e seque com papel-toalha. Cozinhe 125 g de fava em água sem sal por 4 minutos. Na metade do tempo, adicione 125 g de ervilha. Escorra, mergulhe em água gelada e escorra novamente. Prepare o risoto como acima, com 1 litro de caldo de legumes no lugar do caldo de galinha. Acrescente o aspargo, a fava e a ervilha quando o risoto estiver quase pronto e sirva.

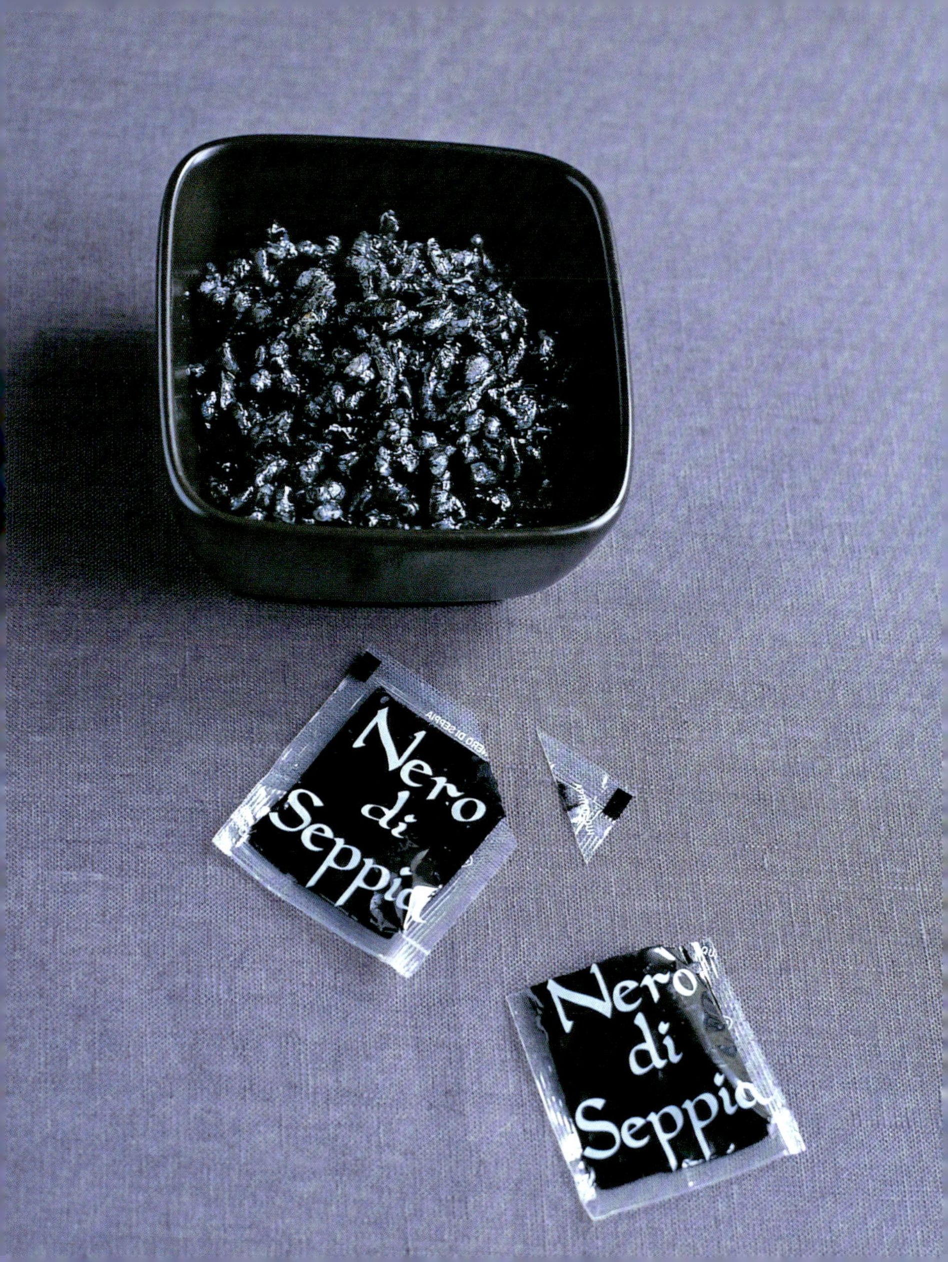
Nero
di
Seppia
Nero
di
Seppia

risoto de lagosta

4 porções
Preparo: **10 minutos**
Cozimento: **30 minutos**

50 g de **manteiga**
2 **echalotas** picadas bem fininho
1 **pimenta-malagueta** suave picada finamente
1 colher (chá) de **páprica** suave
1 dente de **alho** amassado
300 g de **arroz para risoto**
1 copo de **vinho branco**
alguns ramos de **tomilho-
-limão**
1,2 litro de **caldo de peixe** ou **de galinha** quente
3 colheres (sopa) de **estragão** fresco grosseiramente picado
300 g de **cauda de lagosta** na salmoura, escorrida
sal
parmesão ralado na hora, para decorar

Refogue a echalota em metade da manteiga, até amolecer. Adicione a pimenta, a páprica e o alho e refogue por mais 30 segundos, sem queimar o alho.

Misture o arroz e mexa por 1 minuto. Junte o vinho e deixe ferver até quase evaporar.

Adicione o tomilho e acrescente o caldo, uma concha por vez, mexendo sempre até o arroz absorver o líquido. Continue adicionando o caldo da mesma maneira e cozinhe até o arroz ficar cremoso, mas *al dente* (20-25 minutos).

Junte o estragão, a lagosta e o restante da manteiga e aqueça por 1 minuto. Se necessário, acrescente um pouco de sal e sirva imediatamente, acompanhado de uma salada de agrião e parmesão.

Variação: risoto de camarão. Refogue na manteiga 350 g de camarão cru descascado, como no primeiro passo. Cozinhe até ficar rosado, escorra e leve de volta para a panela, como no quarto passo. Não use a pimenta-malagueta e substitua a echalota por 1 maço de cebolinha picada.

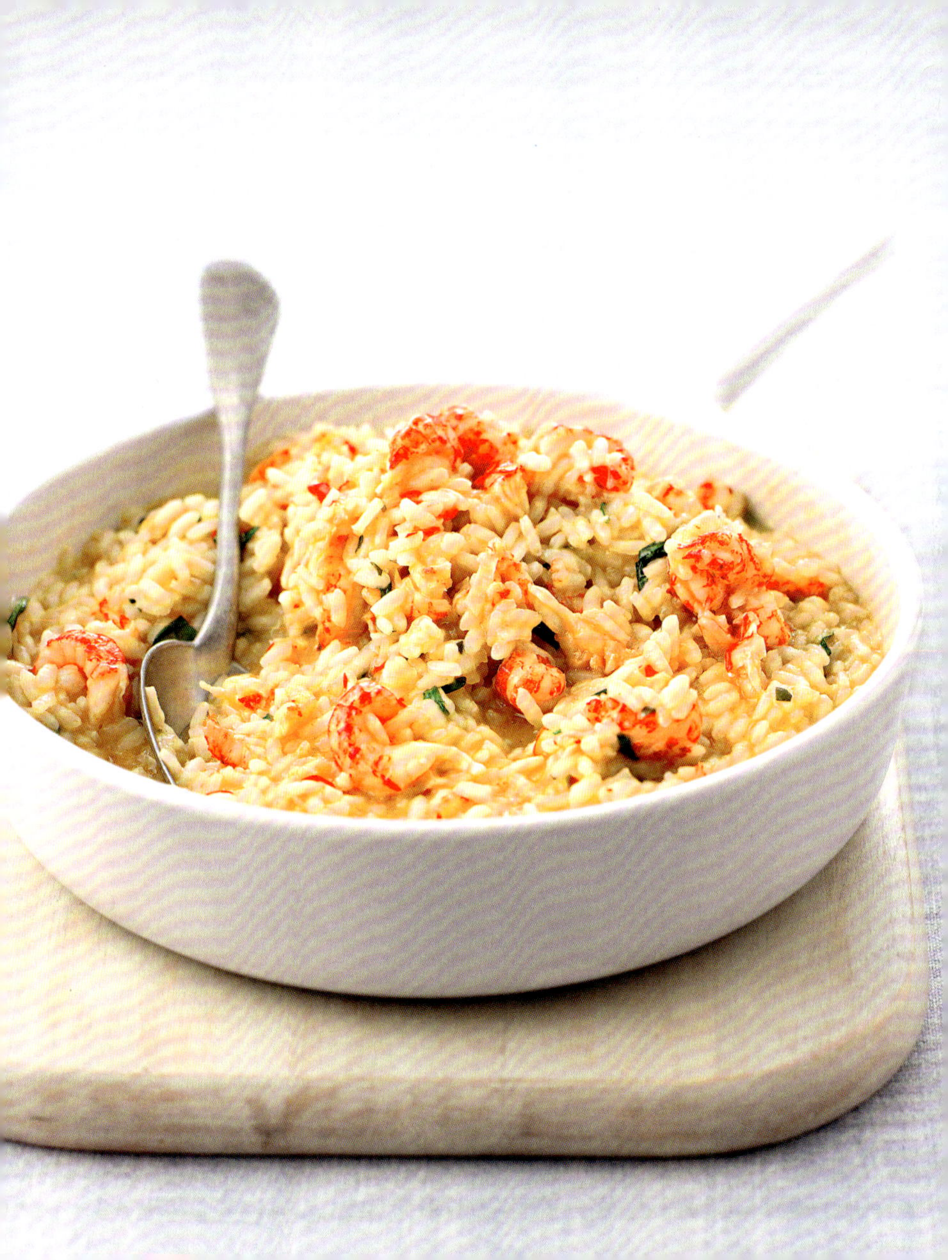

risoto verde

4 porções
Preparo: **10 minutos**
Cozimento: **30 minutos**

125 g de **manteiga**
1 colher (sopa) de **azeite**
1 dente de **alho** amassado ou picado
1 **cebola** picada finamente
300 g de **arroz para risoto**
1 litro de **caldo de legumes** quente
125 g de **vagem** cortada em pedaços pequenos
125 g de **ervilha fresca**
125 g de **fava fresca**
125 g de **aspargo** cortado em pedaços pequenos
125 g de **espinafre baby** picado
75 ml de **vermute** ou **vinho branco seco**
2 colheres (sopa) de **salsinha** picada
125 g de **parmesão** ralado na hora
sal e **pimenta-do-reino** moída na hora

Derreta metade da manteiga no azeite e refogue o alho e a cebola por 5 minutos em fogo baixo.

Adicione o arroz e misture bem para cobrir todos os grãos com a gordura. Acrescente caldo suficiente para cobrir o arroz e misture bem. Cozinhe em fogo baixo, mexendo sempre, até absorver quase todo o líquido.

Despeje mais caldo e misture bem. Continue a acrescentar um pouco de caldo por vez, mexendo até absorver e o arroz ficar macio, mas *al dente* (20-25 minutos). Pode não ser necessário usar todo o caldo. Uns 5 minutos antes de acabar o cozimento, acrescente os legumes e o vermute ou vinho. Misture bem.

Retire a panela do fogo, tempere e adicione o restante da manteiga, a salsinha e o parmesão. Misture bem e sirva.

Variação: risoto de açafrão e tomate. Não use a ervilha, o aspargo e o espinafre. Refogue 75 g de pinhole na manteiga até dourar. Escorra antes de acrescentar o alho e a cebola. Desmanche 1 colher (chá) de pistilos de açafrão no arroz. Adicione 300 g de tomate-cereja cortado ao meio no final do terceiro passo. Cozinhe por 2-3 minutos até aquecer bem. Misture o pinhole e um punhado de folhas de manjericão rasgadas.

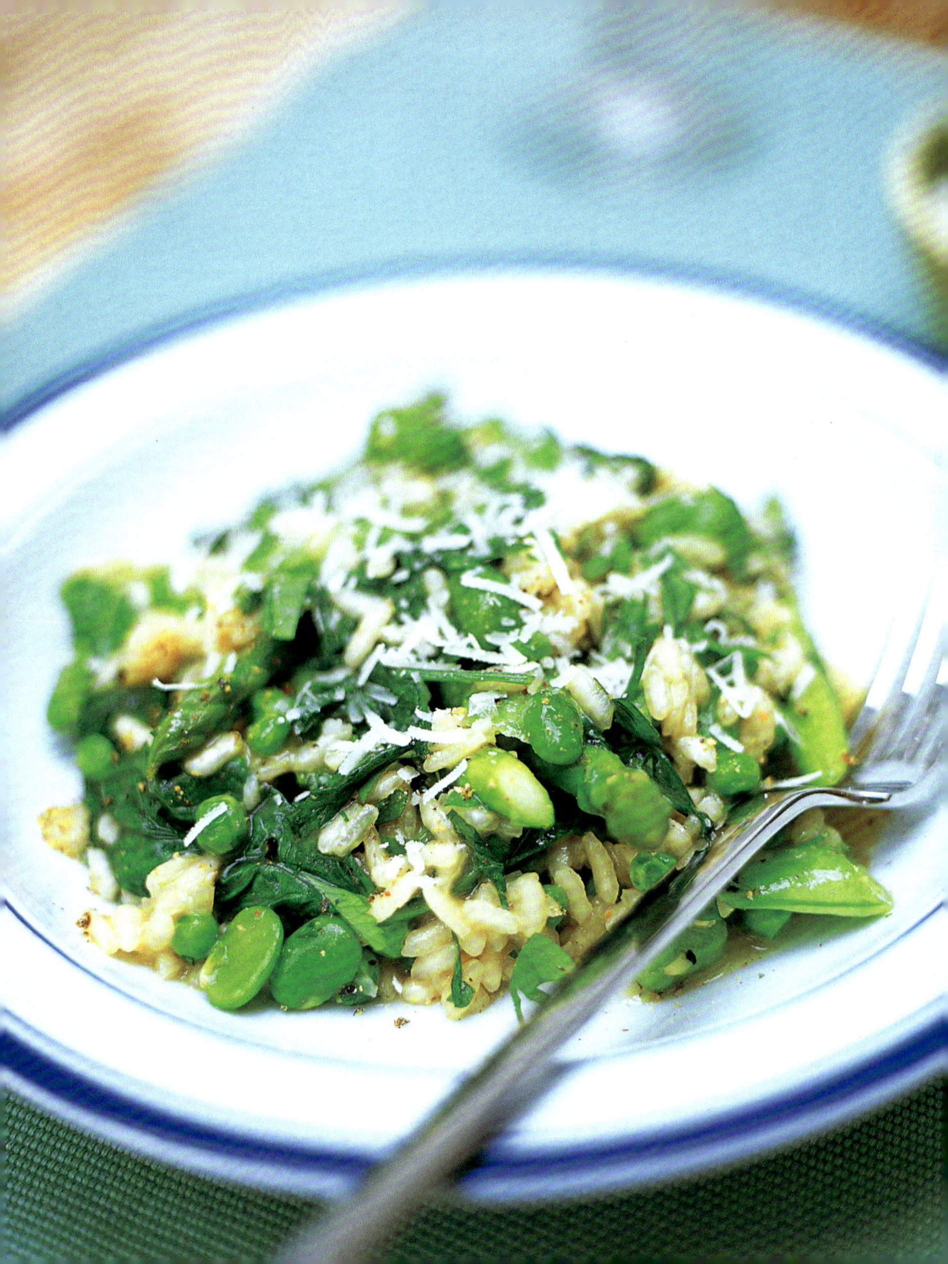

risoto de abóbora

4 porções
Preparo: **15 minutos**
Cozimento: **30 minutos**

2 colheres (sopa) de **azeite**
1 **cebola** picada finamente
500 g de **abóbora-cheirosa** descascada, sem sementes e picada grosseiramente
250 g de **arroz para risoto**
900 ml de **caldo de galinha**
75 g de **parmesão** ralado na hora, mais um pouco para servir
4 colheres (sopa) de **pinhole** tostado
250 g de folhas de **espinafre** fresco

Refogue a cebola e a abóbora no azeite em fogo médio, por 10 minutos, até amolecer.

Acrescente o arroz, refogue por 1 minuto e adicione metade do caldo. Deixe ferver, abaixe o fogo e cozinhe por 5 minutos, até absorver quase todo o caldo, mexendo de vez em quando.

Misture o restante do caldo aos poucos, esperando até ser absorvido antes de acrescentar mais caldo. Quando o arroz estiver macio, tire a panela do fogo. Adicione o parmesão, o pinhole e o espinafre. Misture bem, até o espinafre murchar e, se necessário, leve de volta ao fogo por 1 minuto.

Sirva em tigelas aquecidas com parmesão ralado na hora.

Variação: risoto de frango e ervilha. Substitua a abóbora por 450 g de peito de frango picado e refogado na cebola. Cozinhe como indicado acima, adicione mais 125 g de ervilha fresca e, se desejar, acrescente o espinafre. Sirva com parmesão ralado.

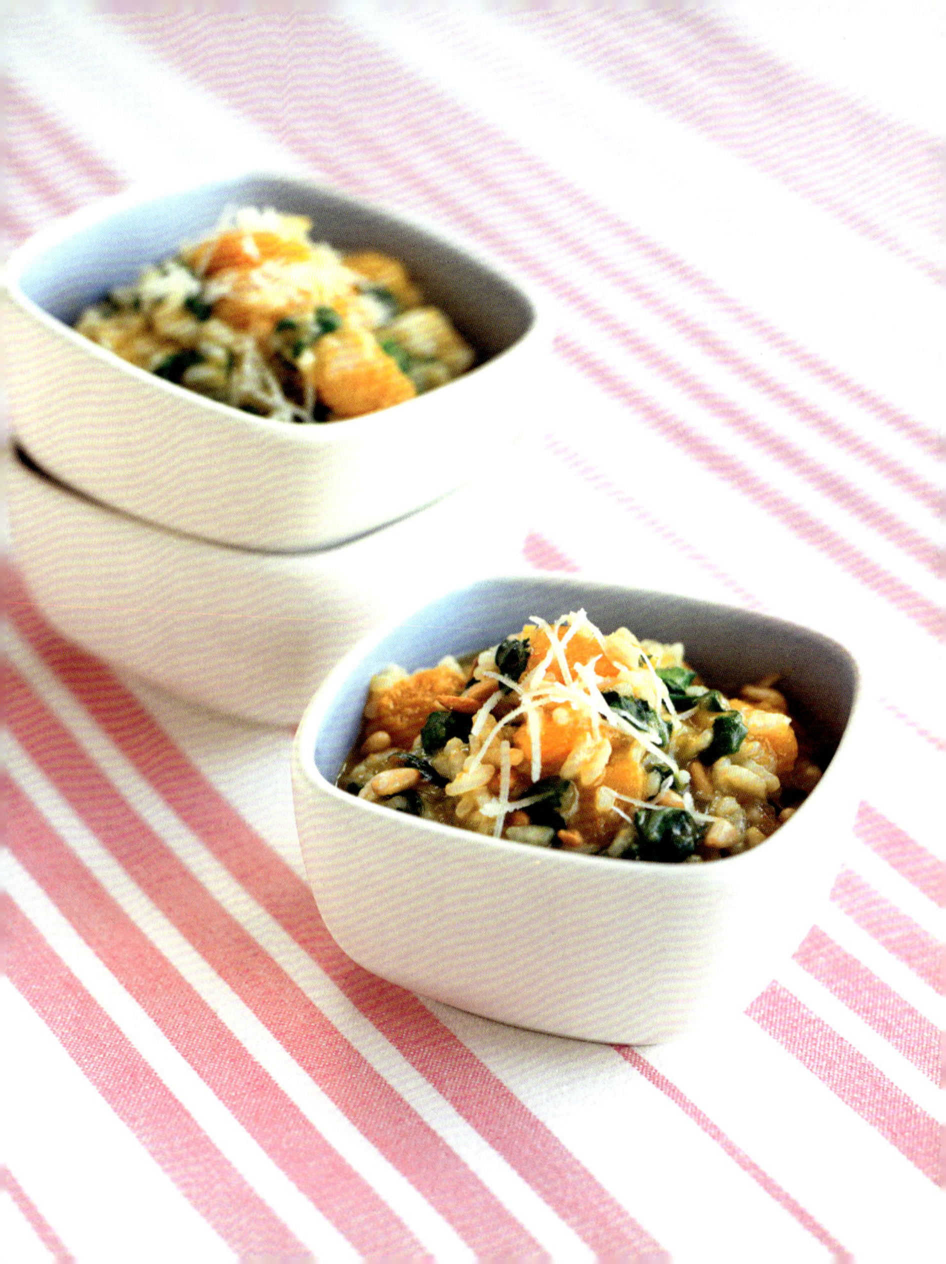

risoto de beterraba

4 porções
Preparo: **5-10 minutos**
Cozimento: **30 minutos**

- 1 colher (sopa) de **azeite**
- 15 g de **manteiga**
- 1 colher (chá) de **semente de coentro** triturada
- 4 **cebolinhas** fatiadas
- 400 g de **beterraba** cozida cortada em cubos de 1 cm
- 500 g de **arroz para risoto**
- 1,5 litro de **caldo de legumes** quente
- 200 g de **requeijão** ou **cream cheese**
- 4 colheres (sopa) de **endro** finamente picado
- **sal** e **pimenta-do-reino** moída na hora
- ramos de **endro** e **creme de leite fresco**, para decorar

Aqueça o azeite e a manteiga. Adicione as sementes de coentro e a cebolinha e refogue por 1 minuto.

Acrescente a beterraba e o arroz. Refogue por 2-3 minutos e cubra todos os grãos com a gordura. Despeje o caldo quente aos poucos, uma concha por vez, mexendo sempre até o arroz absorver o líquido. Continue adicionando o caldo da mesma maneira e cozinhe até o arroz ficar cremoso, mas *al dente* (20-25 minutos).

Misture o requeijão e o endro e tempere a gosto. Sirva imediatamente e, se desejar, guarneça com ramos de endro e um pouco de creme de leite fresco.

Variação: risoto de espinafre e limão. Aqueça o azeite e a manteiga e refogue 2 echalotas picadas e 2 dentes de alho amassados por 3 minutos. Misture 300 g de arroz para risoto e acrescente 1 litro de caldo de legumes aos poucos. Antes da última concha de caldo, misture 500 g de espinafre picado, as raspas e o suco de 1 limão-siciliano e tempere. Aumente o fogo e misture bem. Adicione o restante do caldo e 50 g de manteiga e cozinhe por alguns minutos. Misture 50 g de parmesão ralado. Se desejar, guarneça com mais parmesão e raspas de limão-siciliano antes de servir.

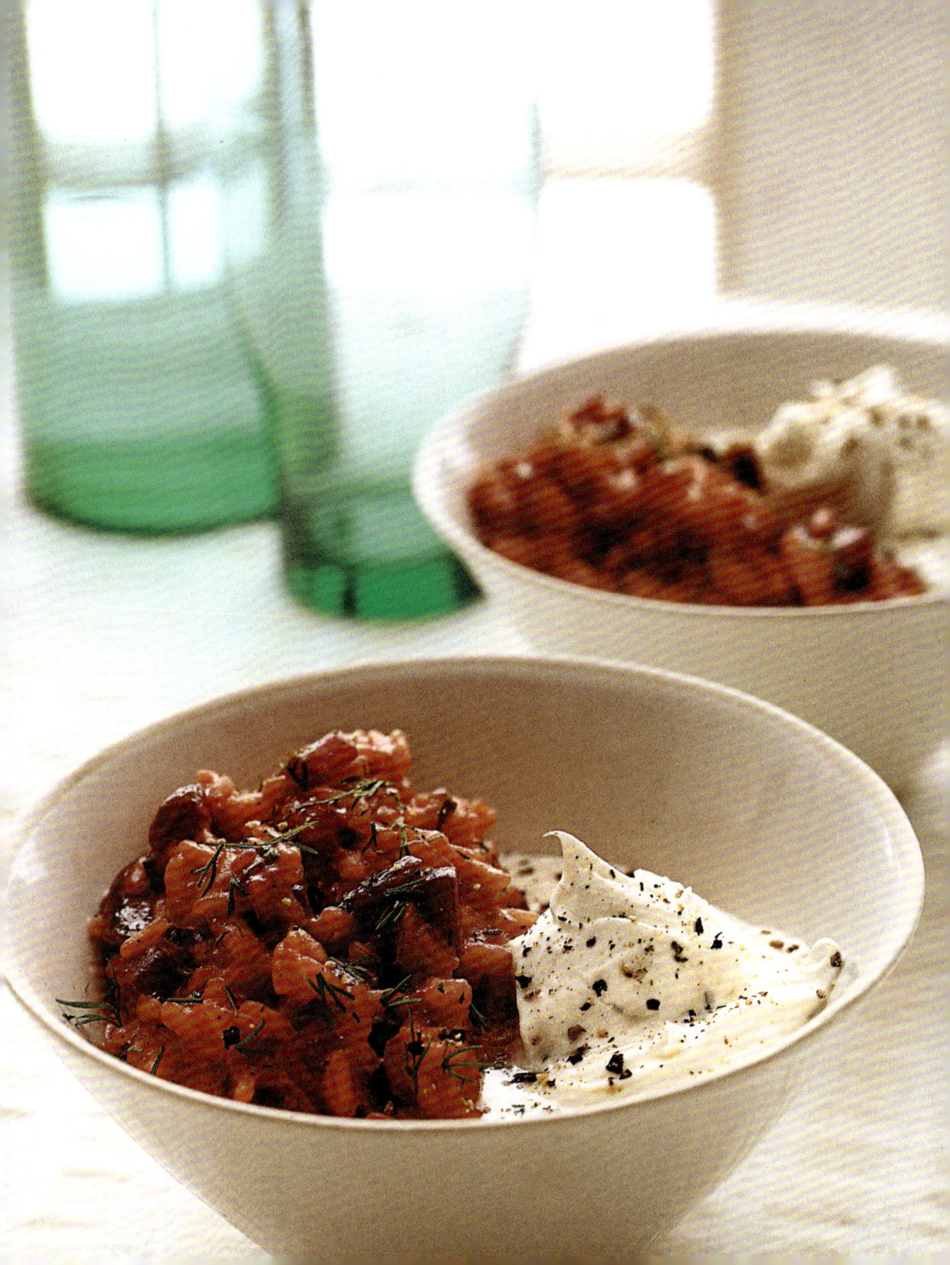

risoto de presunto cru e batata-doce

4 porções
Preparo: **5 minutos**
Cozimento: **25 minutos**

2 **batatas-doces** médias lavadas e cortadas em pedaços de 1 cm
50 g de **manteiga**
1 maço de **cebolinha** picada finamente
375 g de **arroz para risoto**
2 folhas de **louro**
1,2 litro de **caldo de galinha** ou **de legumes** quente
3 colheres (sopa) de **azeite**
75 g de **presunto cru** cortado em pedaços
25 g de **ervas frescas** picadas (salsinha, cerefólio, estragão e cebolinha)
sal e **pimenta-do-reino** moída na hora

Cozinhe a batata na água com sal por 2-3 minutos, até amolecer. Escorra e reserve.

Refogue a cebolinha na manteiga em uma panela grande de fundo grosso, por 1 minuto. Acrescente o arroz e misture bem para envolver os grãos com a gordura.

Adicione as folhas de louro. Junte o caldo, uma concha por vez, mexendo sempre até o arroz absorver o líquido. Continue adicionando o caldo da mesma maneira e cozinhe até o arroz ficar cremoso, mas *al dente* (20-25 minutos).

Aqueça 1 colher (sopa) de azeite em uma frigideira e refogue o presunto, até dourar. Escorra e mantenha quente. Adicione o restante do azeite e frite a batata-doce, virando sempre, por 6-8 minutos, até dourar.

Acrescente as ervas ao risoto e tempere com sal e pimenta-do-reino. Incorpore o presunto e a batata delicadamente. Tampe e deixe o risoto descansar por alguns minutos antes de servir.

Variação: risoto de tomate, presunto cru e brie.
Corte 8 tomates-cereja ao meio e regue com 3 colheres (sopa) de azeite. Asse em forno preaquecido a 200°C, por 30 minutos, até tostar e ficar macio. Deixe esfriar. Cozinhe o risoto como indicado acima, misture o tomate assado e 125 g de queijo brie cremoso no final do cozimento, no lugar da batata-doce. Tempere generosamente.

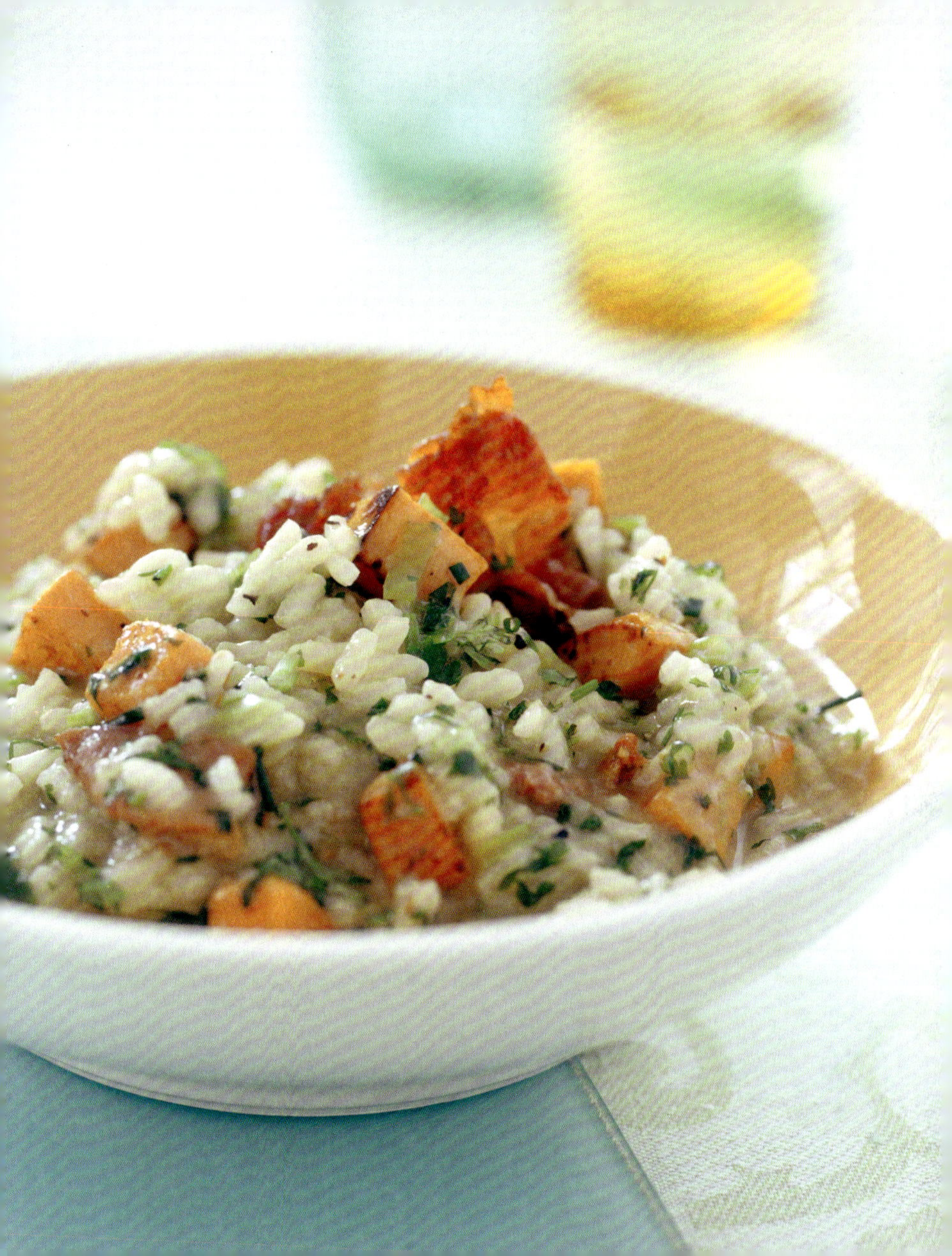

byriani

4 porções
Preparo: **25 minutos**
Cozimento: **40 minutos**

- 3 **cebolas**
- 2 dentes de **alho** picados
- 25 g de **gengibre** picado
- 2 colheres (chá) de **cúrcuma**
- ¼ de colher (chá) de **cravo**
- ½ colher de **pimenta-calabresa em flocos**
- ¼ de colher (chá) **canela em pó**
- 2 colheres (sopa) de **pasta de curry**
- 1 colher (sopa) de suco de **limão-siciliano**
- 2 colheres (chá) de **açúcar**
- 300 g de **frango** magro
- 6 colheres (sopa) de **óleo**
- 1 **couve-flor** pequena
- 2 folhas de **louro**
- 300 g de **arroz basmati**
- 750 ml de **caldo de galinha** ou **de legumes**
- 1 colher (sopa) de **gergelim preto**
- 2 colheres (sopa) de **amêndoa** em lâminas tostada, para decorar
- **sal** e **pimenta-do-reino** moída na hora

Coloque no processador uma cebola picada, o alho, o gengibre, a cúrcuma, o cravo (ambos em pó), a pimenta em flocos, a canela, a pasta de curry, o suco de limão, o açúcar, o sal e a pimenta-do-reino. Bata até obter uma pasta espessa e transfira para uma tigela. Acrescente a carne cortada em pedaços pequenos e misture bem.

Fatie a segunda cebola e refogue em 5 colheres (sopa) de azeite, até dourar e ficar crocante. Escorra no papel-toalha.

Refogue as flores da couve-flor por 5 minutos. Adicione a terceira cebola picada e refogue por mais 5 minutos, até a couve-flor amolecer e dourar. Escorra. Aqueça o restante do azeite. Junte a carne e a marinada e refogue delicadamente por 5 minutos.

Acrescente as folhas de louro, o arroz e o caldo e deixe ferver. Diminua o fogo e cozinhe em fogo baixo, mexendo de vez em quando, por 10-12 minutos, até o arroz ficar macio e o caldo ser absorvido. Adicione um pouco de água se a mistura secar antes de o arroz cozinhar. Acrescente o gergelim. Leve a mistura de couve-flor de volta à panela e aqueça. Espalhe a cebola crocante e a amêndoa tostada e, se desejar, sirva acompanhado por uma raita de pepino (abaixo).

Acompanhamento: raita de pepino e hortelã.
Misture delicadamente 175 g de iogurte natural, 75 g de pepino sem sementes e ralado grosseiramente, 2 colheres (sopa) de hortelã fatiada, uma pitada de cominho em pó, suco de limão-siciliano e sal a gosto. Deixe descansar por 30 minutos.

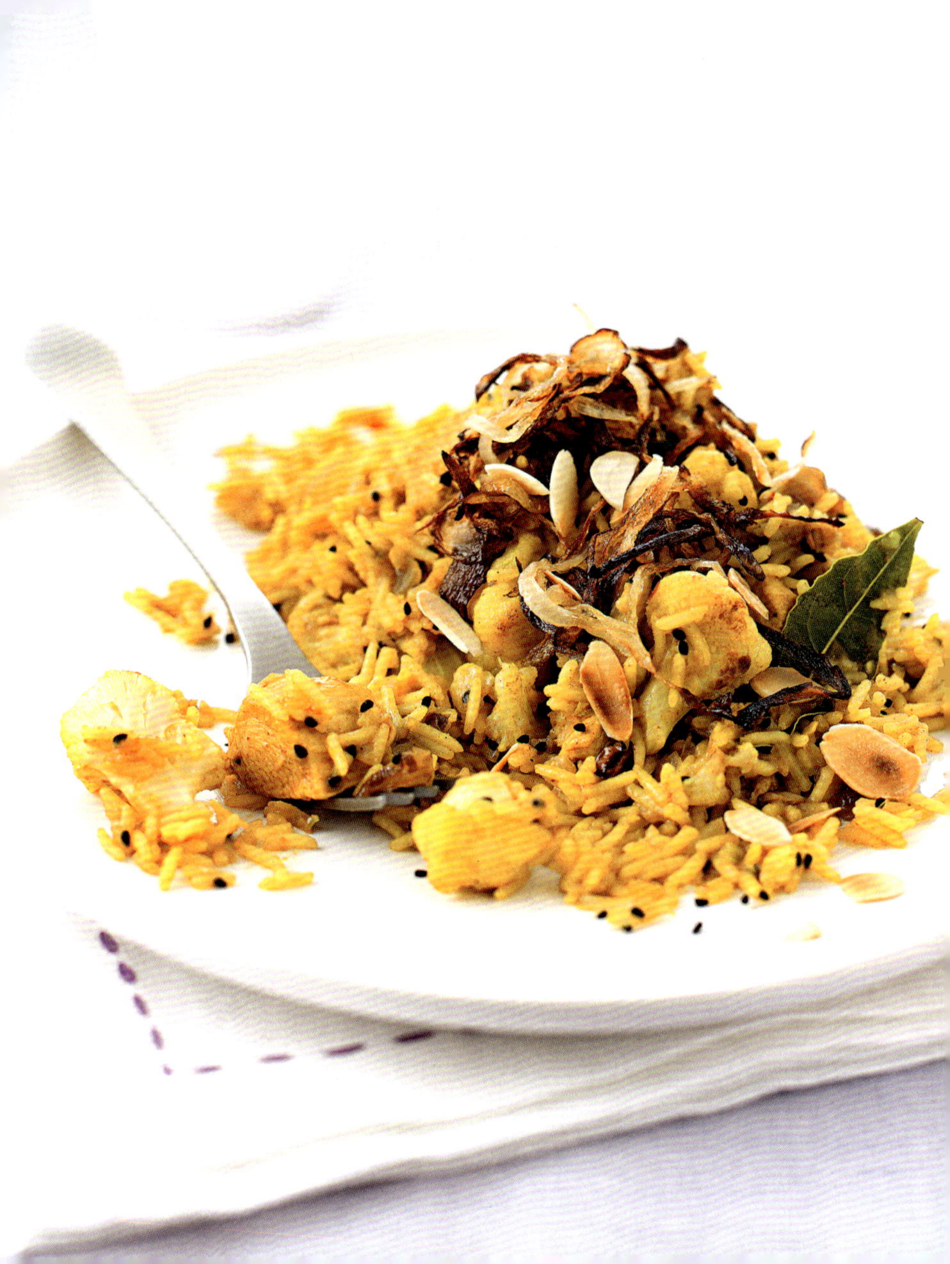

minestrone com hortelã

4 porções
Preparo: **10 minutos**
Cozimento: **30 minutos**

1 colher (sopa) de **azeite**
150 g de **vagem** fina aparada
  e cortada em pedaços de
  5 cm de comprimento
1 talo de **aipo** cortado
  em rodelas
½ **pimentão vermelho**
  picado
2 **cenouras** cortadas
  em rodelas
1 litro de **água**
80 g de **arroz para risoto**
100 g de **ervilha baby** fresca
  sem casca
2 colheres (sopa) de folhas de
  hortelã picadas finamente
80 g de **parmesão** ralado
  na hora
sal e **pimenta-do-reino**
  moída na hora

Doure ligeiramente no azeite a vagem, o aipo, o pimentão e a cenoura. Tempere.

Adicione a água, deixe ferver e acrescente o arroz e a ervilha. Tampe bem e cozinhe lentamente por cerca de 25 minutos.

Junte as folhas de hortelã 5 minutos antes do final do cozimento. Espalhe sobre o risoto um pouco de pimenta-do-reino e o parmesão.

Variação: sopa de arroz e feijão. Não use a vagem, o pimentão, a cenoura e as ervilhas. Refogue o aipo com 1 bulbo pequeno de erva-doce, cortado finamente. Adicione 1 litro de caldo de legumes no lugar da água. Acrescente o arroz, 400 g de tomate cozido e picado e 400 g de feijão cozido e escorrido. Substitua a hortelã por 2 colheres (sopa) de salsinha picada.

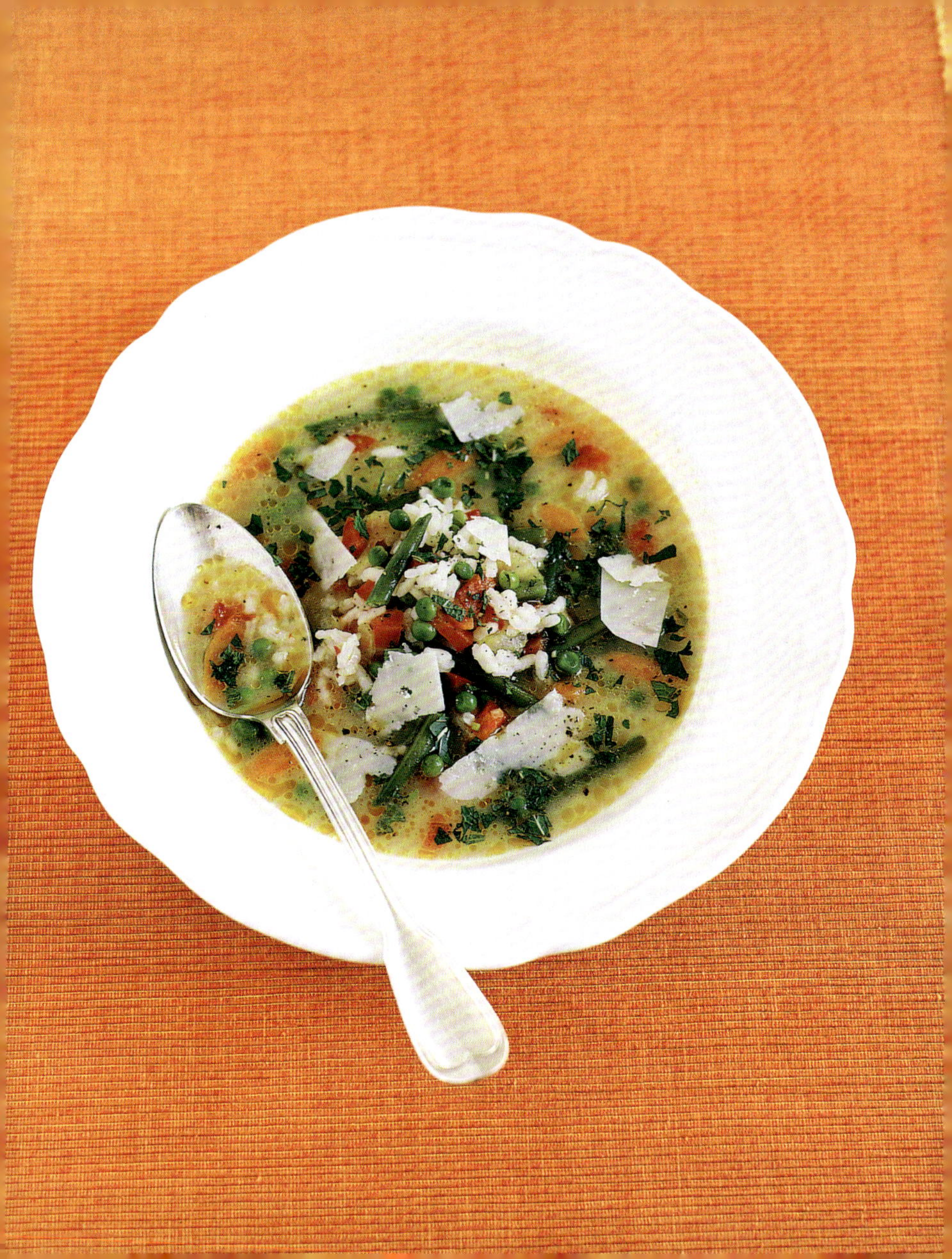

lentilha ao coentro

4 porções
Preparo: **10 minutos**
Cozimento: **30 minutos**

600 ml de **caldo de galinha**
2 **cebolas** picadas finamente
1 colher (sopa) de **óleo vegetal**
100 g de **arroz basmati**
100 g de **lentilha vermelha**
2 colheres (sopa) de **semente de cominho**
1 **cravo**
1 **canela em pau** pequena
2 colheres (sopa) de folhas de **coentro**
sal e **pimenta-do-reino** moída na hora

Ferva o caldo de galinha, reduza o fogo e mantenha aquecido.

Refogue a cebola no óleo até dourar, separe metade e reserve.

Misture o arroz e a lentilha à metade da cebola refogada. Acrescente o caldo de galinha, o cominho, o cravo e a canela. Tampe e cozinhe em fogo baixo por cerca de 25 minutos, tire do fogo e deixe esfriar.

Cubra com a cebola frita reservada e as folhas de coentro na hora de servir.

Acompanhamento: almôndega de cordeiro e coco.

Prepare almôndegas pequenas com 300 g de carne de cordeiro picada, 1 maço de coentro picado, 1 ovo, 100 ml de leite de coco e duas pitadas de curry em pó forte. Deixe as almôndegas na geladeira por 1 hora e frite-as em imersão por 5 minutos. Escorra com cuidado no papel-toalha e sirva quente com a lentilha ao coentro.

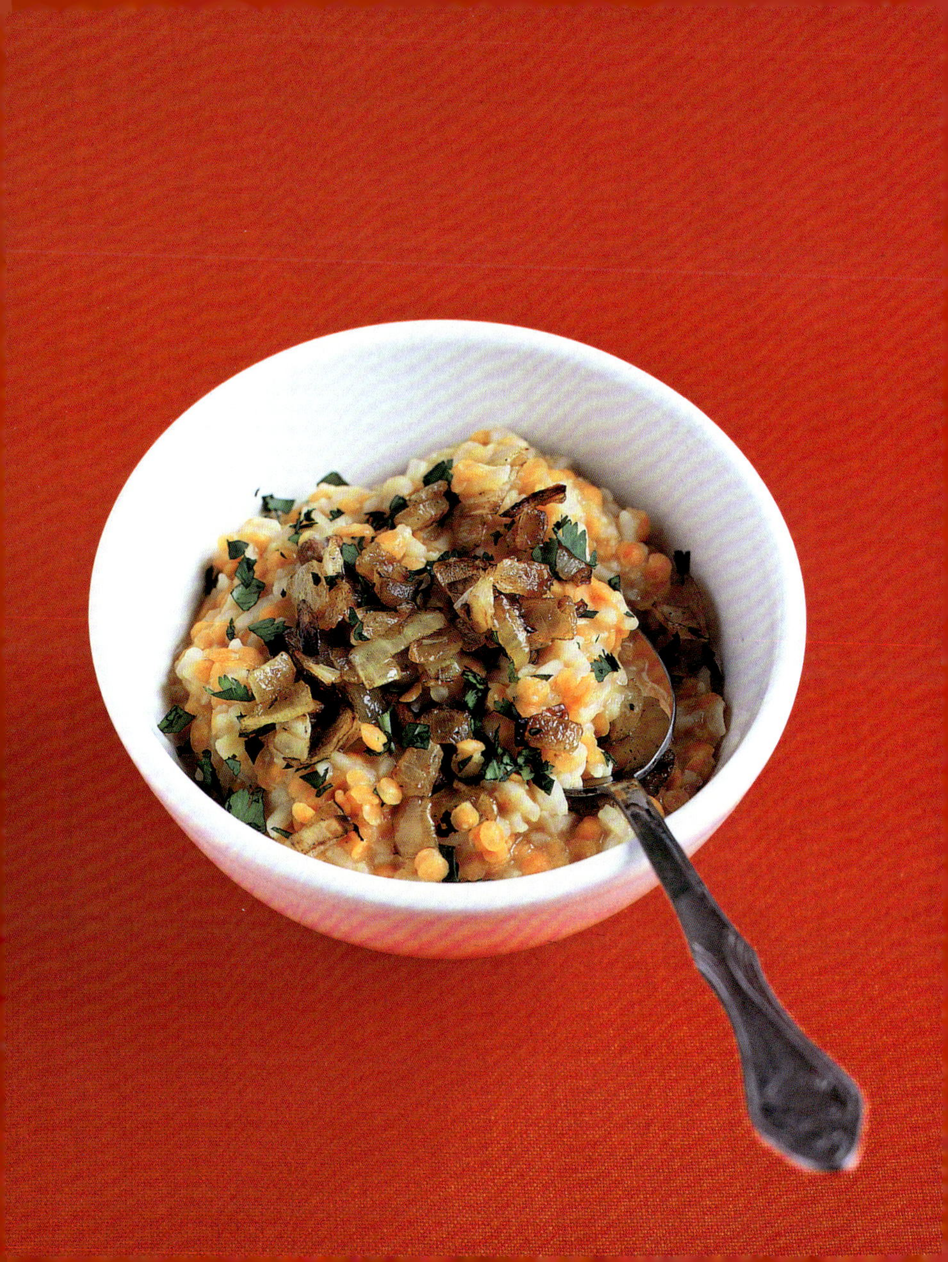

gazpacho

4 porções
Preparo: **20 minutos**,
mais **1h30** para descansar

3 dentes de **alho** amassados com uma pitada de sal
5 colheres (sopa) de **azeite**
500 g de **tomate** maduro
1 **pepino** pequeno descascado e cortado em cubos
1 **pimentão amarelo** cortado em pedaços pequenos
1 **cebola** picada
3 colheres (sopa) de **vinagre de vinho**
4 colheres (sopa) de **arroz semi-integral** cozido
tabasco a gosto
sal e **pimenta-do-reino** moída na hora

Misture o alho com o azeite e reserve por 20 minutos.

Mergulhe os tomates na água fervente, por 1 minuto. Tire a casca e corte a polpa em cubos.

Bata no processador o tomate, o pepino, o pimentão, a cebola, o vinagre e o azeite com alho. Adicione o arroz cozido, sal e pimenta-do-reino e leve à geladeira por pelo menos 1h30. Acrescente o tabasco e sirva frio.

Variação: sopa fria de espinafre. Cozinhe no vapor 500 g de espinafre lavado e escorrido, até murchar. Usando um mixer, faça um purê com o espinafre e 250 ml de caldo de legumes. Misture 500 g de iogurte natural, 2 cebolinhas picadas e uma pitada generosa de cominho. Acrescente 4 colheres (sopa) de arroz semi-integral cozido, adicione o sal e a pimenta-do-reino e leve à geladeira por pelo menos 1h30. Sirva frio.

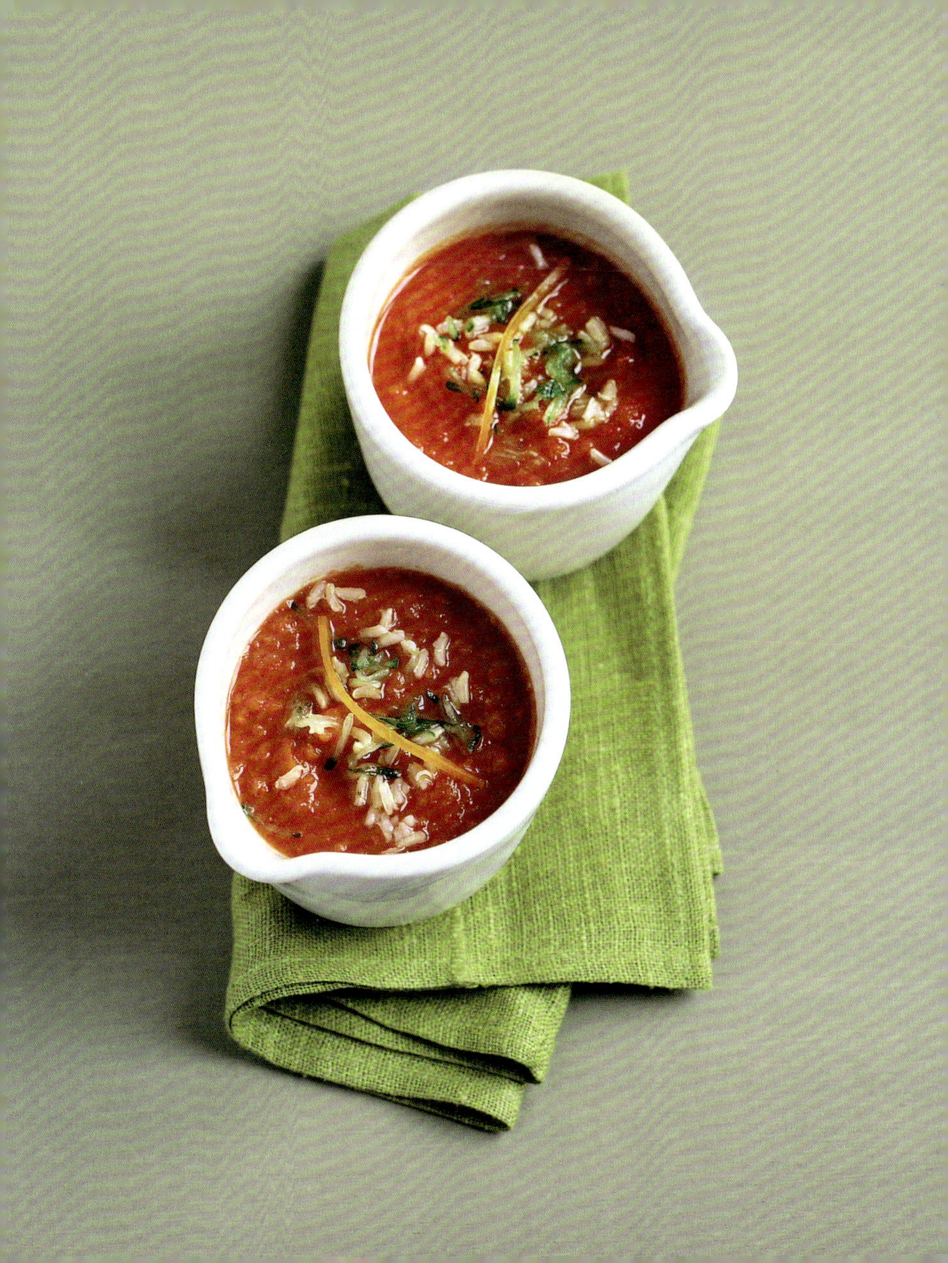

abobrinha recheada

4-6 porções
Preparo: **25 minutos**
Cozimento: **30 minutos**

1 **cebola** picada finamente
1 colher (sopa) de **azeite**
1 ramo de **tomilho**
8-10 **abobrinhas** pequenas
60 g de **presunto cozido** picado
1 dente de **alho** picado
60 g de **arroz de grão longo** cozido
80 g de **parmesão** ralado na hora
7 folhas de **manjericão** picado
2 **ovos**
sal e **pimenta-do-reino** moída na hora

Refogue a cebola com o azeite e o tomilho em fogo baixo por 5 minutos.

Escalde a abobrinha por 5 minutos em água fervente. Escorra, corte ao meio no sentido do comprimento e tire as sementes com uma colher pequena.

Amasse a polpa da abobrinha com um garfo, misture a cebola refogada, o presunto, o alho, o arroz, o parmesão, as folhas de manjericão e os ovos. Tempere a gosto.

Recheie as metades de abobrinha. Coloque-as em uma travessa refratária e asse em forno preaquecido a 180°C por 25 minutos.

Variação: abobrinha recheada com avelã. Use 4-6 abobrinhas grandes, cortadas ao meio no sentido do comprimento. Tire as sementes. Refogue a cebola e o tomilho no azeite, como indicado acima, e misture com 1 dente de alho amassado, 60 g de arroz de grão longo cozido, 100 g de avelã picada e tostada, 50 g de parmesão ralado, 2 folhas de sálvia picadas e 1 ovo batido. Tempere a gosto. Recheie a abobrinha com a mistura, cubra com fatias finas de tomate e espalhe 25 g de parmesão ralado. Asse como indicado.

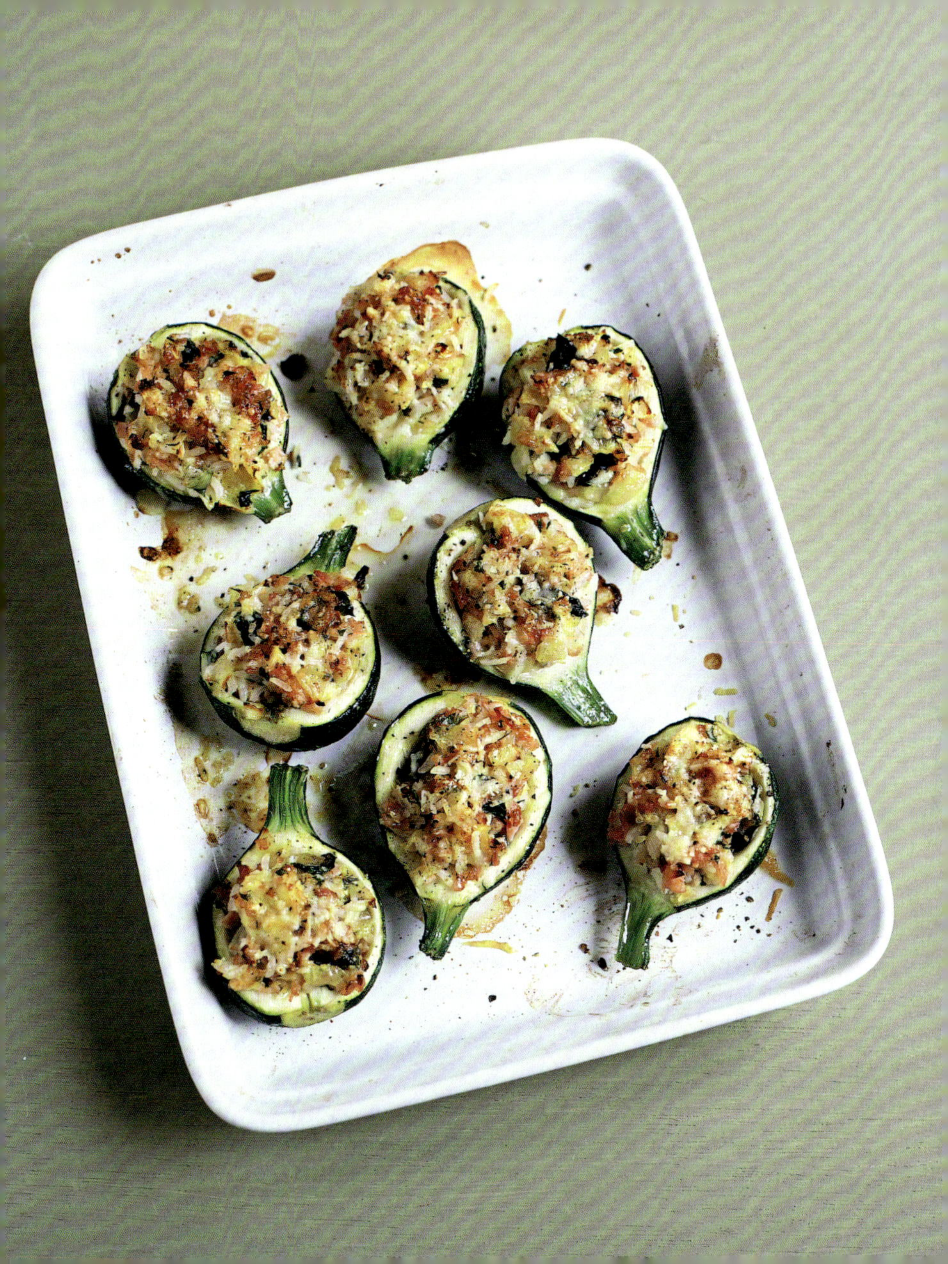

berinjela recheada

4 porções
Preparo: **30 minutos**
Cozimento: **25 minutos**

4 **berinjelas**
300 g de **carne de cordeiro** moída
duas pitadas de **canela em pó**
1 **cebola** picada
1 colher (sopa) de **azeite**
80 g de **arroz de grão longo** cozido
20 g de **pinhole**
2 colheres de folhas de **hortelã** picadas
2 colheres de **salsinha** picada
sal e **pimenta-do-reino** moída na hora

Lave e seque a berinjela, corte ao meio no sentido do comprimento e retire um pouco de polpa com uma colher pequena. Transfira as berinjelas para uma assadeira e asse em forno preaquecido a 180°C por 10 minutos.

Tempere a carne de cordeiro com canela, sal e pimenta-do-reino.

Refogue a cebola no azeite até dourar e misture a carne, o arroz, o pinhole, a hortelã e a salsinha.

Recheie a berinjela com a mistura e leve de volta ao forno por cerca de 15 minutos. Se necessário, acrescente um pouco de água no fundo da fôrma para não grudar. Sirva quente ou frio.

Variação: berinjela recheada com feijão. Use 80 g de arroz integral cozido e substitua a carne de cordeiro por 400 g de feijão cozido, escorrido e amassado. Refogue 125 g de champignon fatiado com a cebola antes de adicionar os outros ingredientes.

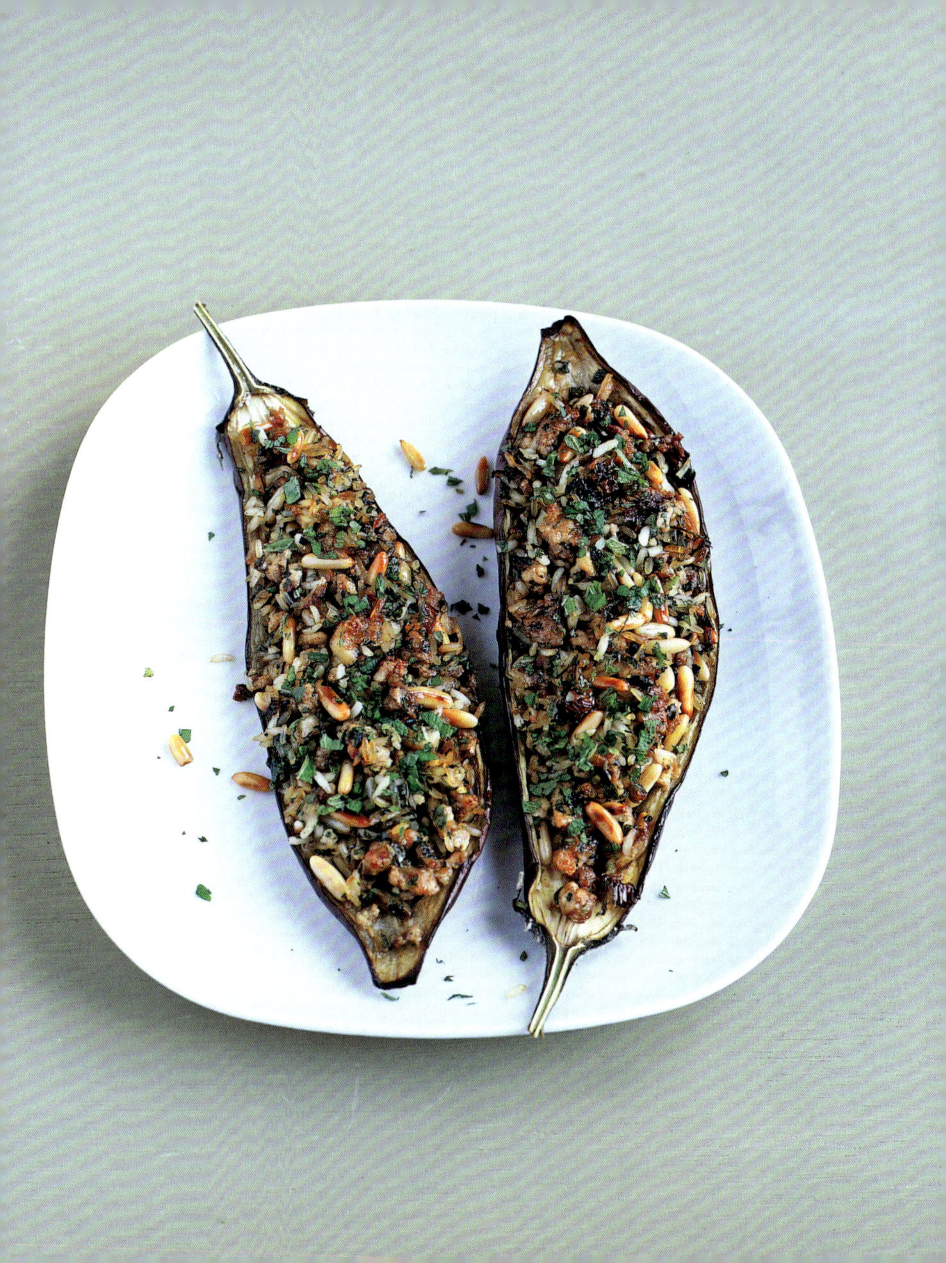

tomate recheado

4-6 porções
Preparo: **25 minutos**
Cozimento: **40 minutos**

6 **tomates** grandes
200 g de **minichampignon** fatiado finamente
1 colher (sopa) de **azeite**
3 colheres (sopa) de **salsinha** picada
60 g de **arroz de grão longo** cozido
2 **ovos**
40 g de **queijo comté** ou **parmesão** ralado
2 colheres (sopa) de **manjericão** picado
1 dente de **alho** picado
sal e **pimenta-do-reino** moída na hora

Lave e seque os tomates, corte a tampa de cada um e retire as sementes.

Refogue o cogumelo no azeite, em fogo baixo. Tempere, adicione a salsinha e tire do fogo.

Misture o cogumelo refogado com o arroz, o ovo, o queijo, o manjericão e o alho. Tempere a gosto.

Recheie os tomates com a mistura e transfira-os para uma assadeira untada. Asse em forno preaquecido a 180°C, por uns 30 minutos.

Variação: cogumelo recheado com castanha.
Prepare a mistura como indicado acima, mas substitua o queijo comté por 40 g de gorgonzola ou roquefort amassado e o manjericão por 1 colher (sopa) de sálvia picada. Adicione 100 g de castanha de caju picada e tostada. Divida o recheio entre 4-6 cogumelos portobello ou shiitake e asse como descrito acima.

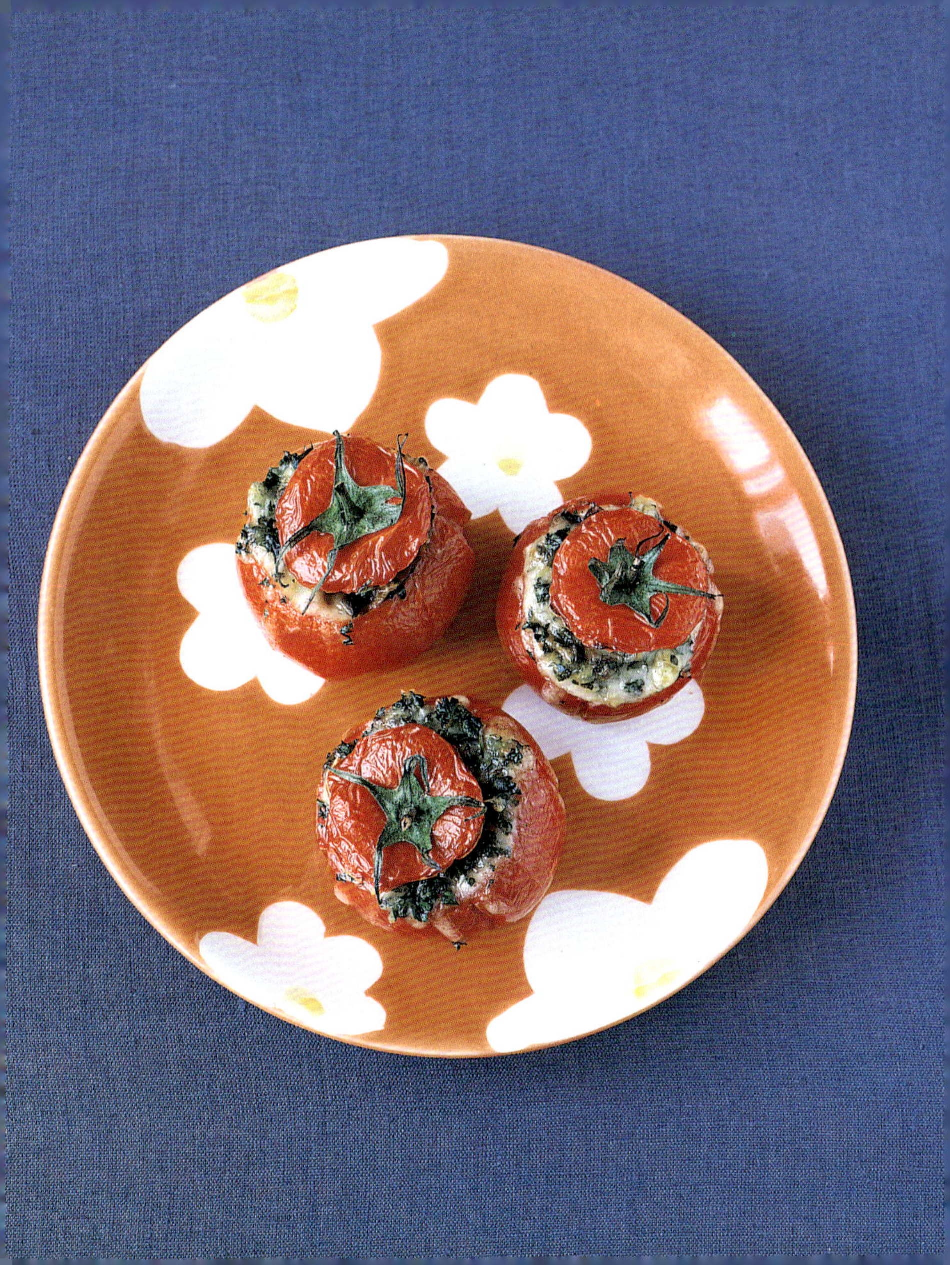

pimentão recheado

4-6 porções
Preparo: **20 minutos**
Cozimento: **55 minutos**

150 ml de **água**
60 g de **arroz de grão longo**
4 **pimentões vermelhos**
1 **cebola** fatiada
1 colher (sopa) de **azeite**
200 g de **carne de cordeiro** moída
20 g de **pinhole**
20 g de **uva-passa**
2 **ovos**
sal e **pimenta-do-reino** moída na hora

Ferva a água em uma panela grande. Adicione o sal e o arroz e misture. Tampe e diminua o fogo. Cozinhe por cerca de 12 minutos. O arroz deverá estar cozido, mas ainda *al dente*. Escorra bem.

Lave e seque o pimentão, corte ao meio no sentido do comprimento e tire as sementes.

Refogue a cebola no azeite. Adicione a carne de cordeiro, tempere e misture bem. Cozinhe em fogo baixo. Tire do fogo e deixe esfriar.

Toste ligeiramente o pinhole em uma panela.

Misture o arroz, a cebola, a carne, o pinhole, a uva--passa e os ovos. Recheie os pimentões e transfira--os para uma vasilha refratária. Adicione 2 colheres (sopa) de água no fundo da vasilha e asse em forno preaquecido a 180°C, por 35 minutos.

Variação: pimentão recheado com queijo.
Substitua a carne de cordeiro por 200 g de feta em cubos e a uva-passa por 6 azeitonas verdes picadas grosseiramente. Acrescente as raspas de 1 limão--siciliano e 2 colheres (chá) de hortelã picada à mistura do recheio.

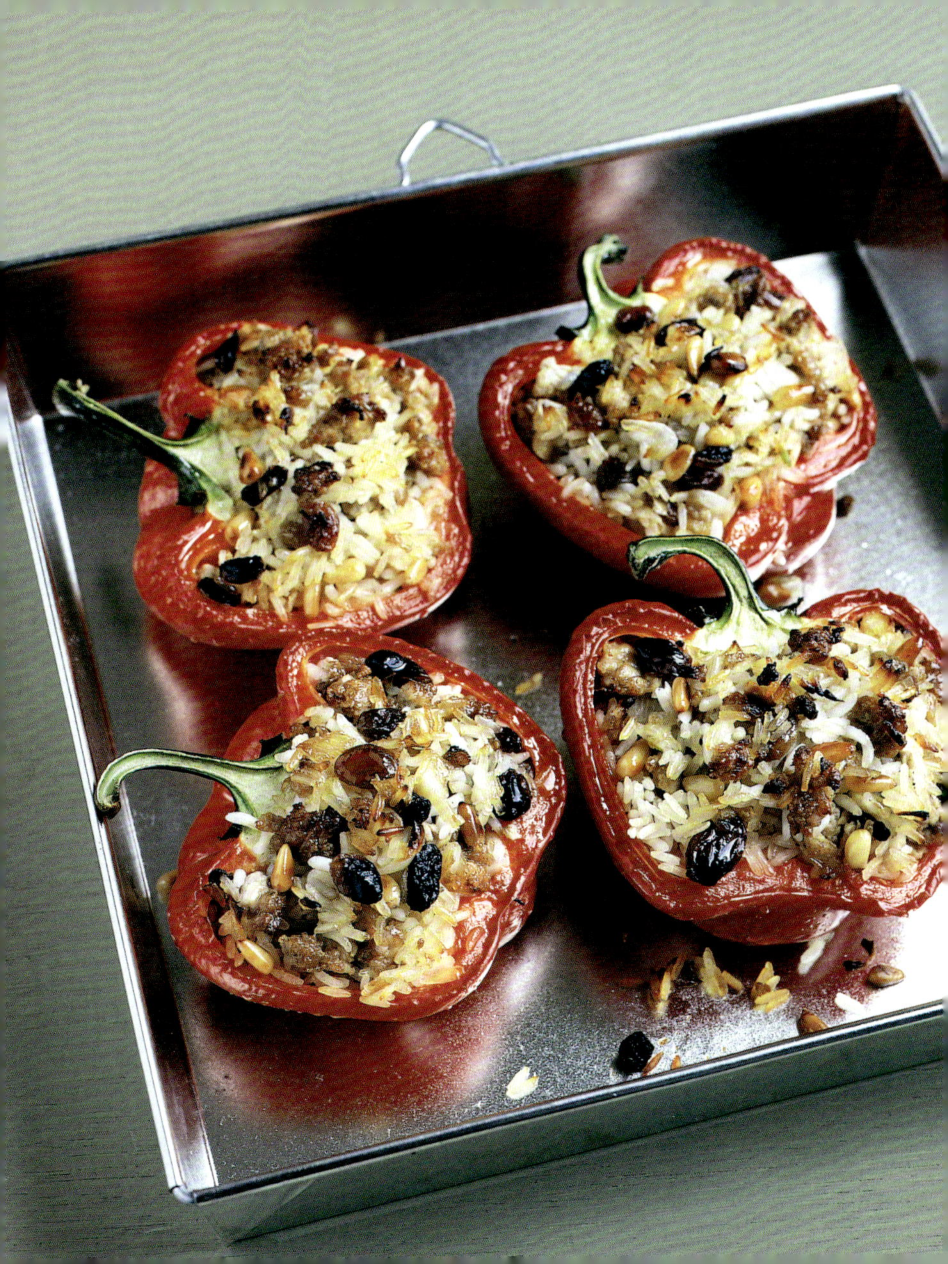

arroz gratinado com berinjela e cordeiro

4-6 porções
Preparo: **20 minutos**
Cozimento: **55 minutos**

600 g de **berinjela**
5 colheres (sopa) de **azeite**
2 **cebolas** picadas finamente
500 g de **carne de cordeiro** moída
300 g de **tomate** em cubos
três pitadas de **canela em pó**
uma pitada de **páprica**
3 **ovos**
50 ml de **leite**
800 g de **iogurte cremoso**
duas pitadas de **pimenta-calabresa em pó**
180 g de **arroz semi-integral** cozido
120 g de **gruyère** ralado
sal e **pimenta-do-reino** moída na hora

Lave a berinjela e corte em tiras finas com um descascador de batata.

Frite a berinjela em 4 colheres (sopa) de azeite.

Refogue a cebola com o restante do azeite, em outra panela, até ficar translúcida. Acrescente a carne de cordeiro, o tomate, a canela e a páprica. Tempere com sal e pimenta-do-reino. Tampe e cozinhe em fogo baixo por cerca de 10 minutos.

Bata os ovos e adicione o leite, o iogurte e a pimenta.

Unte ligeiramente uma fôrma. Disponha a berinjela no fundo e cubra com o arroz. Acrescente a mistura de carne, o tomate e a cebola. Despeje o molho de iogurte.

Leve ao forno preaquecido a 180°C por cerca de 35 minutos. Cinco minutos antes do final do cozimento, espalhe o gruyère ralado e leve de volta ao forno para gratinar. Sirva imediatamente.

Variação: arroz gratinado com especiarias. Não use a cebola. Descasque e rale um pedaço de 1 cm de gengibre. Aqueça 1 colher (sopa) de azeite com 3 sementes de cardamomo trituradas, misture o gengibre e refogue até amolecer, antes de adicionar a carne.

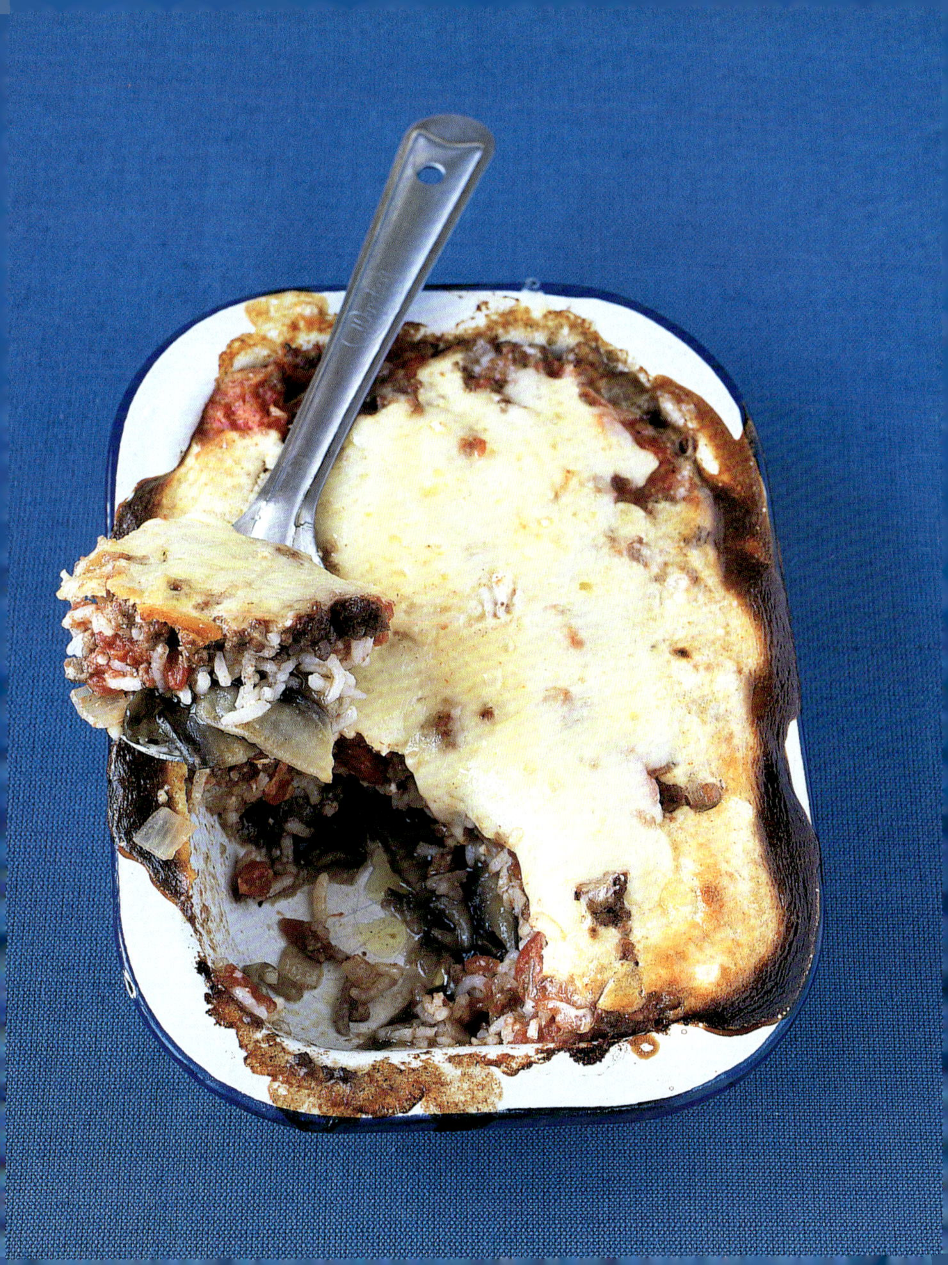

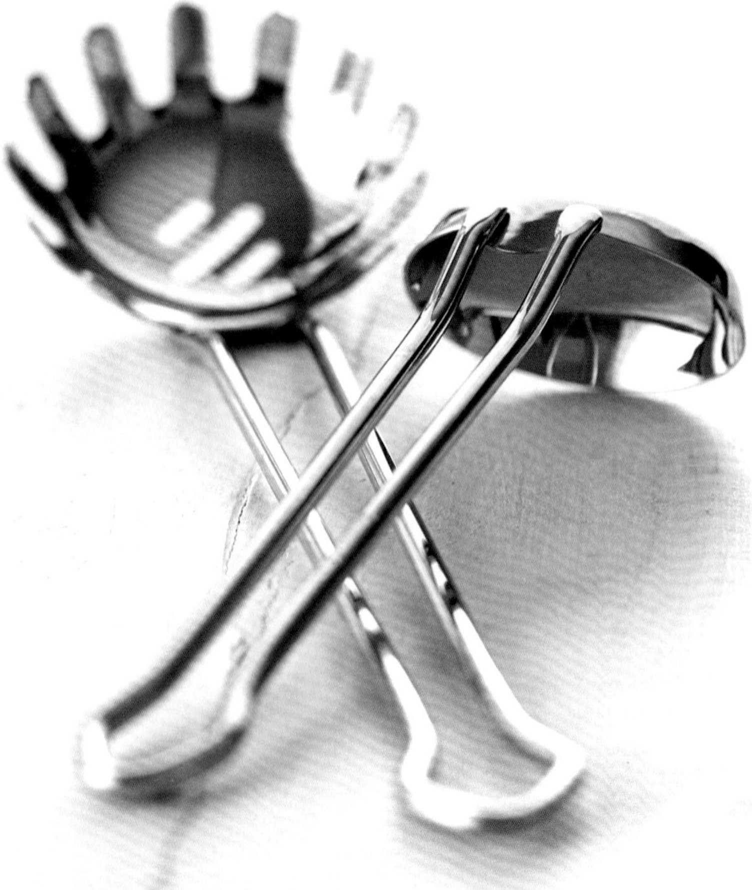

paellas

paella tradicional

4-6 porções
Preparo: **15 minutos**
Cozimento: **25 minutos**

1 litro de **caldo de galinha**
2 dentes de **alho** picados finamente
1 colher (sopa) de **azeite**
150 g de **pimentão verde** cortado em cubos
2 **peitos de frango** cortados em cubos pequenos
150 g de **linguiça** cortada em cubos pequenos
2 **tomates** cortados em cubos
400 g de **arroz de grão curto**
200 g de **ervilha baby** fresca e sem casca
duas pitadas de pistilos de **açafrão**
uma pitada de **páprica**
sal e **pimenta-do-reino** moída na hora

Aqueça o caldo em fogo baixo.

Refogue o alho no azeite até dourar. Use uma panela grande de paella. Adicione o pimentão e depois o frango e a linguiça. Tempere e cozinhe em fogo baixo, virando de vez em quando. Acrescente o tomate e o arroz. Misture bem.

Despeje o caldo e junte a ervilha. Deixe ferver e acrescente o sal, o açafrão e a páprica. Tampe e cozinhe por 10 minutos. Abaixe o fogo e cozinhe por mais 10 minutos.

Variação: paella de frutos do mar. Lave 500 g de marisco em água corrente e descarte os que não se fecharem quando tocados. Cozinhe com o alho, o pimentão verde, o tomate, o arroz e a ervilha, como indicado acima. Substitua o caldo de galinha por 1 litro de caldo de peixe. Cinco minutos antes de terminar o tempo de cozimento, adicione 300 g de badejo cortado em cubos, 250 g de camarão cru com casca e os mariscos. Agite a panela para misturar e cozinhe em fogo baixo. Antes de servir, descarte os mariscos que não abrirem.

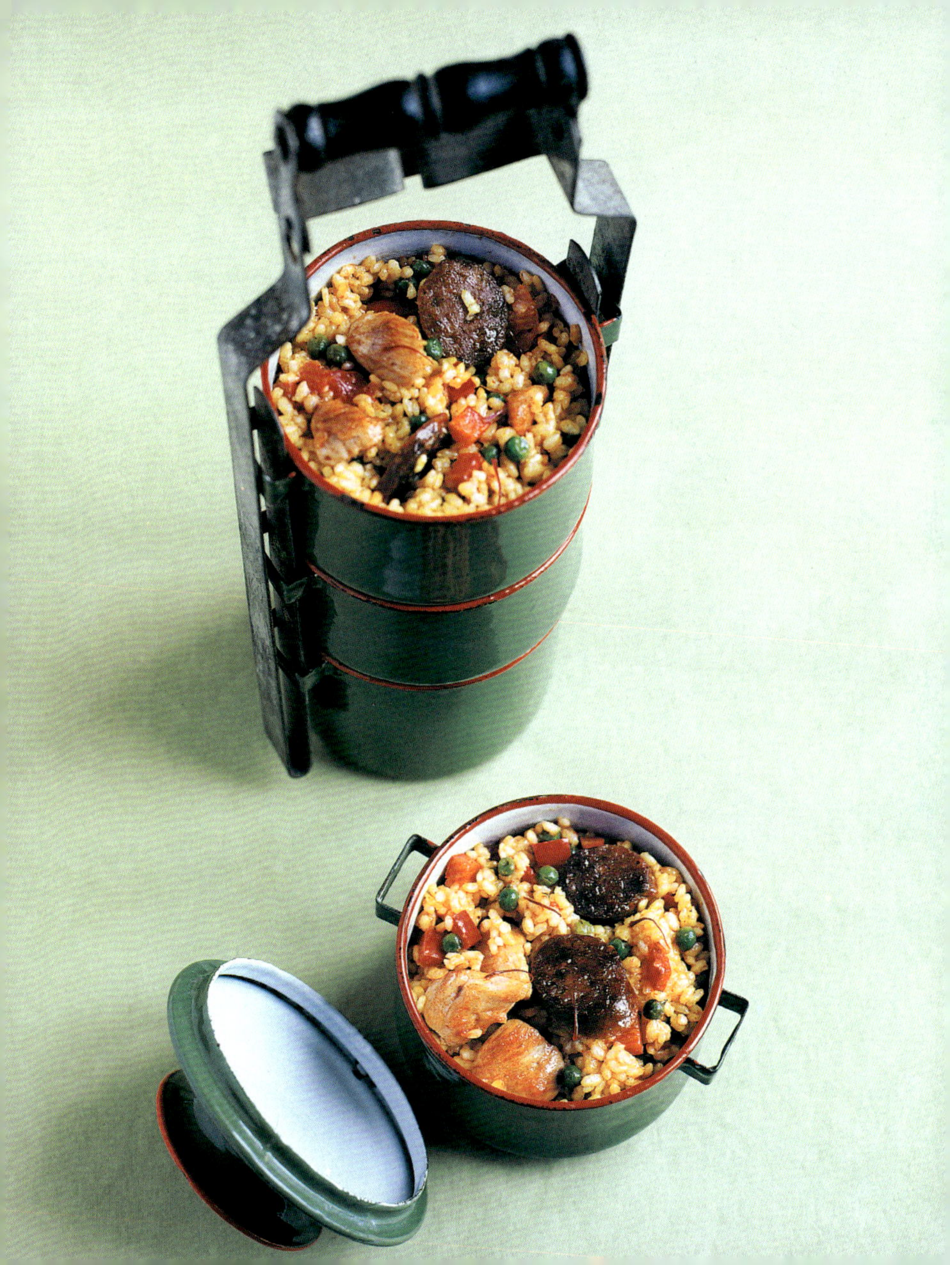

paella vegetariana

4-6 porções
Preparo: **25 minutos**
Cozimento: **25 minutos**

1 litro de **caldo de galinha**
4 dentes de **alho** picados finamente
1 colher (sopa) de **azeite**
2 **pimentões vermelhos** sem sementes e picados
1 **berinjela** cortada em cubos
300 g de **vagem** fatiada em pedaços pequenos
4 **corações de alcachofra** cozidos e cortados em cubos grandes
2 **tomates** cortados em cubos
400 g de **arroz de grão curto**
algumas pitadas de **açafrão** moído
uma pitada de **páprica**
sal e **pimenta-do-reino** moída na hora

Aqueça o caldo em fogo baixo.

Refogue o alho no azeite, em uma panela de paella, até dourar. Acrescente o pimentão, a berinjela e a vagem. Tempere com o sal e a pimenta-do-reino e cozinhe lentamente, virando de vez em quando. Adicione os corações de alcachofra e o tomate em cubos.

Junte o arroz e misture bem, até os grãos ficarem transparentes. Despeje o caldo, deixe ferver, tempere com sal e adicione o açafrão e a páprica. Tampe e cozinhe por cerca de 10 minutos, abaixe o fogo e cozinhe por mais 10 minutos.

Variação: peito de frango recheado. Abra 4-6 peitos de frango. Deixe marinar por 30 minutos no suco de 2 limões. Recheie o peito de frango com a paella vegetariana, transfira para uma assadeira untada e leve ao forno preaquecido a 180°C, por 12 minutos, sem virar. Regue de vez em quando.

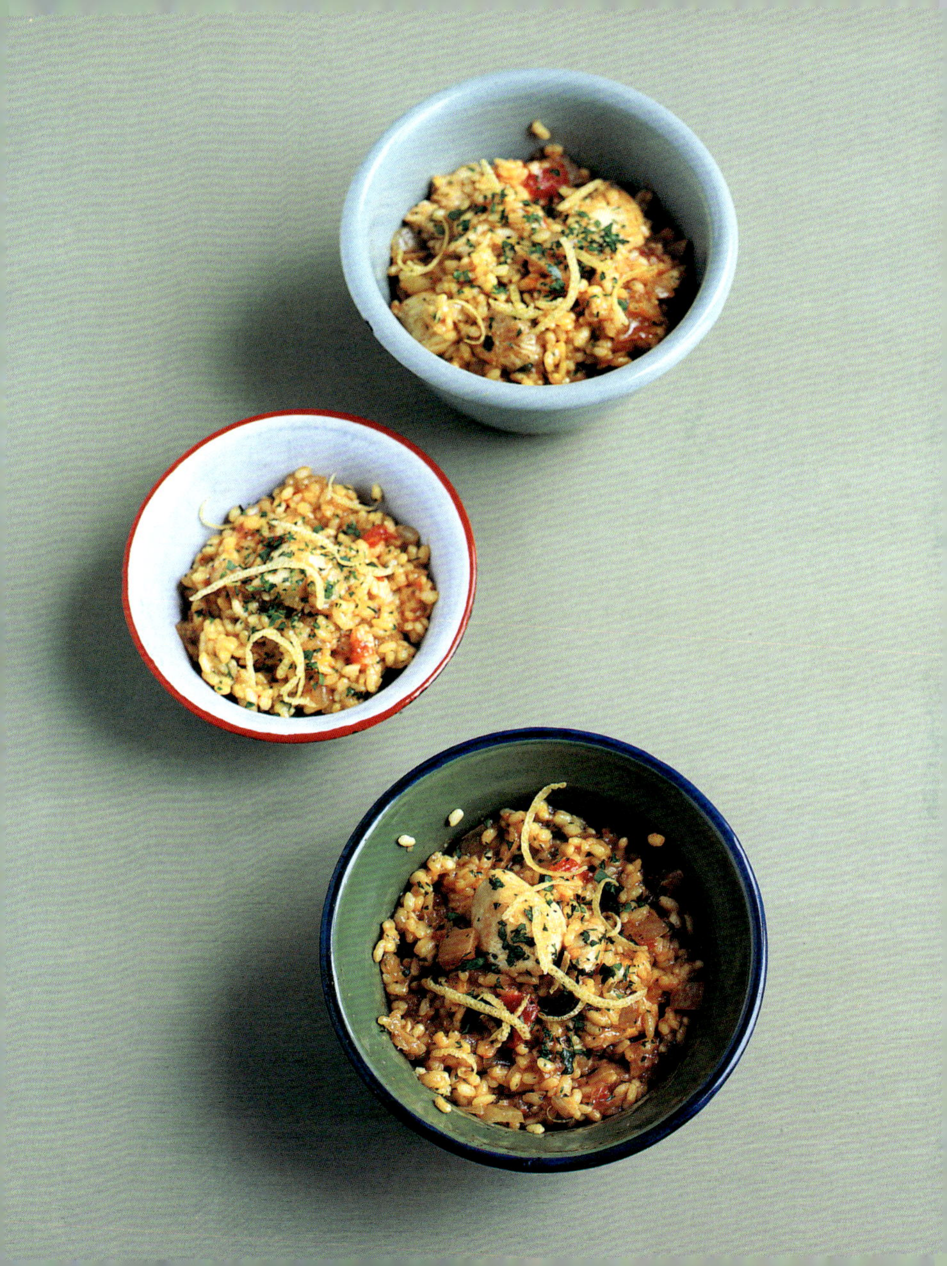

paella de frango e frutos do mar

4 porções
Preparo: **25 minutos**
Cozimento: **45 minutos**

150 ml de **azeite**
150 g de **linguiça defumada** cortada em pedaços pequenos
4 **coxas de frango** desossadas e cortadas em pedaços
300 g de **lula** cortada em anéis
8 **camarões** grandes crus
1 **pimentão vermelho** sem sementes e picado
4 dentes de **alho** amassados
1 **cebola** picada
250 g de **arroz para paella**
1 colher (chá) de pistilos de **açafrão**
450 ml de **caldo de frango** ou **de peixe**
300 g de **marisco fresco**
100 g de **ervilha fresca** sem casca ou **fava**
sal e **pimenta-do-reino** moída na hora
rodelas de **limão-siciliano** ou **limão-taiti**, para decorar

Aqueça metade do azeite em uma panela de paella e frite a linguiça por 5 minutos. Escorra e reserve. Adicione as coxas de frango e frite por uns 5 minutos, até cozinhar bem. Escorra e reserve. Refogue a lula e o camarão no azeite e vire o camarão uma vez, até ficar cor-de-rosa. Escorra e reserve.

Refogue o pimentão vermelho, o alho e a cebola por 5 minutos, até murchar. Misture o arroz e refogue no azeite por 1 minuto. Adicione o açafrão e o caldo e deixe ferver. Diminua o fogo, cubra com uma tampa ou com papel-alumínio e cozinhe por cerca de 20 minutos, até o arroz ficar bem cozido.

Escove o marisco, limpe o limo e arranque as "barbas". Descarte as conchas danificadas ou abertas, que não fecham ao serem tocadas levemente com uma faca.

Leve a linguiça, o frango, a lula e o camarão de volta para a panela com a ervilha ou fava e misture bem. Espalhe os mariscos por cima e empurre-os para dentro da mistura. Tampe e cozinhe por mais 5 minutos, até os mariscos abrirem. Descarte as conchas que continuarem fechadas. Verifique o tempero e sirva guarnecido com rodelas de limão.

Variação: paella de carne de porco e frutos do mar. Substitua o frango por 400 g de carne de porco magra, cortada em cubos e preparada como indicado acima. Substitua a lula por 8 vieiras com ovas e o marisco pela mesma quantidade de ostras.

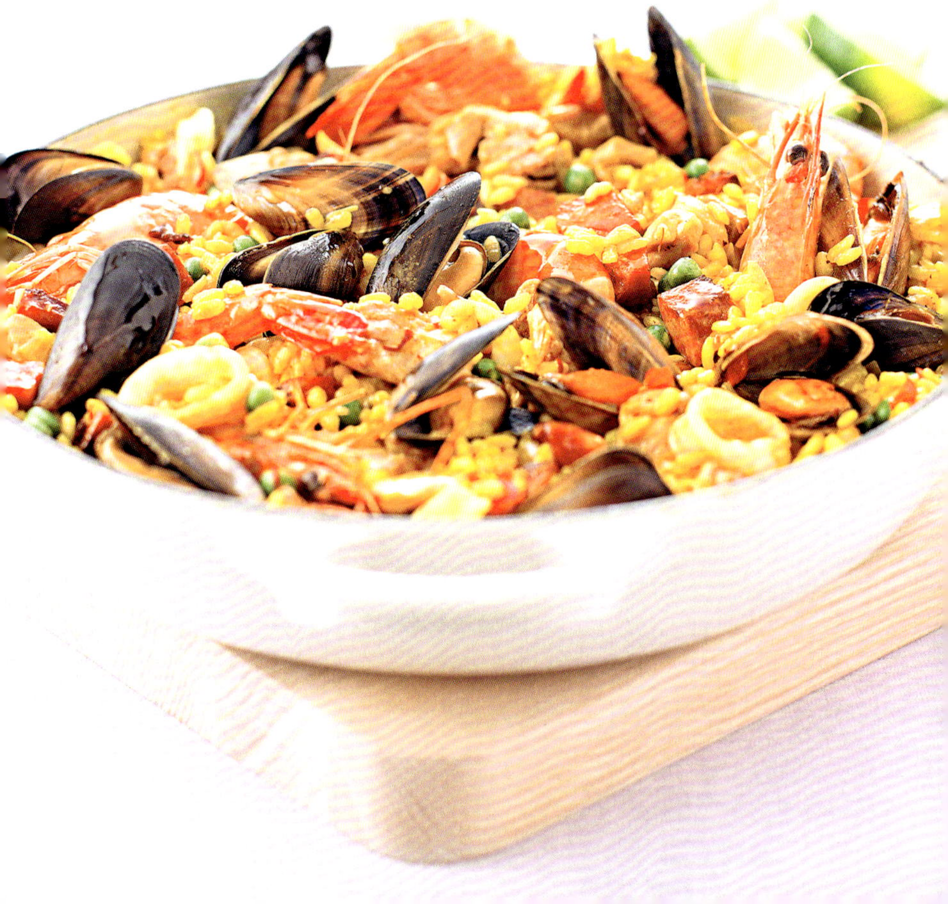

paella de três carnes

4-6 porções
Preparo: **25 minutos**
Cozimento: **25 minutos**

1 litro de **caldo de galinha**
12 **camarões** grandes
2 dentes de **alho** picados finamente
2 colheres (sopa) de **azeite**
250 g de **peito de frango** cortado em cubos
200 g de **lombo de porco** cortado em cubos
2 **tomates** picados
400 g de **arroz de grão curto**
duas pitadas de **açafrão** moído
uma pitada de **páprica**
sal e **pimenta-do-reino** moída na hora

Aqueça o caldo em uma panela grande. Lave e seque os camarões.

Refogue o alho no azeite em uma panela grande de paella, até dourar. Adicione o camarão e refogue por 2 minutos. Tire da panela. Acrescente o frango e a carne de porco. Tempere com sal e pimenta-do-reino. Adicione o tomate.

Junte o arroz e misture bem, até os grãos ficarem translúcidos. Adicione o caldo e deixe ferver. Acrescente o sal, o açafrão e a páprica, tampe e cozinhe por 10 minutos. Abaixe o fogo, adicione o camarão e cozinhe por mais 10 minutos.

Variação: paella de coelho e feijão-branco. Deixe 250 g de feijão-branco de molho na água fria durante a noite. Escorra, cozinhe e deixe ferver por 10 minutos. Reduza o fogo e cozinhe por 1h30, até amolecer. Escorra e reserve. Prepare a receita como indicado acima, sem usar os camarões, e substitua o lombo por 200 g de peito de coelho cortado em cubos. Junte o feijão nos últimos 10 minutos do cozimento.

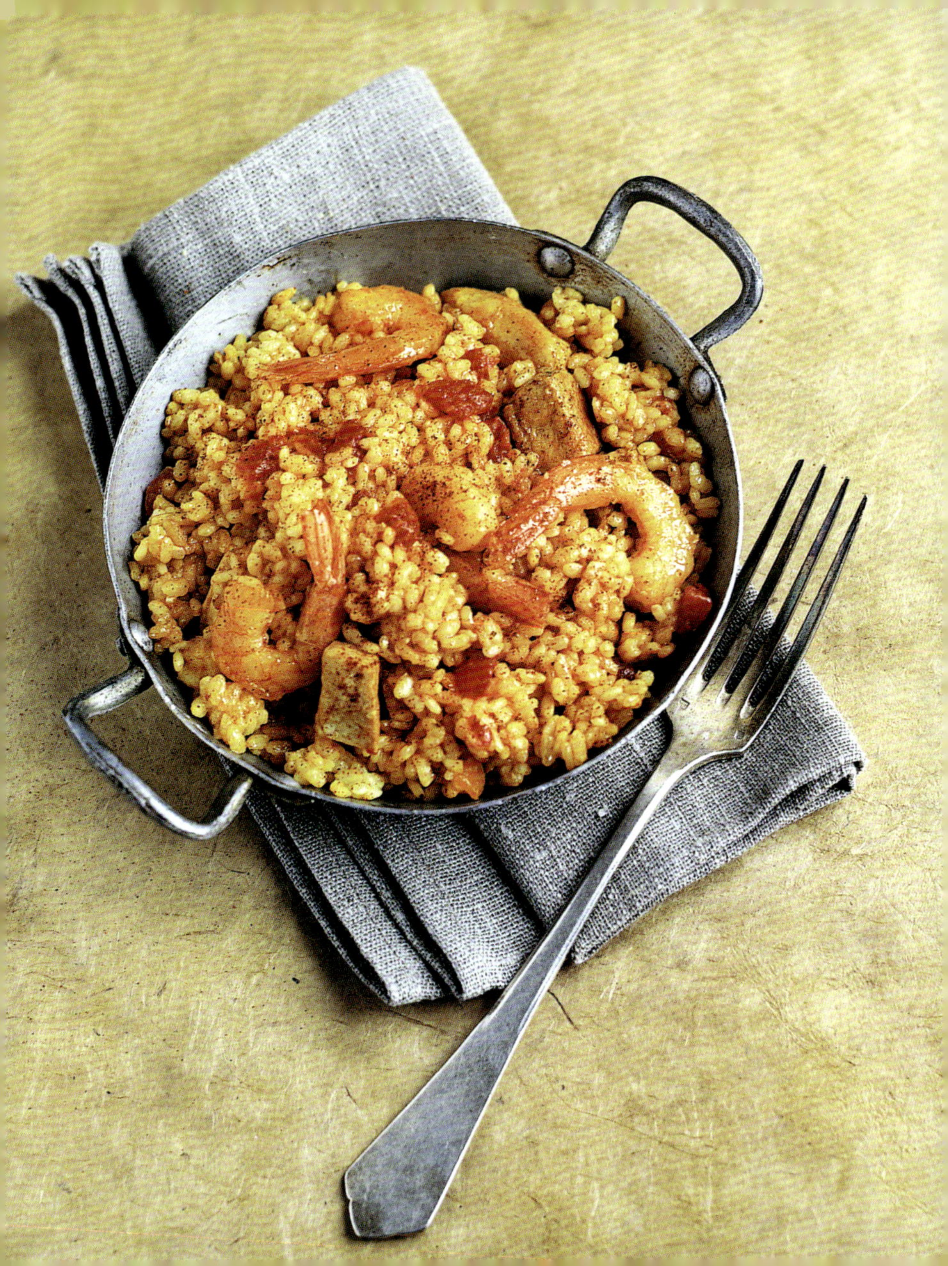

arroz mexicano

4 porções
Preparo: **10 minutos**
Cozimento: **7 minutos**

2 **abobrinhas** cortadas em cubos
1 **pimentão vermelho** cortado em cubos
1 colher (sopa) de **óleo vegetal**
400 g de **arroz de grão longo** cozido
duas ou três pitadas de **pimenta-malagueta em pó**
4 colheres (sopa) de **pinhole**
4 colheres (sopa) de folhas de **coentro**
sal e **pimenta-do-reino** moída na hora

Refogue a abobrinha e o pimentão no óleo por 5 minutos, em uma panela antiaderente ligeiramente untada. Tempere.

Misture o arroz e a pimenta. Aqueça por 1-2 minutos e adicione o pinhole.

Sirva quente, salpicado com folhas de coentro.

Variação: arroz mexicano com tomatillo.
Adicione 3 pimentas jalapeño picadas à panela com os legumes. Acrescente 200 g de tomatillos cozidos (tomates verdes pequenos) ao arroz com pimenta-malagueta.

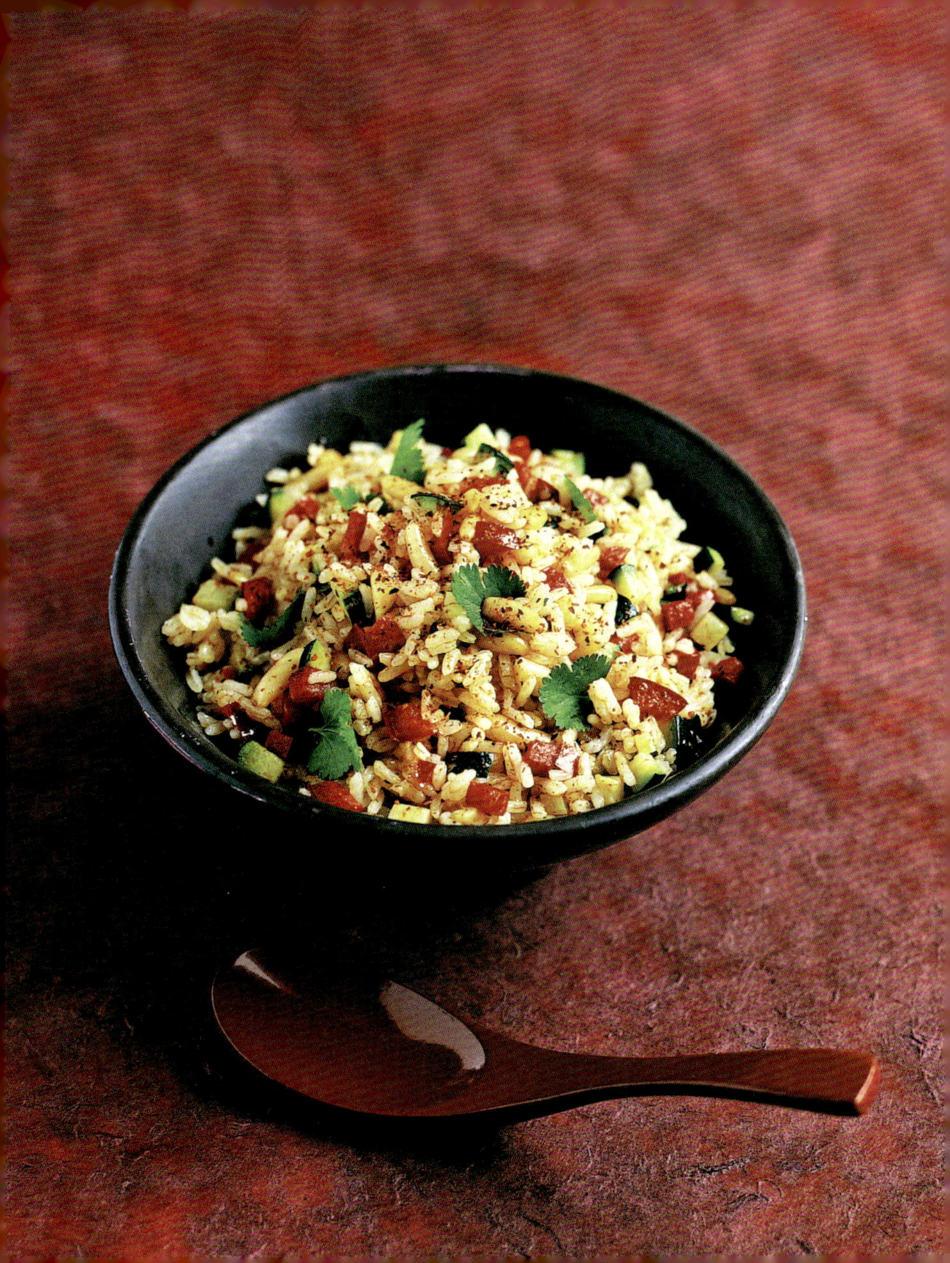

arroz com azeitona e pimentão

4-6 porções
Preparo: **15 minutos**
Cozimento: **20 minutos**

1 **pimentão amarelo** cortado em cubos
1 **pimentão vermelho** cortado em cubos
3 colheres (sopa) de **azeite**
4 **tomates** sem pele picados grosseiramente
4 dentes de **alho** picados finamente
duas pitadas de **pimenta-malagueta em pó**
140 g de **azeitona** sem caroço
2 **cebolas** fatiadas
200 g de **arroz de grão longo**
350 ml de **caldo de legumes** quente
sal e **pimenta-do-reino** moída na hora

Refogue o pimentão amarelo e o vermelho em 2 colheres (sopa) de azeite, em fogo baixo, até amolecer. Acrescente o tomate e o alho. Tempere e polvilhe com uma pitada de pimenta-malagueta. Tampe e cozinhe por cerca de 15 minutos. Adicione a azeitona no final do cozimento.

Doure a cebola no restante do azeite, mexendo de vez em quando. Misture o arroz. Despeje o caldo de legumes quente. Deixe ferver e adicione outra pitada de pimenta-malagueta, tempere e tampe. Cozinhe por 15 minutos em fogo baixo.

Sirva o arroz quente, com legumes.

Variação: taco com arroz e guacamole. Coloque um pouco de arroz quente sobre uma base pronta para taco. Cubra com 1 colher (sopa) de creme azedo (1 porção de iogurte para 2 de creme de leite fresco) e uma colherada de guacamole. Para fazer o guacamole, amasse a polpa de 3 abacates maduros e adicione 1 tomate grande sem pele e cortado em cubos, o suco de 1 limão, 1 cebola roxa pequena picada, 1 pimenta-malagueta picada e um punhado de coentro picado finamente.

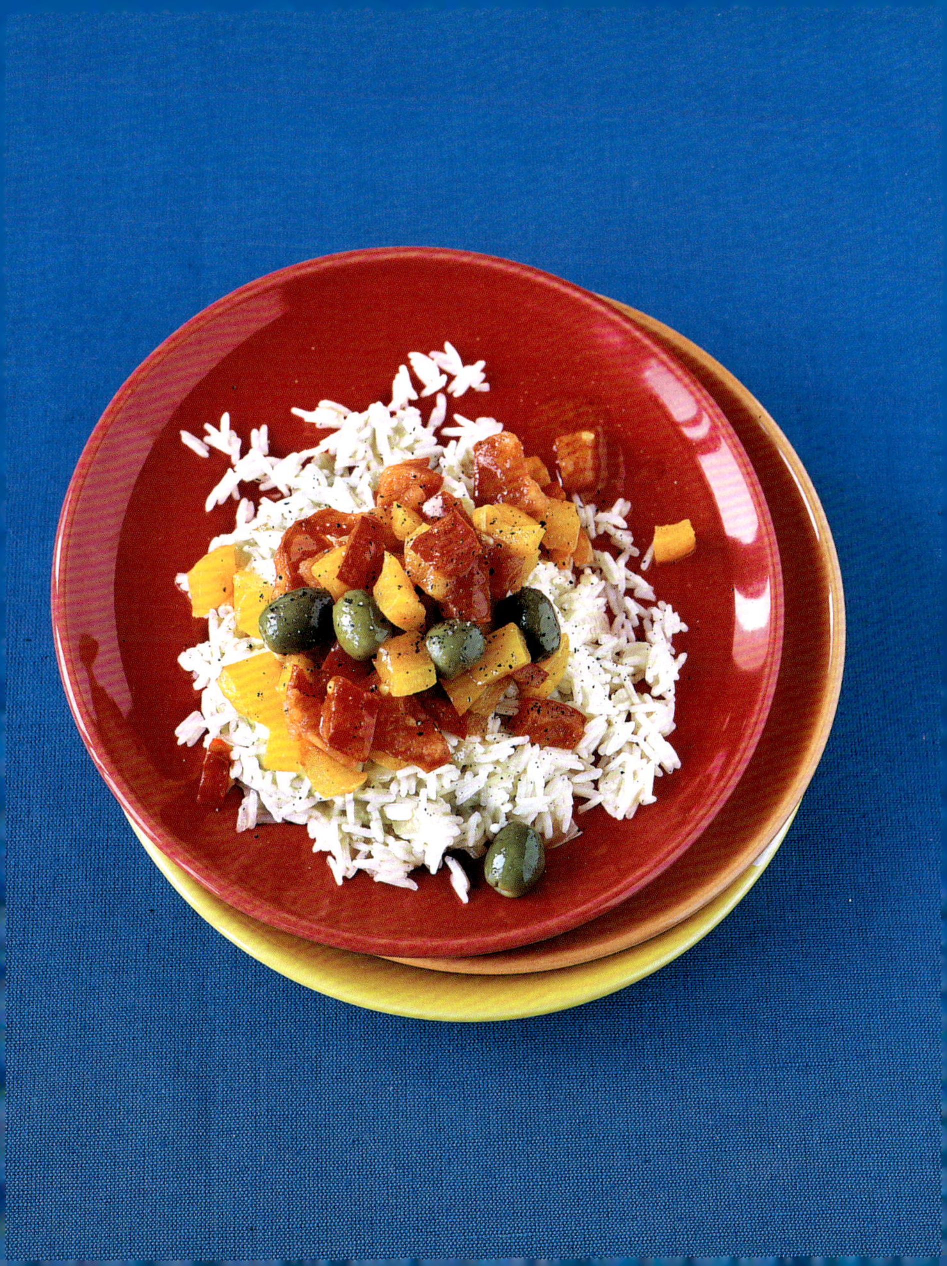

arroz apimentado com frango

4 porções
Preparo: **10 minutos**
Cozimento: **15 minutos**

- 1½-2 colheres (sopa) de **óleo de girassol**
- 3-4 dentes de **alho** picados finamente
- 3-4 **pimentas-malaguetas** pequenas esmagadas
- 425 g de filé de **peito de frango** fatiado finamente
- 1 **cebola roxa** fatiada finamente
- 750 g de **arroz jasmim tailandês** cozido e gelado
- 2½ colheres (sopa) de **molho de peixe**
- um punhado de folhas de **manjericão-doce**

Aqueça o óleo no wok ou em uma frigideira grande.

Refogue o alho e a pimenta em fogo médio por 1-2 minutos ou até o alho dourar ligeiramente. Adicione o frango e a cebola e frite por 4-5 minutos ou até o frango ficar cozido.

Acrescente o arroz e o molho de peixe e frite por mais 3-4 minutos. Experimente e ajuste o tempero. Adicione as folhas de manjericão e frite até elas começarem a murchar.

Disponha em quatro pratos aquecidos e sirva.

Variação: arroz apimentado com camarão. Substitua o frango, o alho e a pimenta-malagueta por 425 g de camarão cru sem casca e 2-3 colheres (sopa) de molho de pimenta com alho. Frite o camarão por 2-3 minutos, adicione o molho de pimenta doce e misture. Empurre para as bordas do wok. Acrescente a cebola, o arroz e o molho de peixe e continue conforme a receita acima.

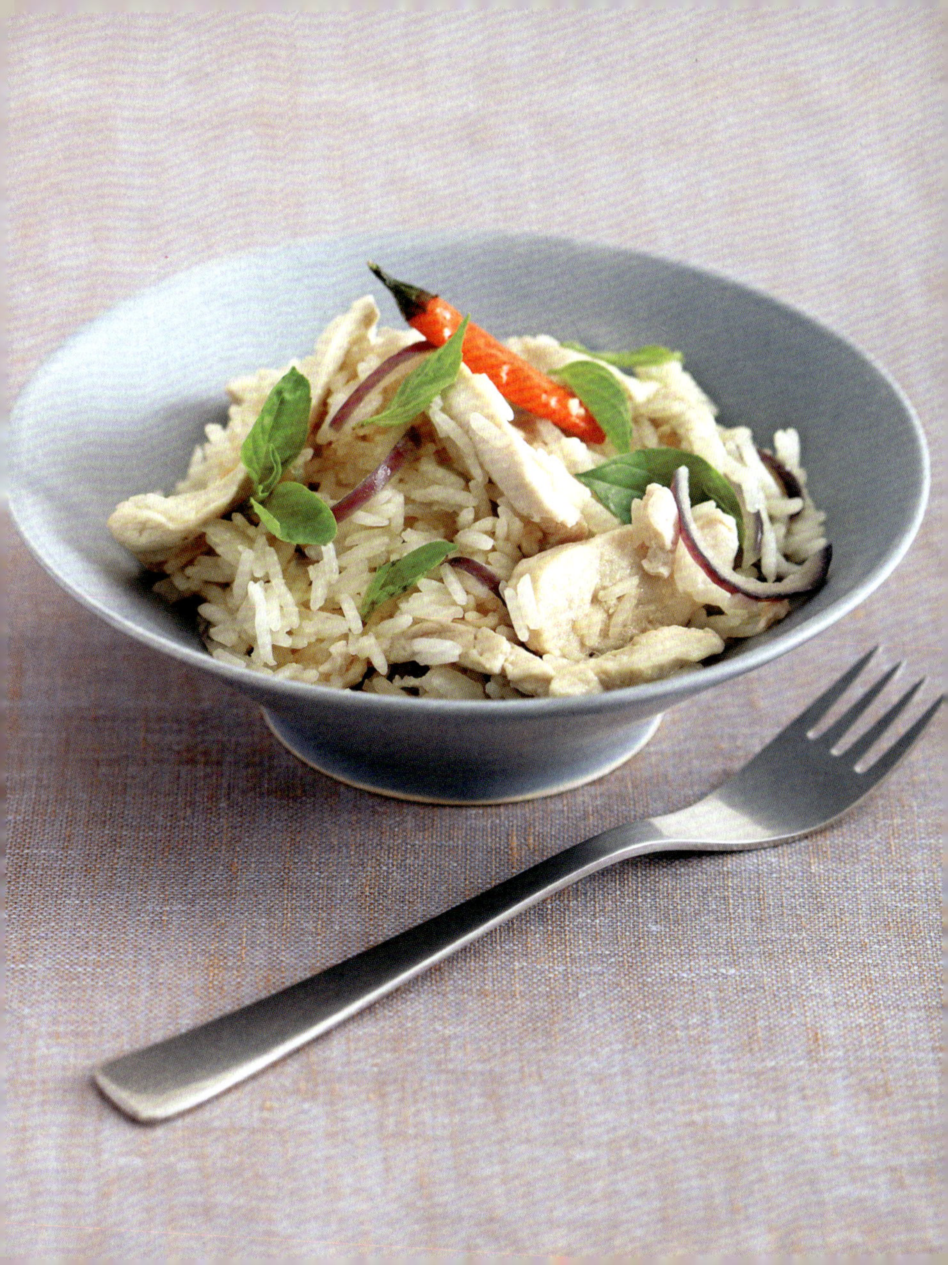

arroz com açafrão e frutas secas

4-6 porções
Preparo: **10 minutos**
Cozimento: **15 minutos**

80 g de **uva-passa**
80 g de **ameixa seca** sem caroço
2 **cebolas** picadas
1 colher (sopa) de **óleo vegetal**
200 g de **arroz de grão longo**
350 ml de **água quente**
uma pitada de **açafrão** moído
40 g de **tâmara** sem caroço
40 g de **amêndoa**
sal e **pimenta-do-reino** moída na hora

Coloque as uvas-passas em uma tigela e cubra com água quente. Faça o mesmo com as ameixas.

Refogue a cebola no óleo por alguns minutos. Adicione o arroz e misture bem. Acrescente a água quente temperada com açafrão. Tempere a gosto, tampe e cozinhe em fogo baixo por 12-15 minutos.

Junte as frutas secas e a amêndoa 5 minutos antes de finalizar o cozimento. Sirva quente.

Variação: arroz com frango e damasco. Lave 200 g de damasco seco e corte em quatro. Cubra com água quente para amolecer. Escorra. Acrescente água quente à água do molho para completar 350 ml, adicione o açafrão e use para cozinhar o arroz. Cerca de 5 minutos antes de finalizar o cozimento, junte ao arroz o damasco e 375 g de peito de frango cozido e picado.

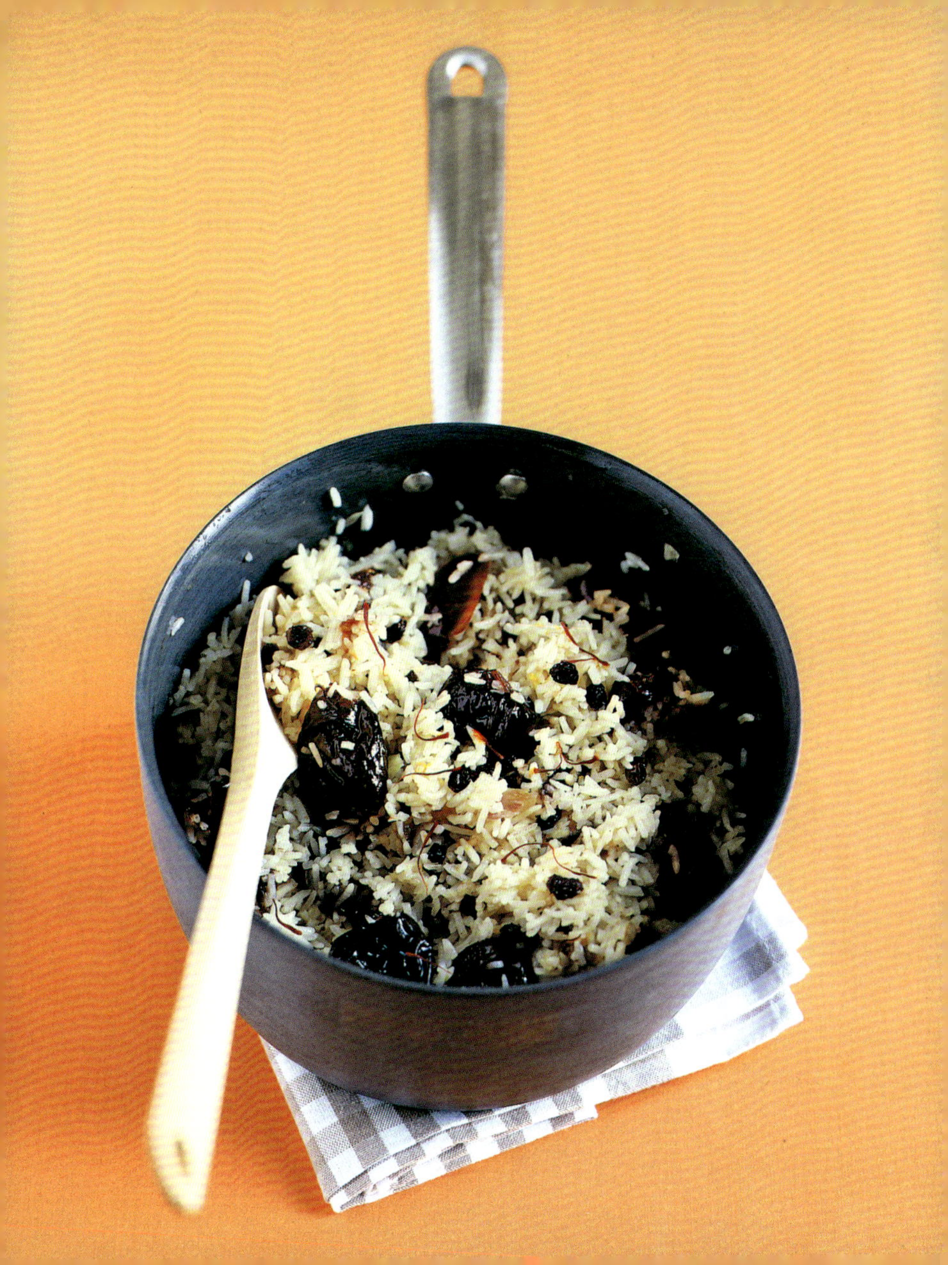

jambalaya de camarão

4 porções
Preparo: **15 minutos**
Cozimento: **20 minutos**

180 g de **arroz de grão longo**
1 colher (sopa) de **óleo vegetal**
1 **pimentão vermelho** cortado em cubos
2 **cebolas** fatiadas
2 dentes de **alho** picados finamente
1 talo de **aipo** picado
1 ramo de **tomilho**, só as folhas
30 **camarões** crus sem casca
tabasco
sal e **pimenta-do-reino** moída na hora
um pouco de **manteiga**, para servir

Cozinhe o arroz à créole (p. 12) por 15 minutos. Escorra e deixe esfriar.

Refogue no óleo o pimentão, a cebola, o alho e o aipo, em uma panela antiaderente. Adicione o tomilho. Cozinhe por 15 minutos e mexa de vez em quando. Tempere.

Misture o camarão e uma gota de tabasco e cozinhe por mais 5 minutos. Adicione o arroz cozido e mexa com um garfo para soltar os grãos.

Coloque por cima um pedacinho de manteiga na hora de servir.

Variação: jambalaya de linguiça e frango. Misture aos legumes na panela ¼ de colher (chá) de pimenta-malagueta em pó, ½ colher (sopa) de cúrcuma e ½ colher (sopa) de tempero cajun. Não use o tomilho. Adicione 250 g de frango desossado e sem pele e 175 g de linguiça fatiada. Continue o preparo como indicado acima.

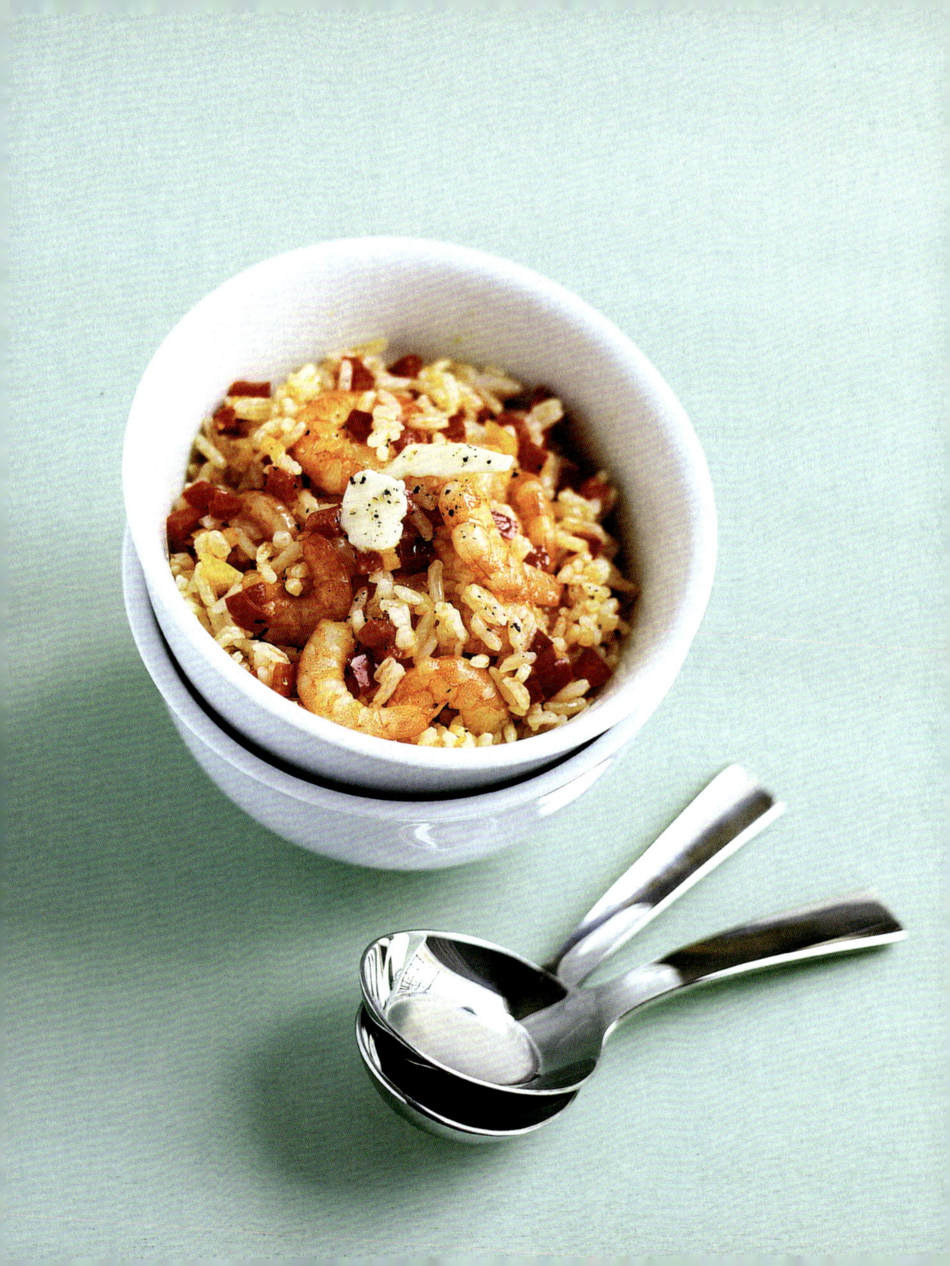

jambalaya de arroz selvagem

4 porções
Preparo: **15 minutos**
Cozimento: **30 minutos**

125 g de **arroz selvagem**
1 colher (chá) de **azeite**
50 g de **aipo** picado
½ **pimentão vermelho** sem sementes e picado
½ **pimentão verde** ou **amarelo** sem sementes e picado
1 **cebola** picada
1 fatia de **bacon** fina
2 dentes de **alho** amassados
2 colheres (sopa) de **purê de tomate**
1 colher (sopa) de **tomilho** picado
125 g de **arroz de grão longo**
1 **pimenta verde** sem sementes e picada
½ colher (chá) de **pimenta-de-caiena**
400 g de **tomate** pelado escorrido
300 ml de **caldo de galinha**
150 ml de **vinho branco seco**
250 g de **camarão** médio cru
salsinha ou **coentro**, para decorar

Coloque o arroz selvagem em uma panela e cubra com água. Deixe ferver por 5 minutos. Tire do fogo e tampe bem. Leve ao vapor por cerca de 10 minutos, até os grãos amolecerem, e escorra.

Refogue no azeite o aipo, os pimentões, a cebola, o bacon e o alho, por 3-4 minutos, até os legumes amolecerem. Misture o purê de tomate e o tomilho. Cozinhe por mais 2 minutos.

Acrescente o arroz selvagem, o arroz de grão longo, a pimenta verde, a pimenta-de-caiena, o tomate, o caldo e o vinho. Deixe ferver. Diminua o fogo e cozinhe por 10 minutos, até o arroz ficar macio, mas ainda *al dente*.

Adicione os camarões e cozinhe, mexendo de vez em quando, por 5 minutos, até ficarem opacos. Disponha em tigelas grandes aquecidas. Espalhe salsinha ou coentro por cima e, se desejar, sirva com pão torrado.

Variação: jambalaya de frango e camarão.

Não use o arroz selvagem e aumente a quantidade de arroz de grão longo para 250 g. Prepare o aipo, o pimentão, a cebola e o alho como indicado acima, mas não use o bacon. Acrescente 200 g de peito de frango cortado em pedaços e frite até dourar. Leve os legumes amolecidos de volta para a panela, adicione os ingredientes restantes e o vinho branco. Deixe ferver e complete a receita como indicado acima.

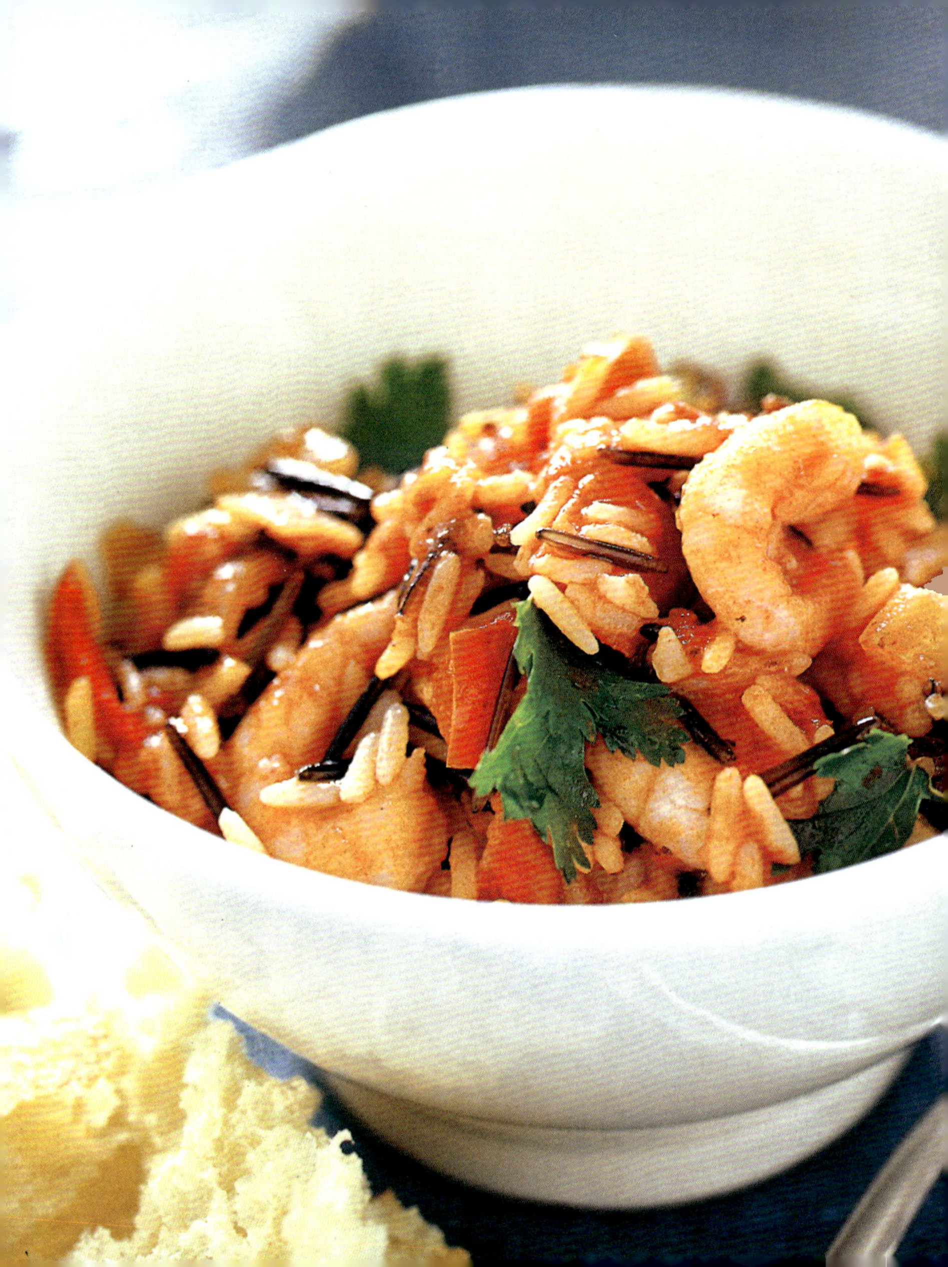

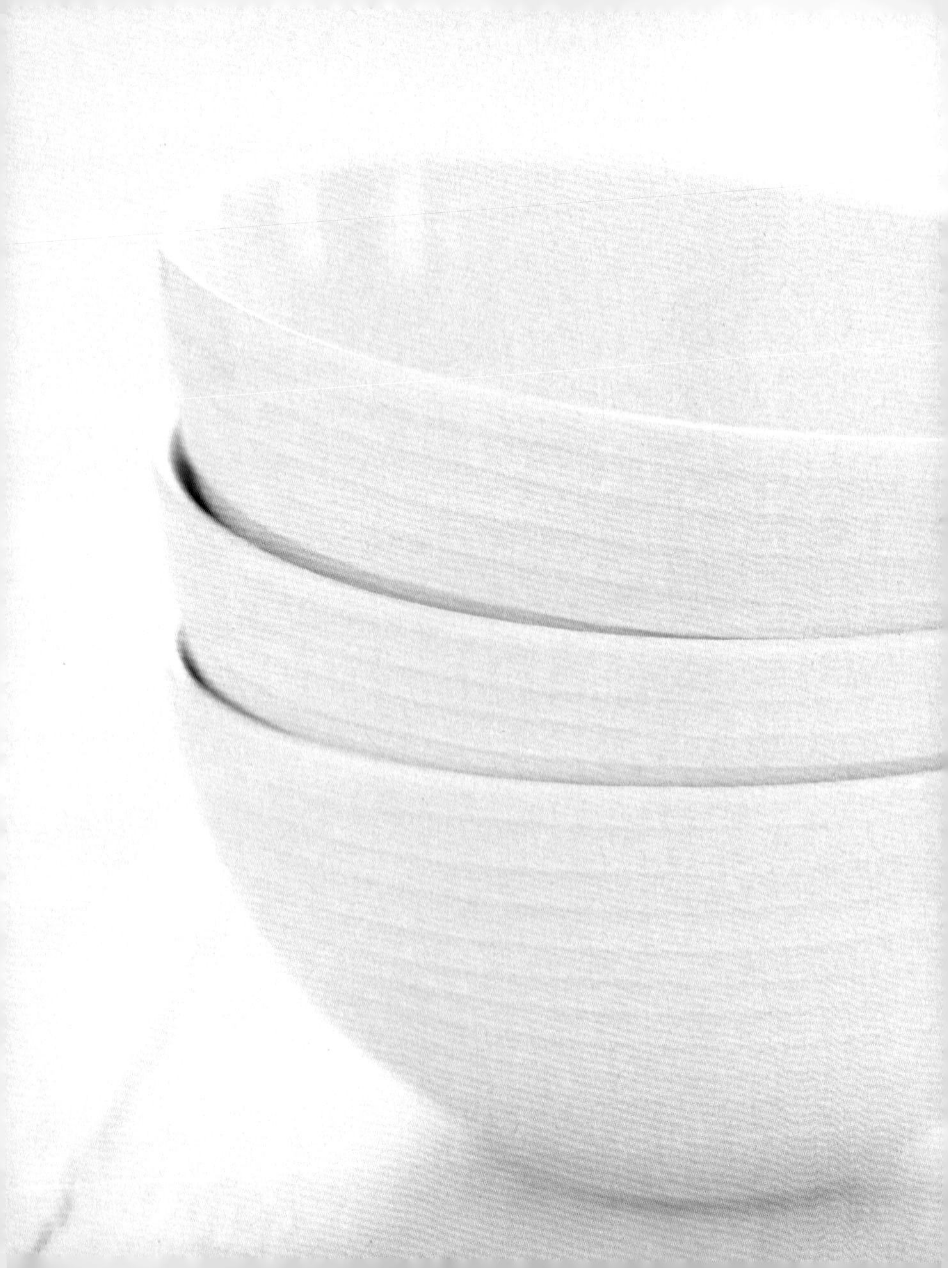

sobremesas

arroz com coco e cardamomo

4 porções
Preparo: **5 minutos**
Cozimento: **30 minutos**

100 g de **arroz de grão curto**
sementes de 2 bagas de **cardamomo**
500 ml de **leite**
2 colheres (sopa) de **água**
40 g de **coco ralado**
40 g de **açúcar mascavo**
1 sachê de **açúcar de baunilha***

* À venda em lojas de produtos para confeitaria. Se não encontrar, adicione 2 colheres (café) de extrato de baunilha a 2 colheres (sopa) de açúcar.

Lave o arroz em água corrente fria e escorra bem.

Triture bem as sementes de cardamomo no pilão.

Ferva o leite com o cardamomo em uma panela de fundo grosso. Adicione o arroz. Tampe e cozinhe por 25 minutos.

Despeje a água sobre o coco ralado, para hidratar. Coloque o açúcar mascavo, o açúcar de baunilha e o coco hidratado na panela de arroz. Cozinhe por mais 5 minutos.

Disponha o arroz com coco em tigelas pequenas e deixe esfriar um pouco.

Sirva quente ou bem gelado.

Variação: arroz com coco e banana caramelada.
Aqueça 50 g de açúcar, ½ colher (chá) de extrato de baunilha e 2 colheres (sopa) de água quente, até o açúcar derreter e caramelizar. Misture 15 g de manteiga sem sal e adicione 2 bananas maduras, mas firmes, fatiadas na diagonal. Cubra-as delicadamente com o caramelo. Sirva o arroz com coco quente, coberto por fatias de banana caramelada.

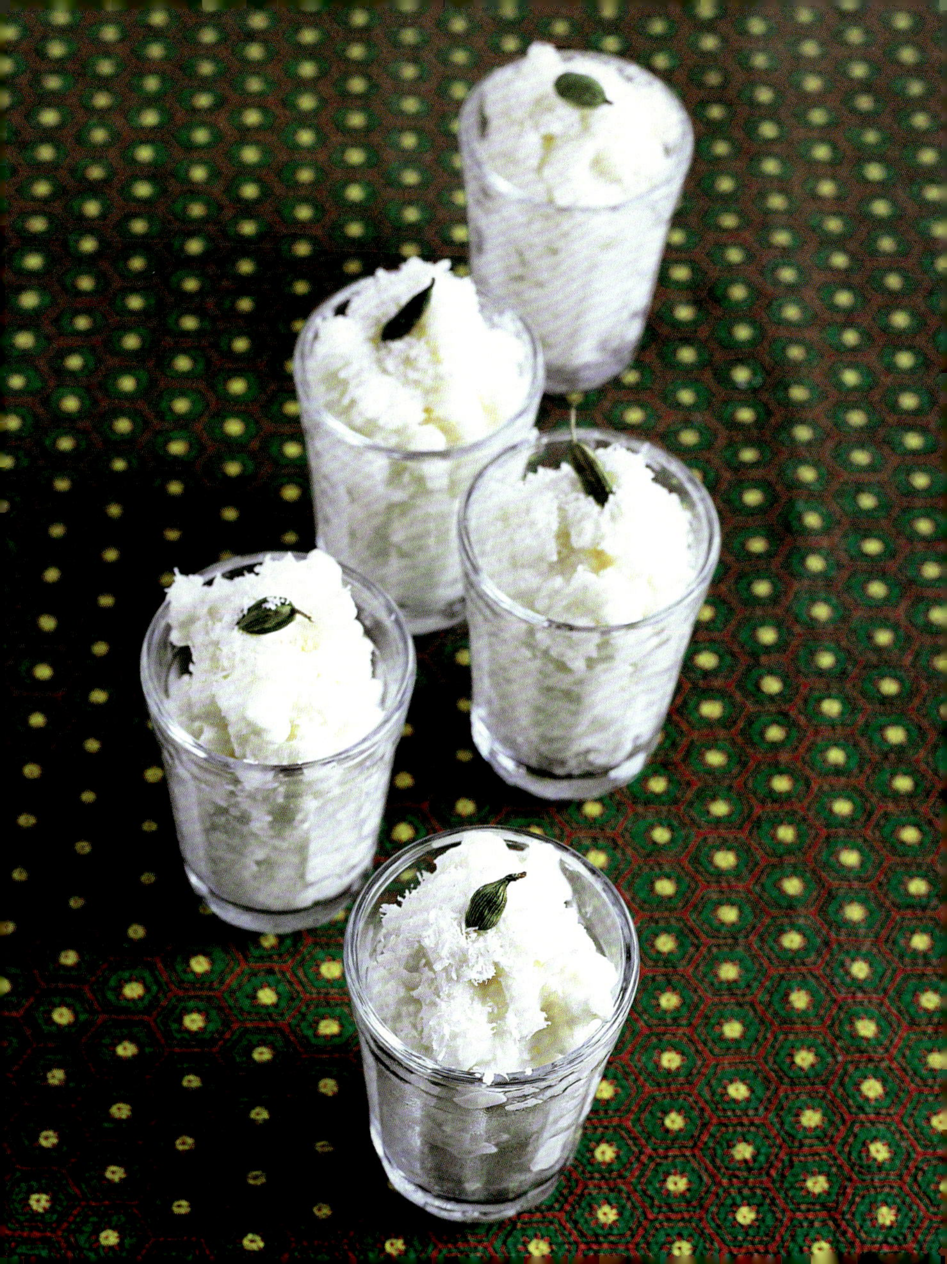

banana com arroz japonês

4-6 porções
Preparo: **10 minutos**, mais **3 horas** para demolhar
Cozimento: **15 minutos**

100 g de **arroz japonês**
500 ml de **leite de coco**
60 g de **açúcar**
½ colher (chá) de **extrato de baunilha**
3 **bananas** cortadas em rodelas

Deixe o arroz de molho na água por pelo menos 3 horas. Lave várias vezes e escorra bem.

Transfira o arroz para uma panela, cubra com água e deixe ferver. Cozinhe por cerca de 12 minutos em fogo baixo.

Aqueça por 5 minutos o leite de coco, o açúcar e o extrato de baunilha. Acrescente a banana. Cozinhe por mais 10 minutos.

Espere esfriar e sirva com o arroz quente.

Variação: arroz com figo. Substitua o açúcar por 4 colheres (sopa) de mel e adicione raspas finas de ½ laranja. Aqueça como indicado acima, acrescente 4 figos frescos ou figos secos macios, cortados em quatro, e cozinhe por mais 5 minutos. Deixe esfriar e sirva com o arroz quente salpicado com algumas folhas de tomilho fresco.

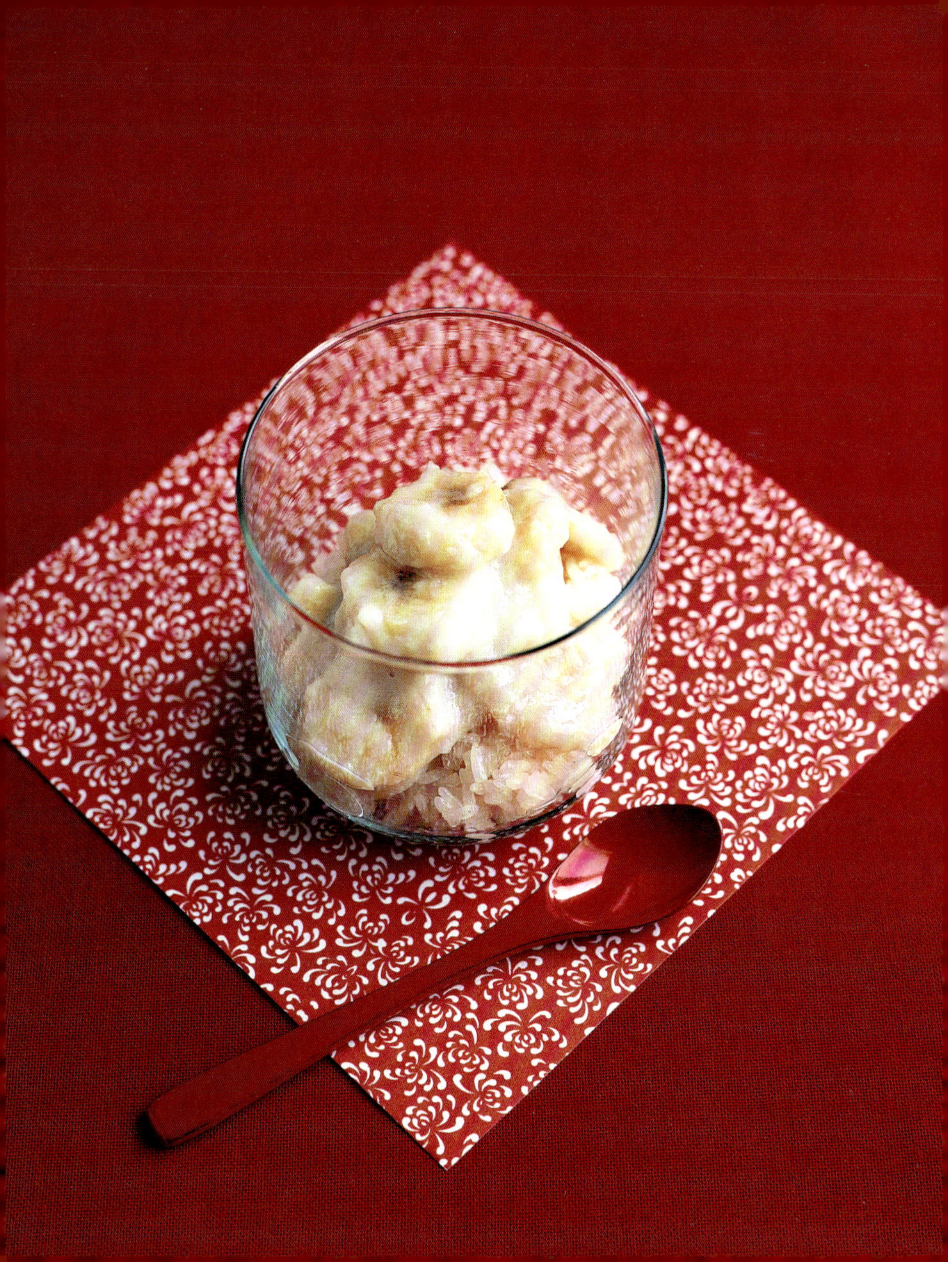

arroz-doce tradicional

4 porções
Preparo: **5 minutos**
Cozimento: **30 minutos**

100 g de **arroz de grão curto**
500 ml de **leite**
40 g de **açúcar**
1 sachê de **açúcar de baunilha** (p. 206)

Lave o arroz em água corrente fria e escorra bem.

Ferva o leite em uma panela de fundo grosso e adicione o arroz. Tampe e cozinhe por cerca de 25 minutos.

Misture o açúcar comum e o açúcar de baunilha, tampe e cozinhe por mais 5 minutos.

Disponha o arroz-doce em tigelas pequenas e deixe esfriar antes de servir.

Variação: arroz-doce indiano. Ferva 500 ml de leite e acrescente 100 g de arroz basmati, 4 bagas de cardamomo ligeiramente amassadas e 2 pistilos de açafrão. Quando o arroz estiver quase cozido, adicione 40 g de açúcar, 1 colher (sopa) de amêndoa em lâminas e 1 colher (sopa) de pistache picado. Finalize o cozimento em fogo bem baixo.

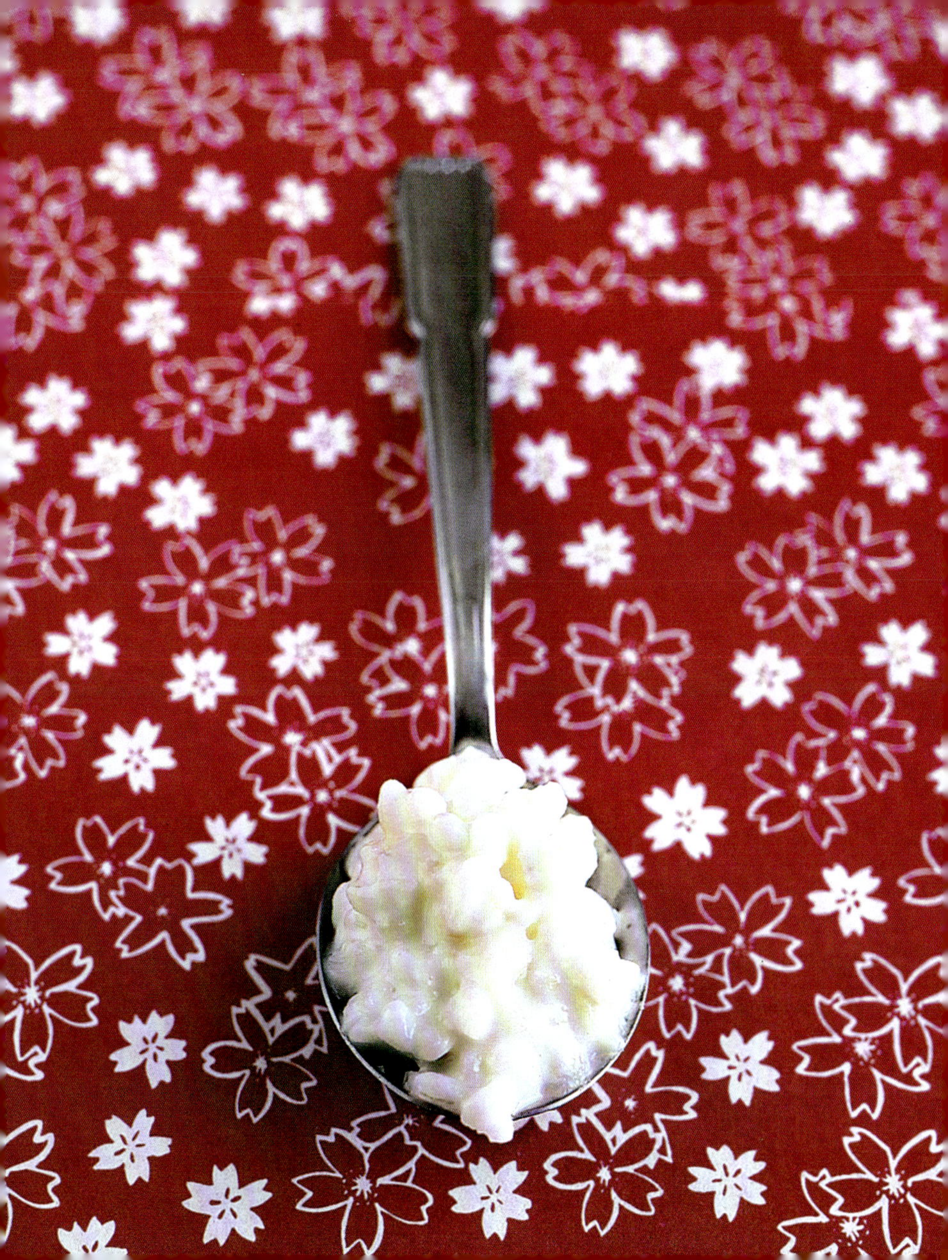

arroz-doce com baunilha

4 porções
Preparo: **10 minutos**
Cozimento: **25 minutos**

100 g de **arroz de grão curto semi-integral** ou **arroz integral** cozido
1 fava de **baunilha**
500 ml de **leite**
tiras da casca de ½ **limão-siciliano** orgânico
50 g de **açúcar mascavo**
12 g de **manteiga** em cubos
2 **gemas**
sal

Lave o arroz em água corrente fria e escorra bem. Despeje em uma panela com água fervente ligeiramente salgada e cozinhe em fogo baixo por 10 minutos. Escorra.

Abra a fava de baunilha no sentido do comprimento. Coloque o leite e a fava em uma panela de fundo grosso. Deixe ferver e acrescente o arroz e a casca de limão. Tampe e cozinhe em fogo baixo por cerca de 10 minutos.

Adicione o açúcar mascavo e tire a panela do fogo. Misture a manteiga e deixe esfriar por alguns segundos.

Bata as gemas e misture com o arroz no leite. Cozinhe em fogo baixo por mais 5 minutos, mexendo de vez em quando.

Retire a fava de baunilha e a casca de limão. Disponha o arroz em tigelas pequenas e deixe esfriar um pouco antes de servir.

Variação: arroz-doce com uva-passa e laranja.

Substitua a casca de limão-siciliano por casca de laranja e o açúcar mascavo por açúcar branco. Adicione 75 g de uva-passa branca e ½ colher (chá) de canela em pó ao leite com arroz. Continue o cozimento como indicado acima.

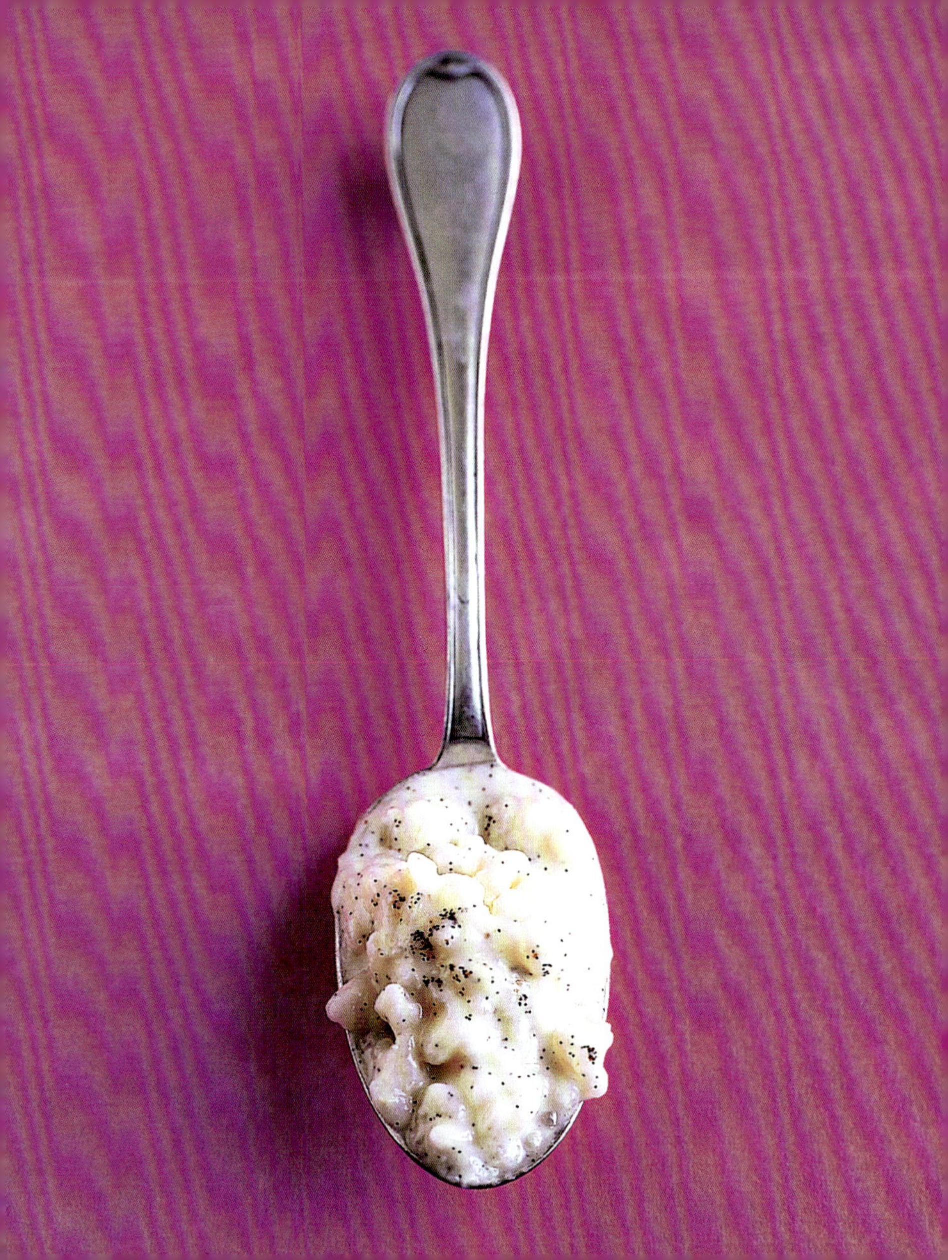

arroz-doce caramelado

4 porções
Preparo: **5 minutos**
Cozimento: **30 minutos**

100 g de **arroz de grão curto**
500 ml de **leite**
25 g de **açúcar**
1 sachê de **açúcar de baunilha** (p. 206)
2 colheres (sopa) de **calda para sorvete sabor caramelo**

Lave bem o arroz em água corrente fria e escorra.

Ferva o leite em uma panela de fundo grosso. Misture o arroz aos poucos. Tampe e cozinhe em fogo baixo por uns 25 minutos.

Misture o açúcar comum e o açúcar de baunilha. Tampe e cozinhe por mais 5 minutos.

Disponha o arroz em tigelas pequenas, deixe esfriar e leve à geladeira.

Regue com o caramelo na hora de servir.

Variação: arroz-doce brûlée. Prepare o arroz-doce como indicado acima, mas use apenas 1 colher (sopa) de açúcar. Disponha o arroz em 4 ramequins refratários, deixe esfriar e leve à geladeira. Tire da geladeira 1 hora antes de servir e polvilhe cada um deles com 2 colheres (chá) de açúcar demerara. Coloque sob uma grelha preaquecida bem quente, até o açúcar caramelizar. Deixe esfriar e leve de volta à geladeira por 45 minutos antes de servir.

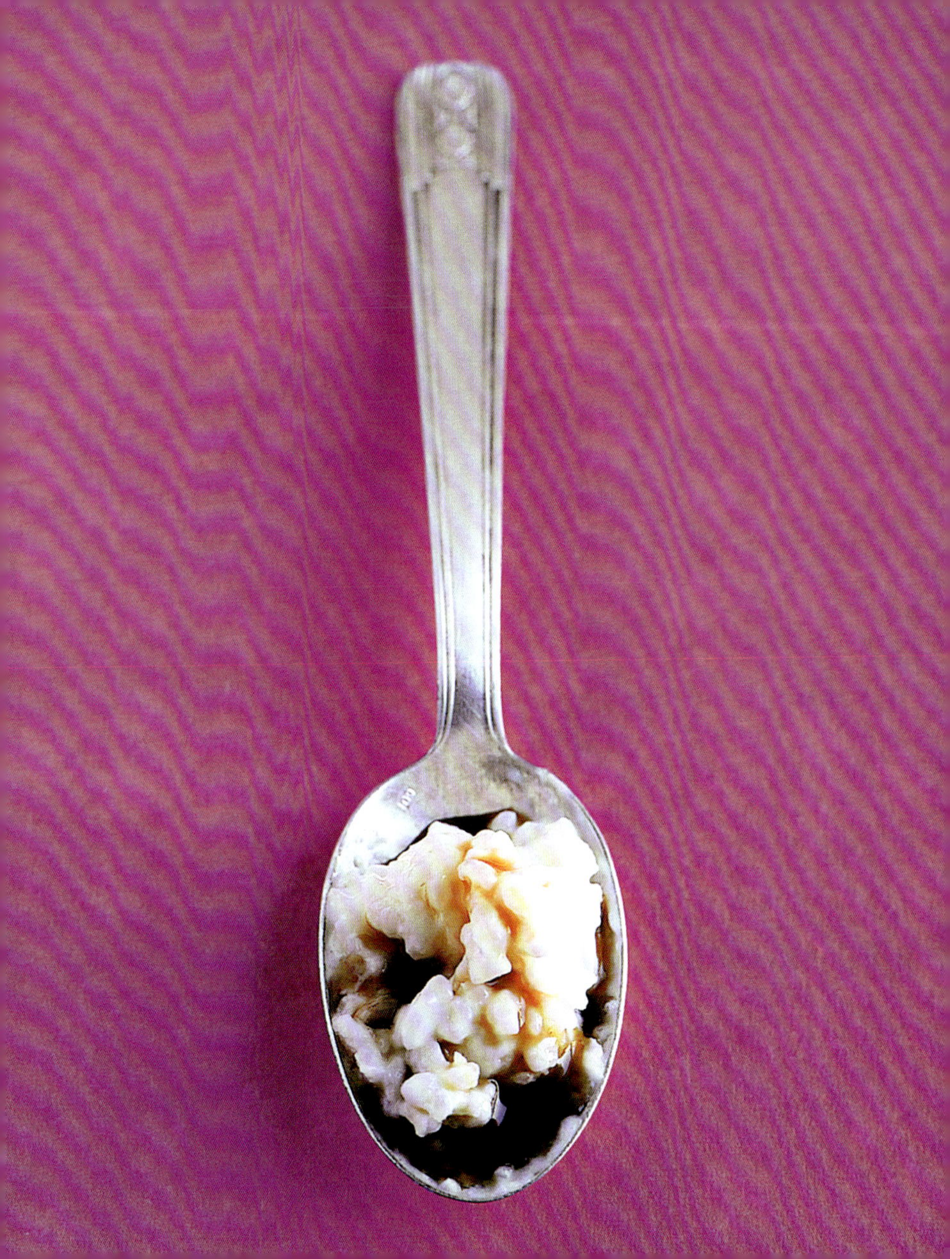

arroz-doce com chocolate

4 porções
Preparo: **5 minutos**
Cozimento: **30 minutos**

100 g de **arroz de grão curto**
5 colheres (sopa) de **cacau em pó**
500 ml de **leite**
1 **canela em pau** pequena
50 g de **açúcar mascavo**

Lave o arroz em água corrente fria e escorra bem.

Dissolva o cacau em pó em 4 colheres (sopa) de leite.

Ferva o restante do leite, a canela e o cacau dissolvido em uma panela de fundo grosso. Adicione o arroz aos poucos. Tampe e cozinhe em fogo baixo por uns 25 minutos.

Misture o açúcar mascavo, tampe e cozinhe por mais 5 minutos. Retire a canela.

Disponha o arroz-doce em tigelas pequenas e deixe esfriar um pouco.

Variação: arroz-doce mocha. Dissolva 4 colheres (sopa) de cacau em pó e 2 colheres (chá) de pó de café solúvel forte em 4 colheres (sopa) de leite, e continue como indicado acima. Adicione as raspas de ½ laranja quando juntar o açúcar mascavo.

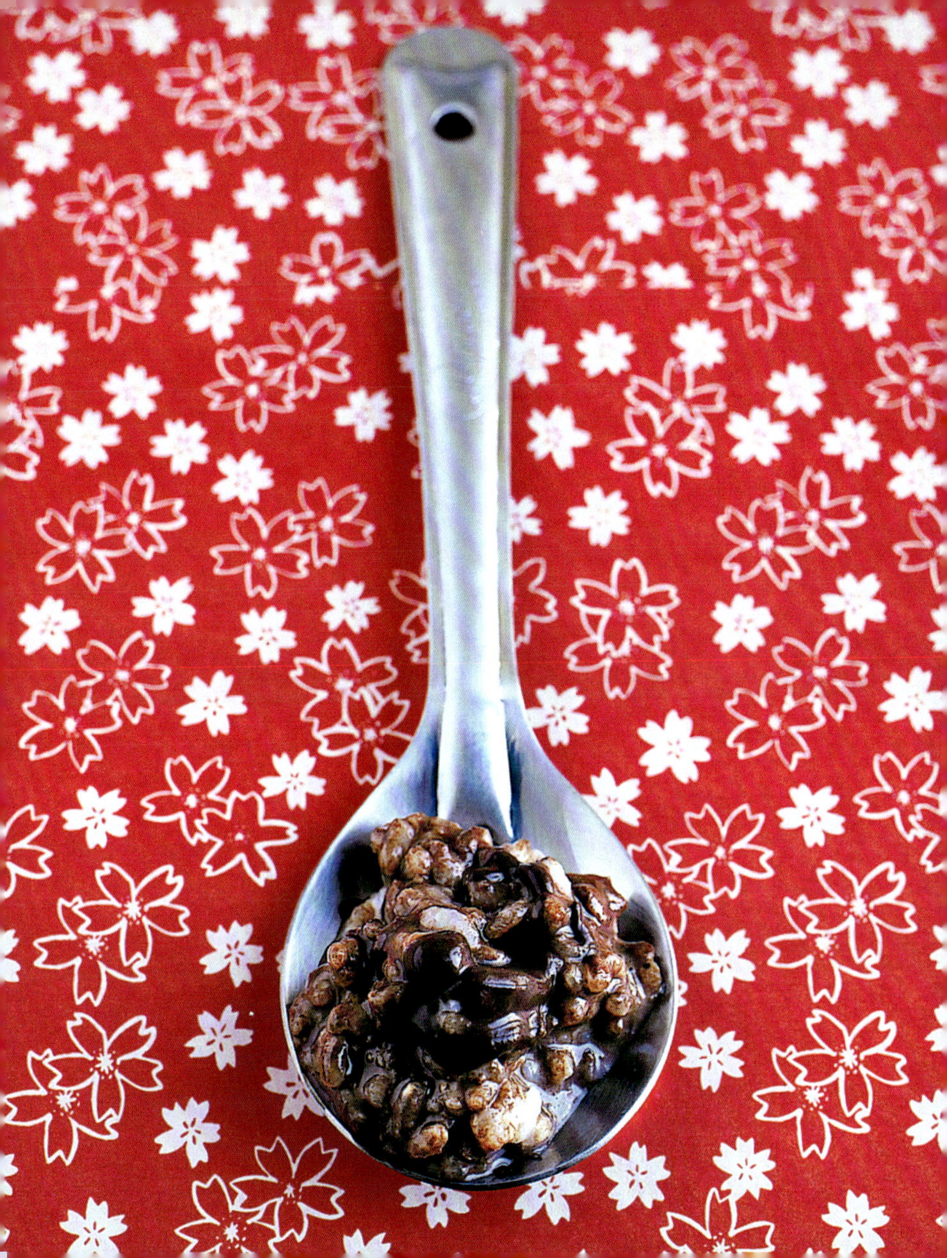

arroz-doce com uva-passa ao vinho

4 porções
Preparo: **10 minutos**, mais **30 minutos** para demolhar
Cozimento: **2 horas**

50 g de **uva-passa**
2 colheres (sopa) de **vinho fortificado** (Pedro Ximénez, vinho Madeira ou xerez doce)
65 g de **arroz**
25 g de **açúcar**
600 ml de **leite**
25 g de **manteiga sem sal** em pedaços
uma pitada grande de **noz-moscada em pó**
uma pitada de **canela em pó**

Aqueça a uva-passa no vinho. Use uma panela no fogo ou coloque em uma tigela pequena e leve ao micro-ondas por 30 segundos, na potência alta. Deixe de molho por 30 minutos ou mais, se tiver tempo.

Unte uma fôrma de 900 ml e coloque o arroz com o açúcar. Distribua a uva-passa e cubra com leite. Espalhe pedacinhos de manteiga e polvilhe as especiarias.

Asse no forno preaquecido a 150°C por 2 horas, até dourar por cima, o arroz ficar macio e o leite engrossar e ficar cremoso. Sirva em tigelas com chantili.

Variação: arroz-doce inglês. Não use a uva-passa e o vinho. Coloque o arroz e o açúcar em uma fôrma untada. Despeje 450 ml de leite e 150 ml de creme de leite fresco. Espalhe pedacinhos de manteiga por cima e polvilhe a noz-moscada ralada na hora. Asse e sirva com geleia de morango.

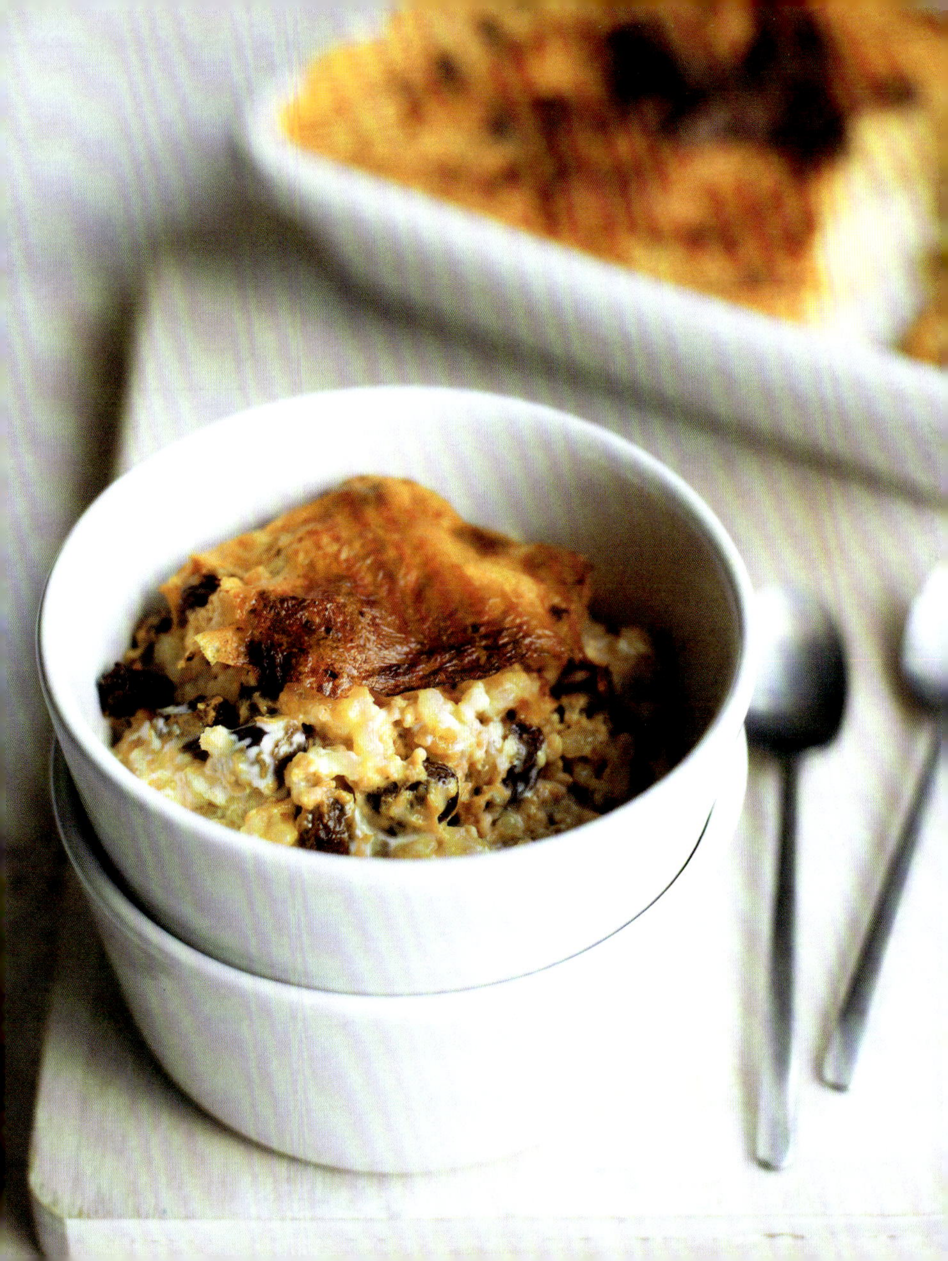

risoto de chocolate

4 porções
Preparo: **5 minutos**
Cozimento: **20 minutos**

600 ml de **leite**
25 g de **açúcar cristal**
50 g de **manteiga**
125 g de **arroz para risoto**
50 g de **avelã** tostada e picada
50 g de **uva-passa branca**
125 g de **chocolate meio amargo** ralado, mais um pouco para decorar
uísque (opcional)

Ferva o leite e o açúcar cristal.

Derreta a manteiga em uma panela de fundo grosso, adicione o arroz e misture bem para cobrir os grãos. Acrescente uma concha de leite quente e misture bem. Quando o arroz absorver o leite, acrescente outra concha. Adicione o leite em etapas e mexa até tudo ser absorvido. O arroz deverá ficar ligeiramente *al dente* e cremoso.

Acrescente a avelã, a uva-passa e o chocolate. Misture rapidamente. Mexa o chocolate ligeiramente para obter um efeito marmorizado. Decore com um pouco de chocolate ralado. Para dar um toque especial, adicione o uísque antes de decorar e servir o risoto.

Variação: arroz-doce com chocolate e laranja.
Adicione raspas finas de 1 laranja ao aquecer o leite e o açúcar. Prepare o risoto como indicado acima. Misture 2 colheres (sopa) de suco de laranja, 125 g de chocolate ao leite ralado e 75 g de frutas secas no lugar da avelã, uva-passa branca e chocolate meio amargo. Reserve um pouco de chocolate ralado para decorar.

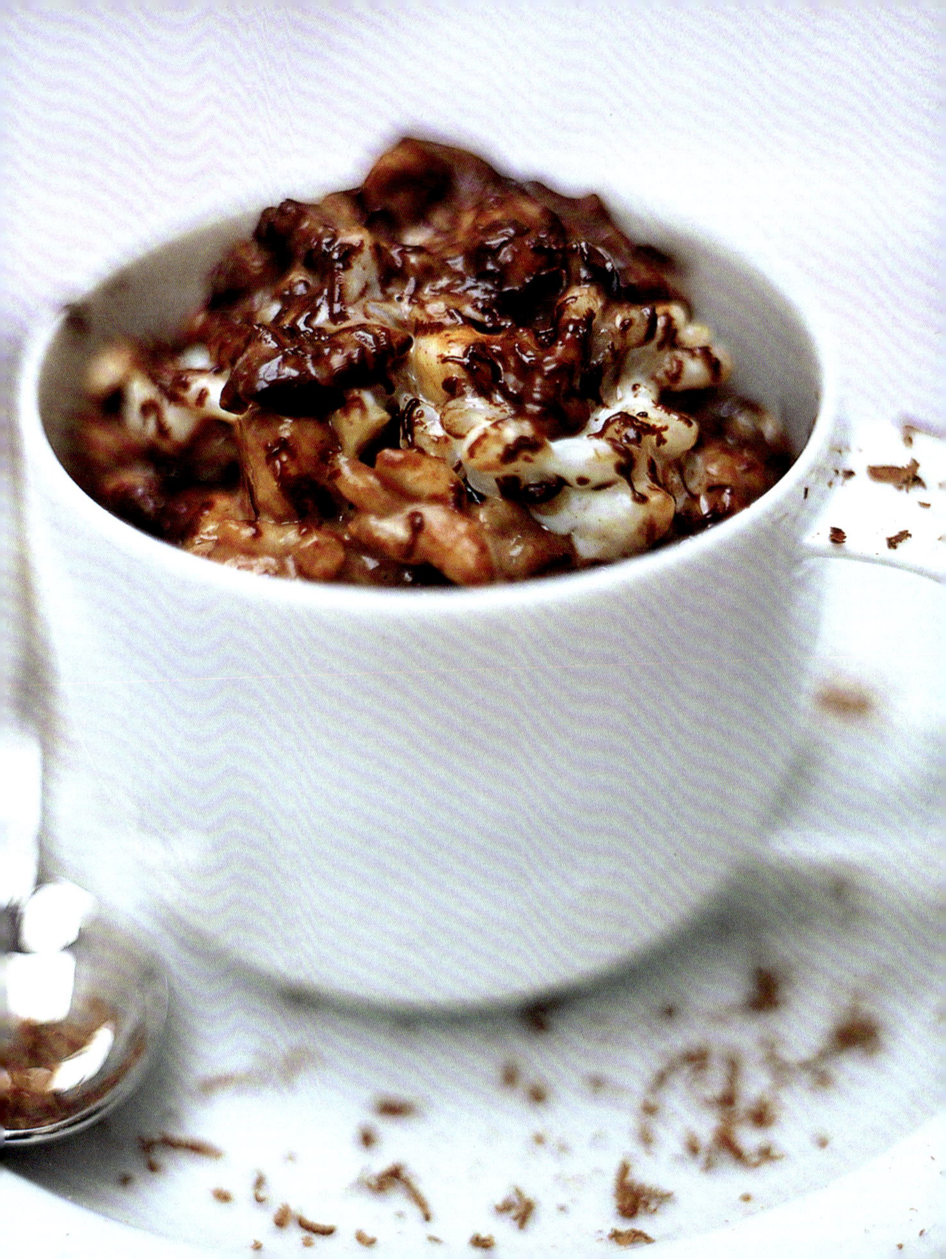

arroz-doce festivo

4 porções
Preparo: **5 minutos**
Cozimento: **30 minutos**

100 g de **arroz de grão curto**
500 ml de **leite**
uma pitada de **sal**
tiras da casca de 1 **laranja orgânica**
40 g de casca de **laranja cristalizada** picada
40 g de **açúcar**

Lave o arroz em água corrente fria e escorra bem.

Ferva o leite em uma panela de fundo grosso. Adicione o sal, o arroz e a casca de laranja. Cozinhe em fogo baixo por cerca de 25 minutos.

Misture a casca de laranja cristalizada e o açúcar. Tampe e cozinhe por mais 5 minutos.

Retire a casca de laranja. Disponha o arroz-doce em tigelas pequenas e deixe esfriar um pouco antes de servir.

Variação: arroz-doce com abacaxi e gengibre.
Descasque ½ abacaxi pequeno, corte em pedaços e descarte o miolo. Leve o abacaxi ao forno com 50 g de manteiga sem sal, 75 g de açúcar e 1 colher (sopa) de calda ou licor de gengibre. Asse em forno preaquecido a 200°C, por 30 minutos, regando frequentemente. Prepare o arroz-doce substituindo a casca de laranja cristalizada por gengibre em conserva picado finamente. Sirva com o abacaxi assado.

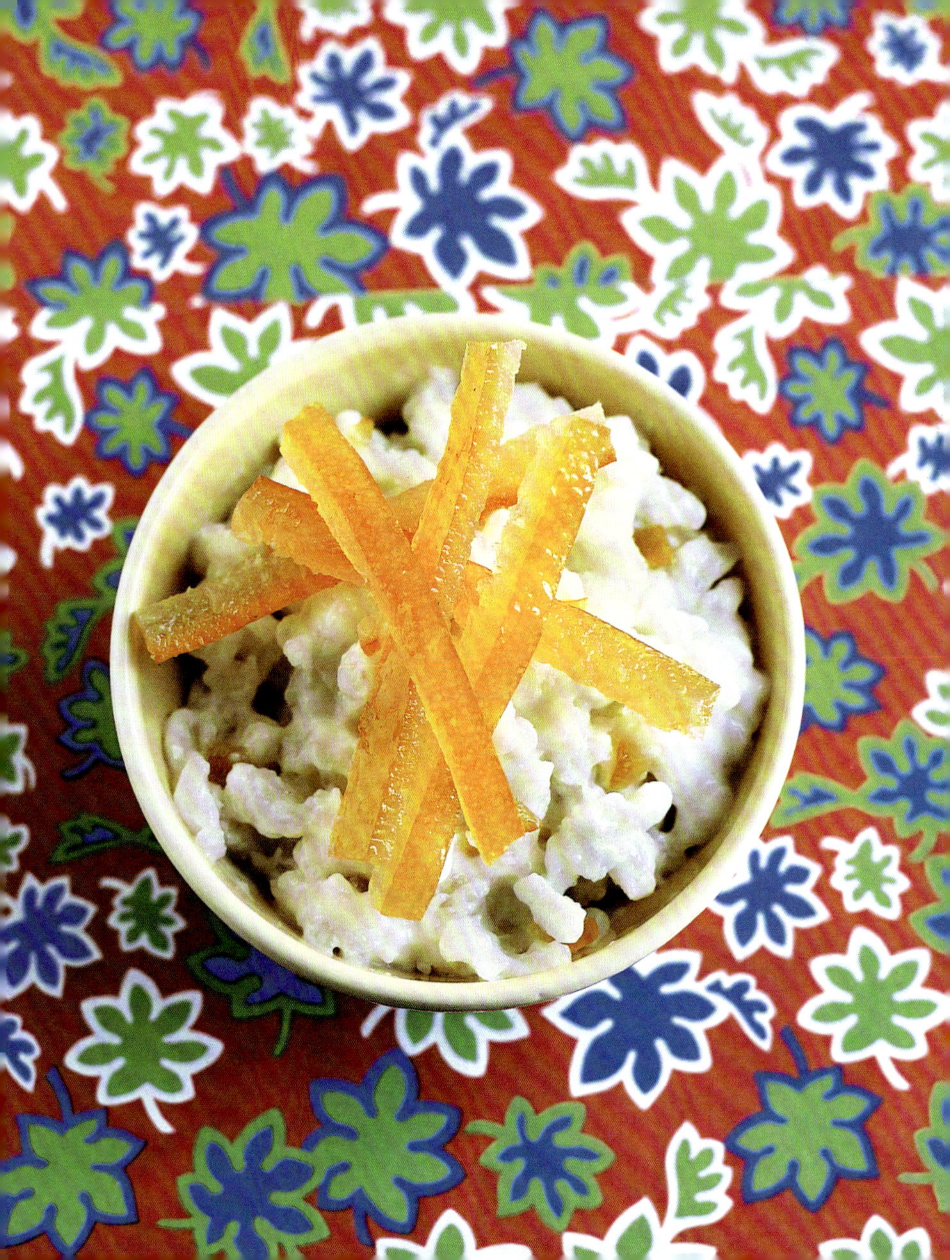

arroz com manga

4-6 porções
Preparo: **5 minutos**, mais
 1 hora para demolhar
Cozimento: **12 minutos**

200 g de **arroz japonês**
2 colheres (sopa) de **açúcar mascavo**
250 ml de **leite de coco**
4 colheres (sopa) de **água** quente
1 **manga** cortada em fatias finas

Cubra o arroz com água. Deixe de molho por 1 hora pelo menos. Lave bem, escorra e coloque no centro de um pano limpo.

Aqueça um pouco de água no compartimento inferior da panela de vapor. Coloque o pano com o arroz no compartimento superior. Espalhe o arroz em uma camada uniforme. Tampe e cozinhe por cerca de 10 minutos.

Abra o pano, espere 1 minuto para o arroz esfriar, coloque em uma travessa rasa e solte os grãos com um garfo.

Misture o açúcar mascavo, o leite de coco e a água quente em uma panela e deixe ferver. Desligue o fogo.

Despeje a calda de leite de coco sobre o arroz. Deixe esfriar. Decore com a manga fatiada e sirva.

Variação: arroz-doce tailandês. Cozinhe 200 g de arroz jasmim tailandês à créole (p. 12). Adicione à água de cozimento 1 folha de capim-cidreira cortada ao meio no sentido do comprimento. Escorra o arroz e descarte o capim-cidreira. Coloque 200 ml de leite de coco na panela com 2 colheres (sopa) de açúcar cristal e 4 colheres (sopa) de água quente. Siga a receita como indicado acima.

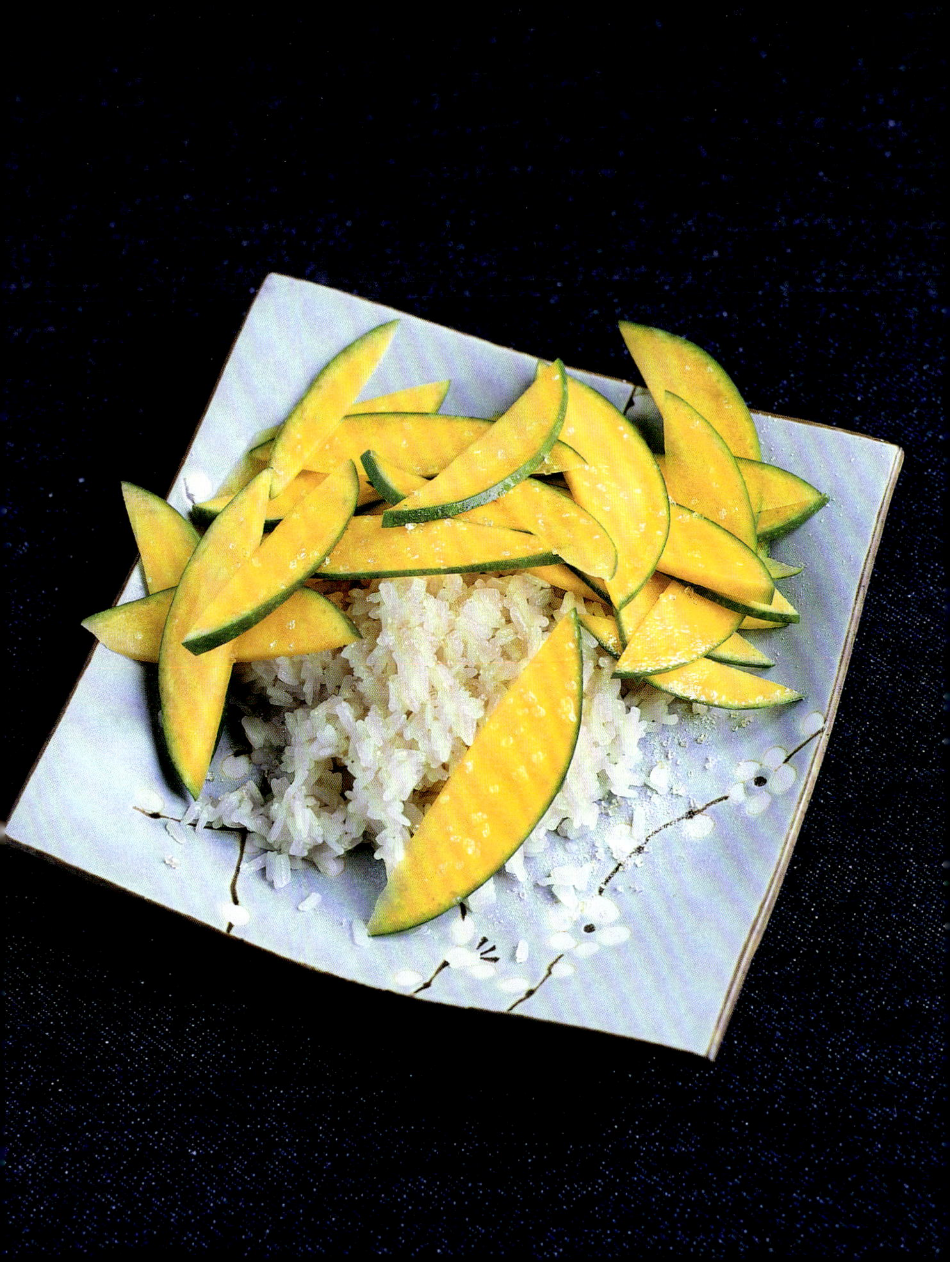

arroz-doce com pêssego

4 porções
Preparo: **25 minutos**, mais **30 minutos** para demolhar
Cozimento: **30 minutos**

100 g de **arroz basmati**
500 ml de **leite**
uma pitada de pistilos de **açafrão**
uma pitada de **sal**
óleo vegetal
40 g de **amêndoa** em lâminas
70 g de **mel**
4 **pêssegos**
20 g de **manteiga**

Lave o arroz em água corrente fria, coloque em uma tigela e cubra com água. Deixe de molho por 30 minutos e escorra cuidadosamente.

Aqueça o leite em uma panela de fundo grosso, adicione os pistilos de açafrão e uma pitada de sal, tampe e deixe em infusão por 10 minutos.

Cozinhe o arroz em uma panela antiaderente untada, em fogo baixo, por 1 minuto. Adicione a amêndoa. Retire o açafrão e adicione ao leite quente 50 g de mel. Despeje sobre a mistura de arroz. Tampe e cozinhe em fogo baixo por cerca de 20 minutos.

Ferva água, mergulhe o pêssego por 1 minuto e passe na água fria. Retire a casca, corte em quatro e retire os caroços. Aqueça o restante do mel e a manteiga em uma panela antiaderente. Adicione o pêssego, cozinhe um lado por 2 minutos, vire e cozinhe por mais 3 minutos.

Solte os grãos de arroz com um garfo e disponha em uma fôrma grande ou várias fôrmas pequenas. Desenforme e sirva com o pêssego.

Variação: arroz com maple syrup e pecã. Não use a amêndoa e o pêssego. Cozinhe o arroz como indicado acima e substitua o mel por maple syrup — 50 g na receita principal e 20 g aquecido, por 2 minutos, com 20 g de manteiga e 125 g de nozes-pecãs cortadas. Sirva polvilhado com nozes-pecãs.

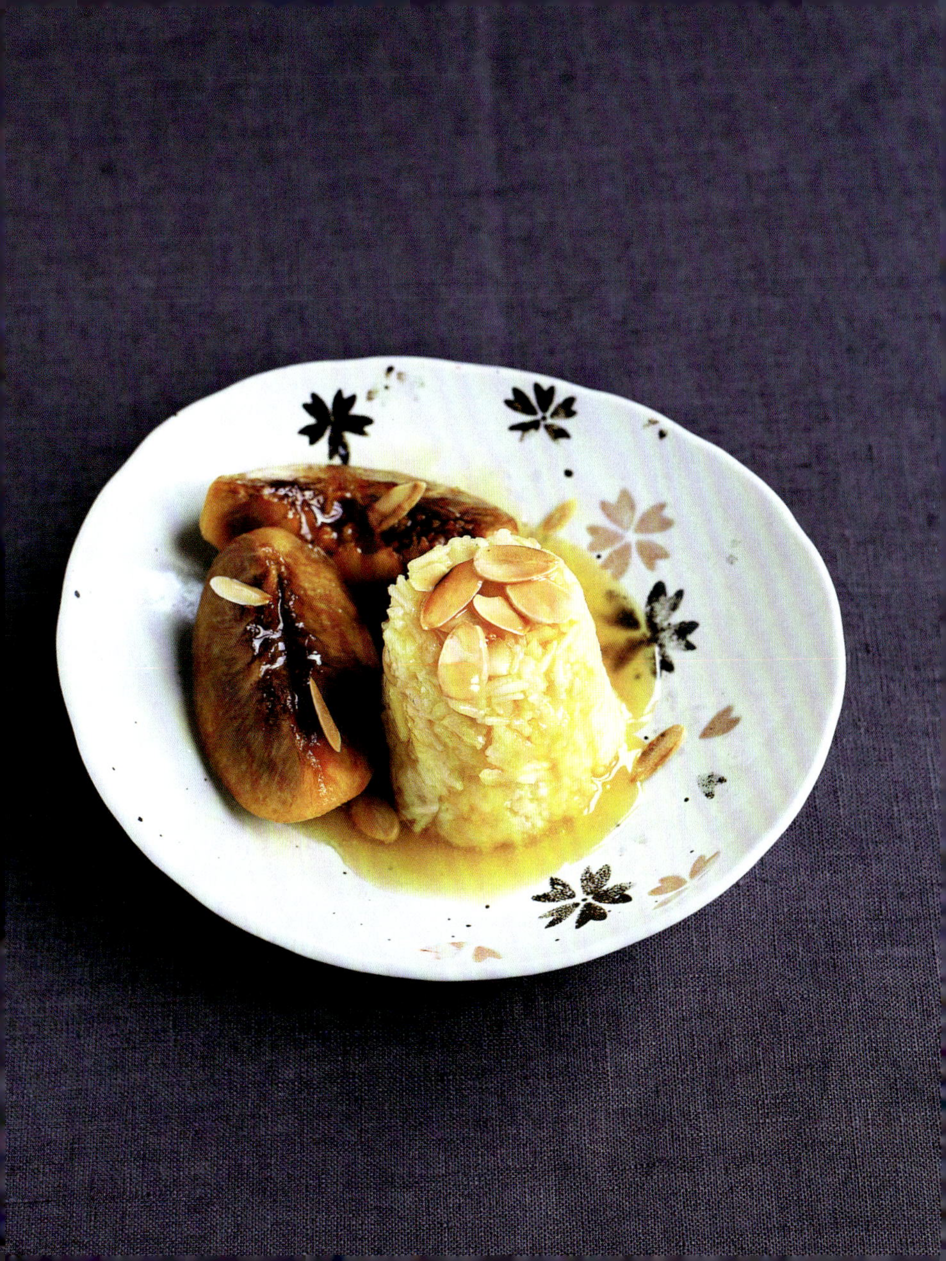

arroz com coco e pêssego

4 porções
Preparo: **5 minutos**
Cozimento: **30 minutos**

100 g de **arroz de grão curto**
500 ml de **leite**
40 g de **coco ralado**
50 g de **açúcar**
1 sachê de **açúcar de baunilha** (p. 206)
4 **pêssegos** maduros descascados e cortados em quatro
um pouco de suco de **limão-siciliano**

Lave o arroz em água corrente fria e escorra bem.

Ferva o leite em uma panela de fundo grosso. Acrescente o arroz lentamente. Tampe e cozinhe em fogo baixo por cerca de 25 minutos.

Misture o coco ralado, o açúcar comum e o açúcar de baunilha. Tampe e cozinhe em fogo baixo por 5 minutos. Disponha o arroz com coco em tigelas pequenas, deixe esfriar e leve à geladeira.

Bata o pêssego no processador até obter um purê fino e regue com o suco de limão-siciliano.

Sirva o arroz gelado com o purê de pêssego por cima.

Variação: arroz com coco e framboesa. Bata 500 g de framboesa fresca ou congelada com 2 colheres (sopa) de açúcar até obter um purê. Misture com as raspas finas e o suco de 2 limões. Sirva o arroz gelado com o purê de framboesa.

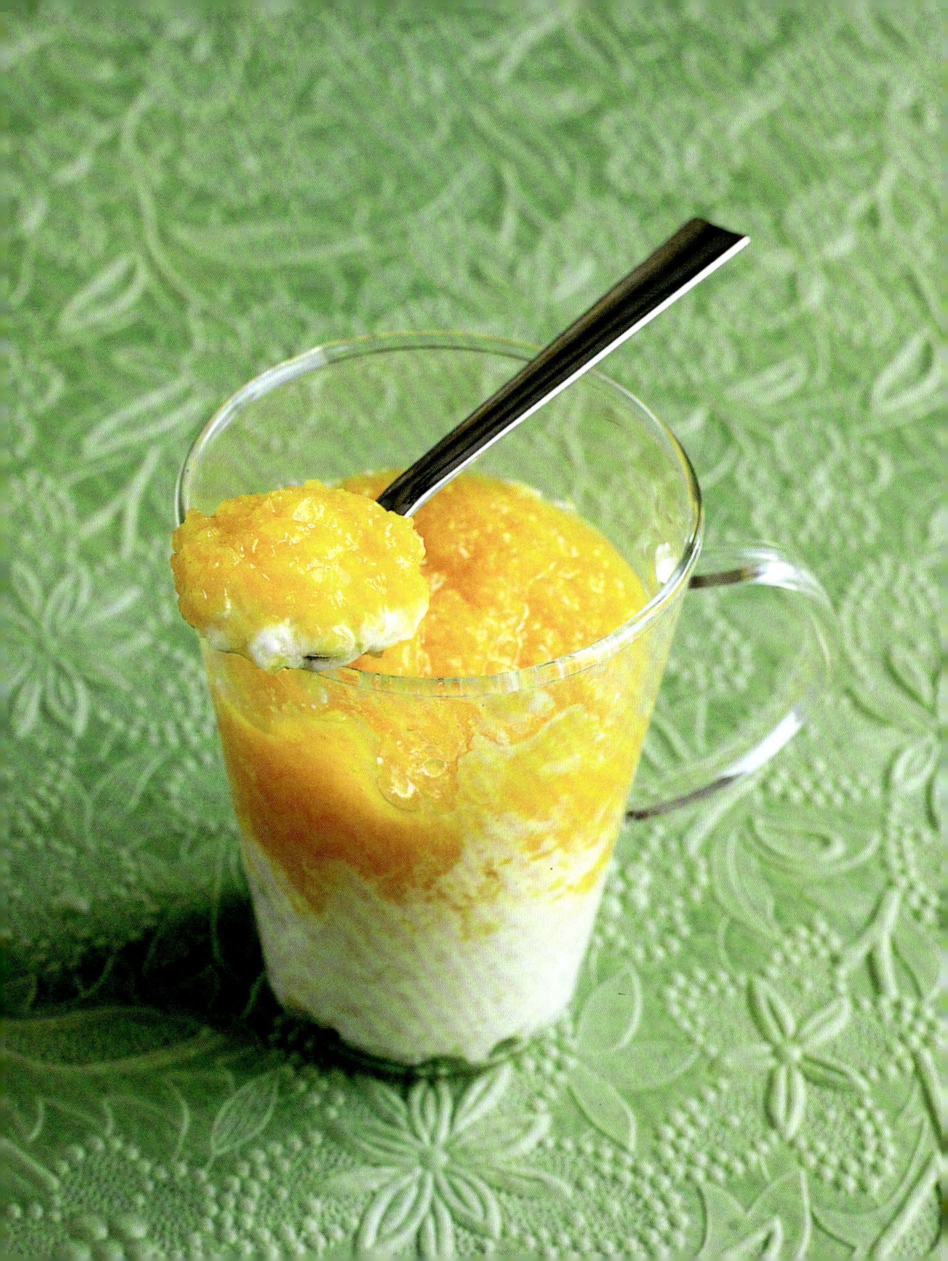

arroz-doce com especiarias e coco

4 porções
Preparo: **15 minutos**, mais **30 minutos** para demolhar
Cozimento: **30 minutos**

100 g de **arroz basmati**
500 ml de **leite**
1 **cravo**
1 **canela em pau** pequena
50 g de **açúcar**
1 sachê de **açúcar de baunilha** (p. 206)
50 g de **coco ralado**

Lave o arroz em água corrente fria, coloque em uma tigela grande e cubra com água. Deixe de molho por 30 minutos e escorra bem.

Ferva o leite, o cravo, a canela em pau, o açúcar comum e o açúcar de baunilha em uma panela de fundo grosso. Adicione o arroz, misture bem, tampe e cozinhe em fogo baixo por 25 minutos.

Doure o coco ralado em uma panela antiaderente.

Retire o cravo e a canela em pau. Disponha o arroz em tigelas pequenas. Deixe esfriar e salpique o coco tostado.

Variação: arroz-doce perfumado. Substitua o cravo e a canela por 2 colheres (chá) de água de rosas e 2 bagas de cardamomo ligeiramente amassadas. Substitua o coco ralado tostado por 50 g de amêndoa em lâminas tostada.

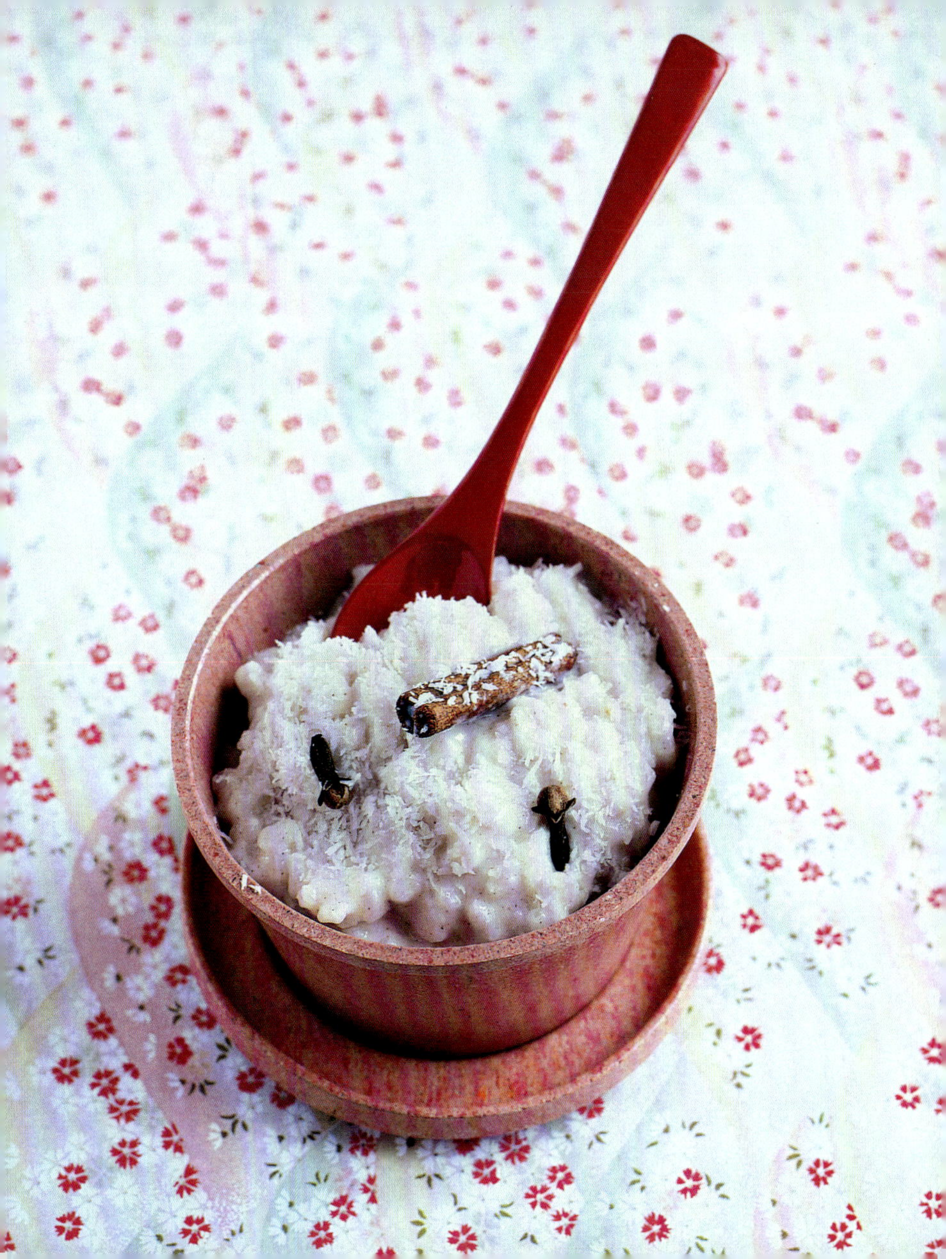

arroz cremoso exótico

4 porções
Preparo: **5 minutos**
Cozimento: **10 minutos**

6 colheres (sopa) de **farinha de arroz branca** ou **integral**
1 litro de **leite**
90 g de **açúcar**
2 colheres (sopa) de **água de flor de laranjeira**
60 g de **pistache** picado

Misture a farinha de arroz com 4 colheres (sopa) de leite. Coloque o restante do leite e a farinha diluída em uma panela de fundo grosso e deixe ferver. Tampe e cozinhe em fogo baixo por cerca de 10 minutos, mexendo de vez em quando.

Adicione o açúcar e a água de flor de laranjeira, mexa bem e tire a panela do fogo.

Disponha o arroz cremoso em tigelas pequenas e deixe esfriar. Polvilhe com o pistache e sirva em temperatura ambiente.

Variação: arroz cremoso com frutas secas. Coloque em uma panela 50 g de cada uma das seguintes frutas secas picadas: pera, damasco e ameixa. Cubra com água, deixe ferver e cozinhe por 5 minutos. Tire do fogo e reserve. Prepare o arroz cremoso como indicado acima. Sirva coberto com a compota de frutas e polvilhado com pistache.

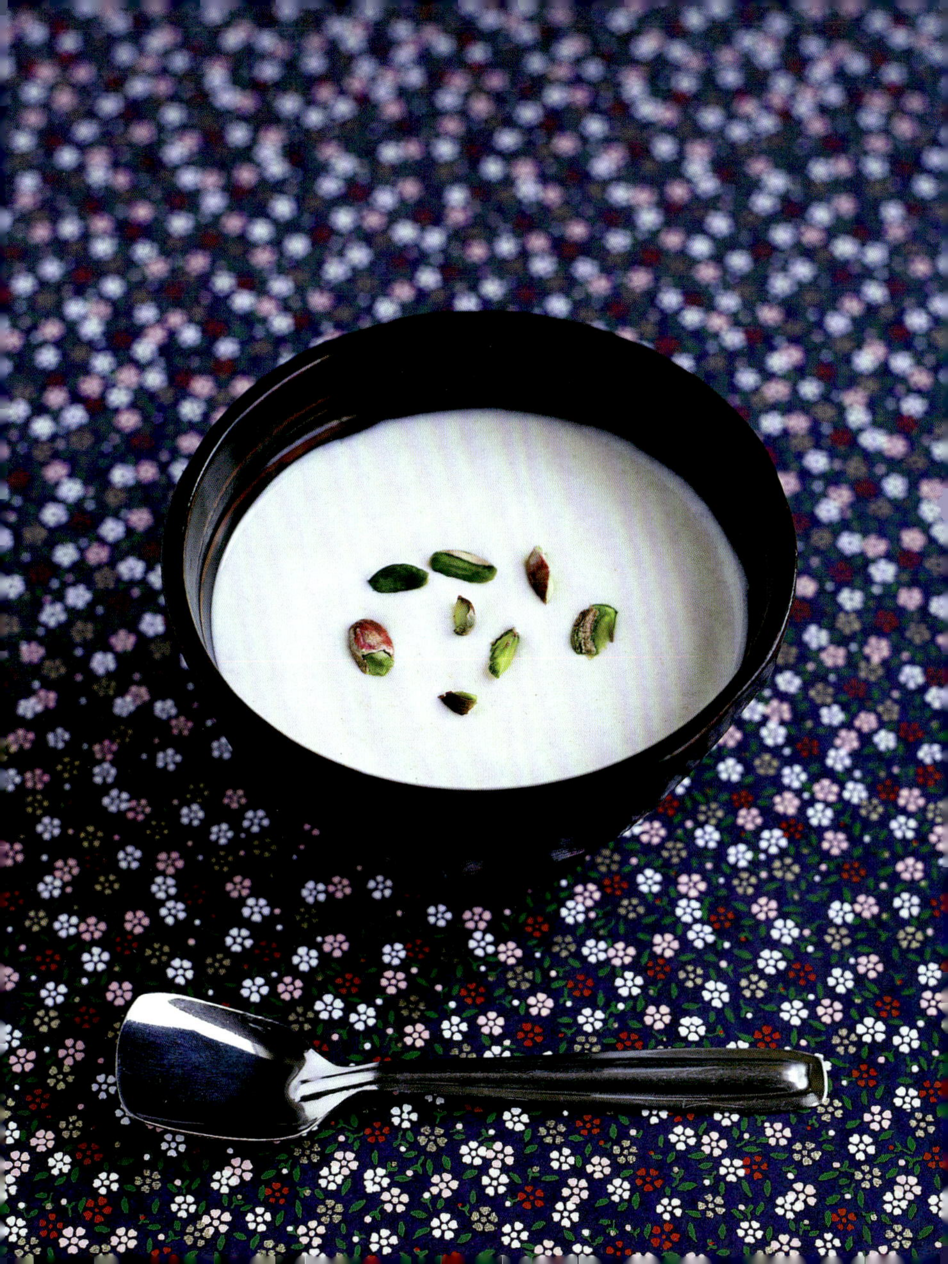

risoto de arroz vermelho com uva

4 porções
Preparo: **15 minutos**
Cozimento: **50-60 minutos**

75 g de **manteiga sem sal**
175 g de **arroz vermelho**, lavado em água fria e escorrido
750-900 ml de **leite**
½ colher (chá) de **mix de especiarias em pó** (canela, cravo, gengibre e noz-moscada), mais um pouco para decorar
50 g de **açúcar mascavo**
250 g de **uva vermelha** sem sementes cortada ao meio
creme de leite fresco

Aqueça 50 g de manteiga, adicione o arroz e refogue em fogo baixo por 2 minutos. Aqueça o leite em outra panela, despeje um terço do total sobre o arroz e adicione as especiarias.

Cozinhe o arroz em fogo baixo por 40-50 minutos, mexendo de vez em quando, até ficar macio e cremoso. Cubra o arroz com leite à medida que cozinha e mexa mais frequentemente no final do cozimento.

Retire o arroz do fogo e misture o açúcar. Aqueça o restante da manteiga em uma frigideira, adicione a uva e refogue por 2-3 minutos, até aquecer. Disponha o risoto em tigelas rasas, cubra com colheradas de creme de leite fresco, espalhe a uva e polvilhe um pouco de especiarias. Sirva imediatamente.

Variação: risoto de cereja. Refogue o risoto de arroz em 50 g de manteiga e cozinhe com 600-750 ml de leite quente, como indicado acima. Substitua as especiarias moídas por 1 colher (chá) de extrato de baunilha e 50 g de cereja seca. Cozinhe no fogo baixo por 20-25 minutos, até o arroz ficar macio e cremoso. Misture 50 g de açúcar. Não use a uva e cubra o risoto com colheradas de creme de leite fresco.

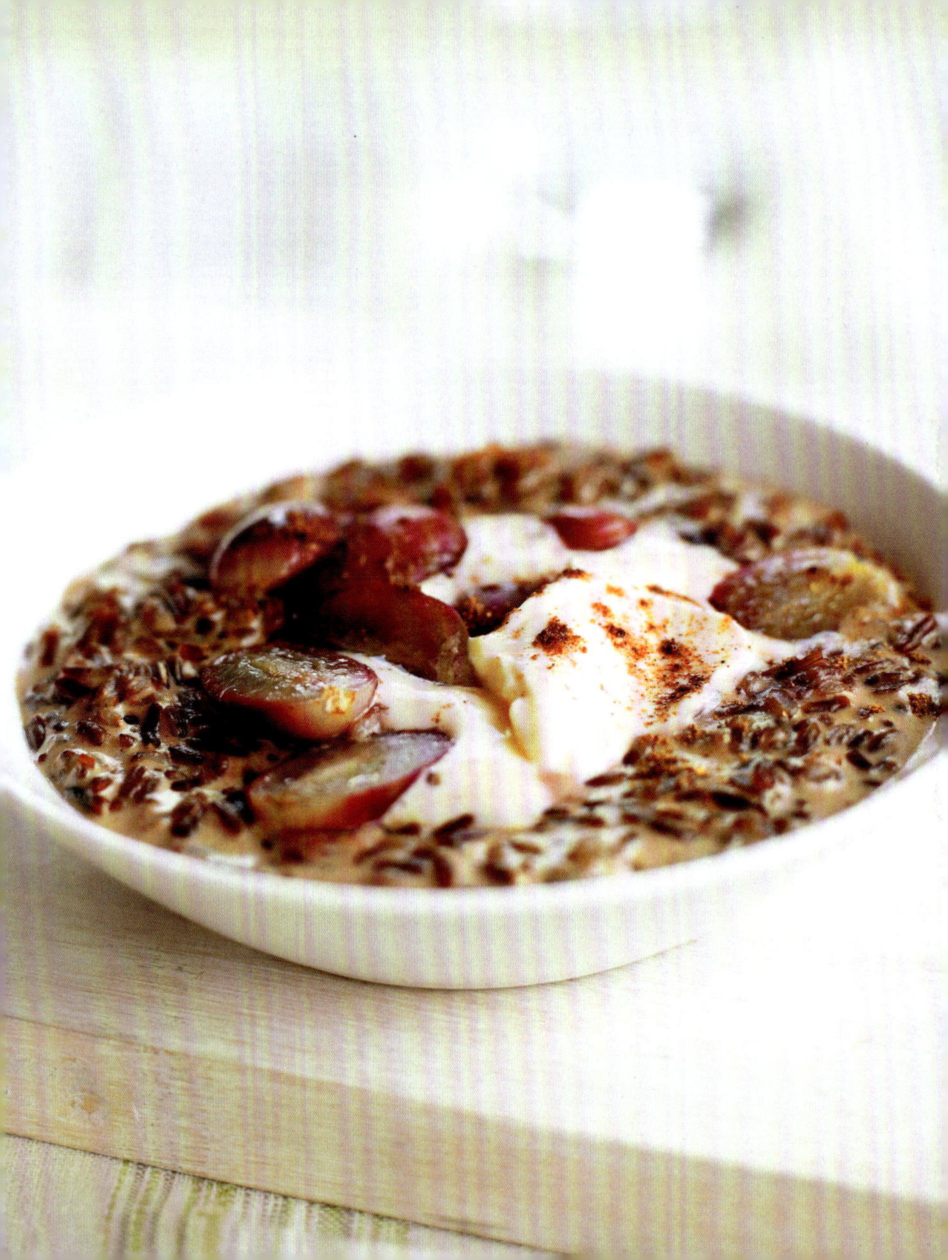

índice

abacate
  guacamole 194
  temaki de frango com abacate 108
  temaki de salmão com abacate 104
  temaki de siri com abacate 108

abacaxi
  arroz-doce com abacaxi e gengibre 222

abobrinha
  abobrinha recheada 172
  abobrinha recheada com avelã 172

açafrão
  arroz com açafrão e frutas secas 198
  arroz-doce com pêssego 226
  pilaf de frango com açafrão 130
  risoto de açafrão com cogumelo 148
  risoto de açafrão e tomate 156

alho-poró
  arroz com alho-poró, erva-doce e limão 60
  arroz com alho-poró, gengibre e cominho 60

almôndega de cordeiro com arroz branco 126
almôndega de cordeiro e coco 168
almôndega grelhada com iogurte 126
arroz à creole 10-3
arroz apimentado com camarão 196
arroz apimentado com frango 196
arroz cantonês básico 134
arroz cantonês com frango e camarão 134
arroz com açafrão e frutas secas 198
arroz com alho-poró, erva-doce e limão 60
arroz com alho-poró, gengibre e cominho 60
arroz com azeitona e pimentão 194
arroz com chutney 32
arroz com coco e banana caramelada 206
arroz com coco e cardamomo 206
arroz com coco e framboesa 228
arroz com coco e limão 46
arroz com coco e pêssego 228
arroz com curry 30
arroz com figo 208
arroz com frango e damasco 198
arroz com iogurte e hortelã 28
arroz com lascas de parmesão 30
arroz com leite de coco 32
arroz com limão e ervas 64
arroz com manga 224
arroz com maple syrup e pecã 226
arroz com raspas de laranja 32
arroz com sálvia no vapor 62
arroz com shoyu 30
arroz com vinho tinto e carne salteada 56
arroz cremoso com frutas secas 232
arroz cremoso exótico 232
arroz crocante aromático 50
arroz de coco com camarão 122
arroz de coco com soja e tomate 122
arroz de grão curto 9
arroz de grão longo 9
arroz de sushi 26
  salada de atum com arroz de sushi 72
  salada de sushi 72
  temaki com caviar 106
  temaki de frango com abacate 108
  temaki de peixe cru 106
  temaki de salmão com abacate 104
  temaki de salmão com endro 104
  temaki de siri com abacate 108
  temaki de tofu com berinjela 110
  temaki vegetariano 110
arroz-doce brûlée 214
arroz-doce caramelado 214
arroz-doce com abacaxi e gengibre 222
arroz-doce com baunilha 212
arroz-doce com chocolate 216
arroz-doce com chocolate e laranja 220
arroz-doce com especiarias e coco 230
arroz-doce com pêssego 226
arroz-doce com uva-passa ao vinho 218
arroz-doce com uva-passa e laranja 212
arroz-doce festivo 222
arroz-doce indiano 210
arroz-doce inglês 218
arroz-doce mocha 216
arroz-doce perfumado 230
arroz-doce tailandês 224
arroz-doce tradicional 210
arroz frito chinês com bacon 136
arroz frito chinês com camarão 136
arroz frito chinês com linguiça 140
arroz frito chinês com pimentão 138
arroz frito chinês com tofu 138
arroz frito picante com espinafre 88
arroz frito picante com repolho e minimilho 88
arroz gourmet rápido 28
arroz gratinado com berinjela e cordeiro 180
arroz gratinado com especiarias 180
arroz instantâneo 8
arroz integral 9
arroz japonês 96, 208, 224
arroz mexicano 192
arroz mexicano com tomatillo 192
arroz no vapor 14-7
  arroz com sálvia no vapor 62
arroz persa crocante 50
arroz pilaf 18-21
  kebab de legumes com pilaf 58
  pilaf com amêndoa e pinhole 44
  pilaf com carne e legumes crocantes 44
  pilaf com cogumelo chanterelle 48
  pilaf com cogumelo portobello e estragão 48
  pilaf com especiarias 58
  pilaf com tofu e cogumelo 130
  pilaf de espinafre com limão 36
  pilaf de frango com açafrão 130
  pilaf de frutas e legumes 42
  pilaf de legumes e ervas frescas 42
  pilaf picante de espinafre com hortelã 36

arroz selvagem
  arroz selvagem frito com linguiça e frango 140
  jambalaya de arroz selvagem 202

salada de arroz selvagem
  com costeleta de porco 90
salada de arroz selvagem
  com frango 76
salada de arroz selvagem
  com peru 90
salada de arroz selvagem
  com salmão 76
salada de pêssego com
  presunto cru 84
atum
  salada de atum com arroz
    de sushi 72
  salada niçoise 80
azeitona
  arroz com azeitona e pimentão 194
  salada cremosa de endívia com
    azeitona 74
  salada de alcachofra com
    azeitona 74
  salada de arroz grega 86
  salada de feta com azeitona 68
  salada de feta e azeitona com
    molho de mostarda e mel 86
  taco com arroz e guacamole 194
bacalhau
  bolinho de bacalhau no vapor 46
  dim sum de camarão e bacalhau
    54
banana
  arroz com coco e banana
    caramelada 206
  banana com arroz japonês 208
batata-doce
  risoto de presunto cru e
    batata-doce 162
berinjela
  berinjela recheada 174
  berinjela recheada com feijão 174
  temaki de tofu com berinjela 110
biryani 164
bolinho de arroz com coco
  e manga 96
bolinho de arroz com leite de coco 96
bolinho de bacalhau no vapor 46
bolinho de camarão com coco 114
bolinho de carne de porco
  ao curry 114
camarão
  arroz apimentado com camarão
    196

arroz cantonês com frango
  e camarão 134
arroz de coco com camarão 122
arroz frito chinês com camarão 136
bolinho de camarão com coco 114
dim sum de camarão e bacalhau 54
hambúrguer de camarão e ervilha
  150
jambalaya de camarão 200
jambalaya de frango e camarão
  202
nasi goreng 142
risoto de camarão 154
risoto de camarão e ervilha 150
rolinho primavera de camarão
  com hortelã 102
rolinho primavera de camarão
  e frango 98
rolinho primavera de carne
  de porco com camarão 100
salada de arroz com camarão 92
salada de camarão com frutas
  cítricas 78
carne
  arroz com vinho tinto e carne
    salteada 56
  carne com tomate e gengibre 124
  carne marinada com laranja 118
  carne marinada com laranja
    e cravo-da-índia 56
  filé-mignon com couve-chinesa
    120
  lombo de porco com cinco
    especiarias 120
  picadinho de carne e arroz
    acebolado 52
  pilaf com carne e legumes
    crocantes 44
carne de cordeiro
  almôndega de cordeiro com arroz
    branco 126
  almôndega de cordeiro e coco 168
  almôndega grelhada com iogurte
    126
  carne marinada com laranja 118
  carne marinada com laranja
    e cravo-da-índia 56
  charuto de cordeiro ao limão 112
  cordeiro gratinado com sálvia 62
carne de porco
  arroz frito chinês com bacon 136

bolinho de carne de porco
  ao curry 114
lombo de porco com cinco
  especiarias 120
lombo de porco marinado 118
paella de carne de porco e frutos
  do mar 188
rolinho primavera de carne
  de porco com camarão 100
salada de arroz selvagem com
  costeleta de porco 90
cenoura com broto de feijão
  e ervilha-torta 132
charuto de cordeiro ao limão 112
charuto de lentilha 112
chutney
  arroz com chutney 32
coco
  almôndega de cordeiro e coco
    168
  arroz com coco e banana
    caramelada 206
  arroz com coco e cardamomo 206
  arroz com coco e framboesa 228
  arroz com coco e limão 46
  arroz com coco e pêssego 228
  arroz com leite de coco 32
  arroz de coco com camarão 122
  arroz de coco com soja
    e tomate 122
  arroz-doce com especiarias
    e coco 230
  bolinho de arroz com coco
    e manga 96
  bolinho de arroz com leite
    de coco 96
  bolinho de camarão com coco 114
coelho
  paella de coelho e feijão-branco
    190
cogumelo
  cogumelo recheado com castanha
    176
  legumes com shiitake 128
  pilaf com cogumelo chanterelle 48
  pilaf com cogumelo portobello
    e estragão 48
  pilaf com tofu e cogumelo 130
  risoto com shiitake 148
  risoto de açafrão com cogumelo
    148

damasco
arroz com frango e damasco 198
dim sum
dim sum de camarão e bacalhau 54
endívia
salada cremosa de endívia com azeitona 74
erva-doce
arroz com alho-poró, erva-doce e limão 60
salada de maçã com erva-doce 82
salada de maçã com erva-doce e queijo de cabra 82
ervilha
hambúrguer de camarão e ervilha 150
risoto de camarão e ervilha 150
risoto de frango e ervilha 158
espinafre
arroz frito picante com repolho e minimilho 88
pilaf de espinafre com limão 36
pilaf picante de espinafre com hortelã 36
risoto de espinafre e limão 160
sopa fria de espinafre 170
feijão
berinjela recheada com feijão 174
paella de coelho e feijão-branco 190
sopa de arroz e feijão 166
feta
pimentão recheado com queijo 178
salada de arroz grega 86
salada de feta com azeitona 68
salada de feta e azeitona com molho de mostarda e mel 86
filé-mignon com couve-chinesa 120
framboesa
arroz com coco e framboesa 228
frango
arroz apimentado com frango 196
arroz cantonês com frango e camarão 134
arroz com açafrão e frutas secas 198
arroz selvagem frito com linguiça e frango 140
frango ao molho de tomate e amendoim 124

frango com anis-estrelado 38
frango salteado com gergelim 54
jambalaya de frango e camarão 202
jambalaya de linguiça e frango 200
nasi goreng 142
paella de frango e frutos do mar 188
paella de três carnes 190
paella tradicional 184
peito de frango recheado 186
pilaf de frango com açafrão 130
risoto de frango e ervilha 158
rolinho primavera de frango 100
salada de arroz com frango 92
salada de arroz selvagem com frango 76
temaki de frango com abacate 108
wrap de frango com gruyère 70
frutas secas
arroz com açafrão e frutas secas 198
arroz cremoso com frutas secas 232
arroz-doce com uva-passa ao vinho 218
arroz-doce com uva-passa e laranja 212
frutos do mar
paella de carne de porco e frutos do mar 188
paella de frango e frutos do mar 188
paella de frutos do mar 184
paella de três carnes 190
ver também camarão, lagosta etc.
gazpacho 170
gengibre
arroz com alho-poró, gengibre e cominho 60
arroz-doce com abacaxi e gengibre 222
arroz gratinado com especiarias 180
carne com tomate e gengibre 124
grão-de-bico
legumes com grão-de-bico 128
gratinado
arroz gratinado com berinjela e cordeiro 180

arroz gratinado com especiarias 180
cordeiro gratinado com sálvia 62
guacamole 194
hambúrguer de camarão e ervilha 150
iogurte
almôndega grelhada com iogurte 126
arroz com iogurte e hortelã 28
arroz gratinado com berinjela e cordeiro 180
jambalaya de arroz selvagem 202
jambalaya de camarão 200
jambalaya de frango e camarão 202
jambalaya de linguiça e frango 200
kebab de legumes com pilaf 58
laranja
arroz com raspas de laranja 32
arroz cremoso exótico 232
arroz-doce com chocolate e laranja 220
arroz-doce com uva-passa e laranja 212
arroz-doce festivo 222
carne marinada com laranja 118
carne marinada com laranja e cravo-da-índia 56
salada de arroz com frutas cítricas 78
salada de arroz selvagem com costeleta de porco 90
salada de camarão com frutas cítricas 78
legumes
cenoura com broto de feijão e ervilha-torta 132
kebab de legumes com pilaf 58
legumes com grão-de-bico 128
legumes com shiitake 128
nasi goreng vegetariano 142
paella vegetariana 186
pilaf com carne e legumes crocantes 44
pilaf de frutas e legumes 42
pilaf de legumes e ervas frescas 42
refogado de legumes com castanhas e sementes 132
risoto verde 156

lentilha
  charuto de lentilha 112
  lentilha ao coentro 168
limão-siciliano
  arroz com alho-poró, erva-doce
    e limão 60
  arroz com coco e limão 46
  arroz com limão e ervas 64
  charuto de cordeiro ao limão 112
  pilaf de espinafre com limão 36
  risoto de espinafre e limão 160
  tamboril com limão e manjericão 64
linguado
  filé de linguado com grapefruit 40
  filé de linguado com tangerina 40
linguiça
  arroz frito chinês com linguiça
    140
  arroz selvagem frito com linguiça
    e frango 140
  jambalaya de linguiça e frango
    200
lombo de porco com cinco
  especiarias 120
lombo de porco marinado 118
maçã
  salada de maçã com erva-doce 82
  salada de maçã e pera
    com nozes 84
manga
  arroz com manga 224
  arroz-doce tailandês 224
  bolinho de arroz com coco
    e manga 96
milho
  arroz frito picante com repolho
    e minimilho 88
minestrone com hortelã 166
molho de mostarda e mel 86
molho de soja
  arroz com shoyu 30
nasi goreng 142
nasi goreng vegetariano 142
oleaginosas
  abobrinha recheada com avelã
    172
  arroz com maple syrup e pecã
    226
  picadinho de peru e arroz
    com castanha 52
  pilaf com amêndoa e pinhole 44

refogado de legumes com
  castanhas e sementes 132
salada de folhas verdes
  com pinhole 70
salada de maçã e pera
  com nozes 84
salada de queijo de cabra
  com nozes 68
pato
  rolinho primavera de pato 102
peixe
  peixe-espada com anis-estrelado
    38
  temaki com caviar 106
  temaki de peixe cru 106
  ver também atum, bacalhau etc.
paella de carne de porco e frutos
  do mar 188
paella de coelho e feijão-branco
  190
paella de frango e frutos do mar
  188
paella de frutos do mar 184
paella de três carnes 190
paella tradicional 184
paella vegetariana 186
parmesão
  arroz com lascas de parmesão 30
  risoto de parmesão 146
peito de frango recheado 186
pera
  salada de maçã e pera
    com nozes 84
peru
  picadinho de peru e arroz
    com castanha 52
  salada de arroz selvagem
    com peru 90
pêssego
  arroz com coco e pêssego 228
  arroz-doce com pêssego 226
  salada de pêssego com
    presunto cru 84
picadinho de carne e arroz
  acebolado 52
picadinho de peru e arroz
  com castanha 52
pilaf com amêndoa e pinhole 44
pilaf com carne e legumes
  crocantes 44
pilaf com cogumelo chanterelle 48

pilaf com cogumelo portobello
  e estragão 48
pilaf com especiarias 58
pilaf de espinafre com limão 36
pilaf de frango com açafrão 130
pilaf de frutas e legumes 42
pilaf de legumes e ervas frescas 42
pilaf picante de espinafre
  com hortelã 36
pimentão
  arroz com azeitona e pimentão 194
  arroz frito chinês com pimentão
    138
  pimentão recheado 178
  pimentão recheado com queijo 178
  taco com arroz e guacamole 194
presunto cru
  risoto de presunto cru e
    batata-doce 162
  risoto de tomate, presunto cru
    e brie 162
  salada de pêssego com
    presunto cru 84
queijo
  arroz com lascas de parmesão 30
  arroz com molho roquefort 28
  arroz gratinado com berinjela
    e cordeiro 180
  arroz gratinado com especiarias
    180
  pimentão recheado com queijo 178
  risoto de parmesão 146
  risoto de tomate, presunto cru
    e brie 162
  salada de arroz grega 86
  salada de feta com azeitona 68
  salada de feta e azeitona com
    molho de mostarda e mel 86
  salada de maçã com erva-doce
    e queijo de cabra 82
  salada de queijo de cabra
    com nozes 68
  wrap de frango com gruyère 70
queijo de cabra
  salada de maçã com erva-doce
    e queijo de cabra 82
  salada de queijo de cabra
    com nozes 68
raita de pepino e hortelã 164
refogado de legumes
  com castanhas e sementes 132

risoto 22-5
risoto com shiitake 148
risoto de abóbora 158
risoto de açafrão com cogumelo 148
risoto de açafrão e tomate 156
risoto de arroz vermelho com uva 234
risoto de beterraba 160
risoto de camarão 154
risoto de camarão e ervilha 150
risoto de cereja 234
risoto de chocolate 220
risoto de frango e ervilha 158
risoto de lagosta 154
risoto de parmesão 146
risoto de presunto cru e batata-doce 162
risoto de tomate, presunto cru e brie 162
risoto negro 152
risoto primavera 152
risoto verde 156
risoto vermelho 146
rolinho primavera de camarão com hortelã 102
rolinho primavera de camarão e frango 98
rolinho primavera de carne de porco com camarão 100
rolinho primavera de frango 100
rolinho primavera de lagostim e peru 98
rolinho primavera de pato 102
roquefort
  arroz com molho roquefort 28
salada cremosa de endívia com azeitona 74
salada de alcachofra com azeitona 74
salada de arroz colorida 80
salada de arroz com frutas cítricas 78
salada de arroz grega 86
salada de arroz selvagem com costeleta de porco 90
salada de arroz selvagem com frango 76
salada de arroz selvagem com salmão 76
salada de atum com arroz de sushi 72

salada de camarão com frutas cítricas 78
salada de feta com azeitona 68
salada de feta e azeitona com molho de mostarda e mel 86
salada de folhas verdes com pinhole 70
salada de maçã com erva-doce 82
salada de maçã com erva-doce e queijo de cabra 82
salada de maçã e pera com nozes 84
salada de pêssego com presunto cru 84
salada de queijo de cabra com nozes 68
salada de sushi 72
salada niçoise 80
salmão
  salada de arroz selvagem com salmão 76
  temaki de salmão com endro 104
  temaki de salmão com abacate 104
siri
  temaki de siri com abacate 108
soja
  arroz de coco com soja e tomate 122
sopa
  gazpacho 170
  minestrone com hortelã 166
sopa de arroz e feijão 166
sopa fria de espinafre 170
taco com arroz e guacamole 194
tamboril
  tamboril com limão e manjericão 64
temaki com caviar 106
temaki de frango com abacate 108
temaki de peixe cru 106
temaki de salmão com abacate 104
temaki de salmão com endro 104
temaki de siri com abacate 108
temaki de tofu com berinjela 110
temaki vegetariano 110
tofu
  arroz frito chinês com tofu 138
  pilaf com tofu e cogumelo 130
  temaki de tofu com berinjela 110

tomate
  arroz de coco com soja e tomate 122
  arroz mexicano com tomatillo 192
  carne com tomate e gengibre 124
  frango ao molho de tomate e amendoim 124
  gazpacho 170
  risoto de açafrão e tomate 156
  risoto de tomate, presunto cru e brie 162
  salada de arroz colorida 80
  tomate recheado 176
uva
  risoto de arroz vermelho e uva 234
vinagrete 68, 70, 76, 80, 84, 86
vinho tinto
  arroz com vinho tinto e carne salteada 56
wrap
  wrap de frango com gruyère 70

créditos

Editora executiva: Eleanor Maxfield
Editora: Clare Churly
Diretor de design: Jonathan Christie
Gerente de iconografia: Jennifer Veall
Produção de objetos: John Bentham

Fotografia: Akiko Ida. © shutterstock: Monkey Business Images 2-3; mundoview 4-5; Babajaga 9; Mates 23. Octopus Publishing Group: David Loftus 157, 221; David Munns 144-5, 204-5; Eleanor Skan 116-7, 189; Ian Wallace 43, 59; Lis Parsons 66-7, 73, 89, 91, 93, 155, 159, 161, 165, 182-3; Stephen Conroy 6-7, 34-5, 94; Will Heap 123, 143, 219, 235; William Reavell 151, 163, 203. Mesa p. 79: Robert le Héros.